新编21世纪政治学系列教材

政治哲学导论

李石　著

Political Philosophy:
An Introduction

中国人民大学出版社
·北京·

内容简介

本书系统讲授政治哲学知识，是作者在中国人民大学多年开设“政治哲学导论”课程的教学和研究成果。本书以习近平新时代中国特色社会主义思想为指导，依照社会主义核心价值观，系统阐述了与平等、自由、民主、法治、公正、权利、公共利益、自由市场等议题相关的政治哲学理论。

全书正文分为导论、四大篇目和结语三个部分。导论部分阐述了政治哲学的定义、学科史以及研究方法，政治哲学与政治思想史、“科学研究”与“人文研究”的区别，以及本书的写作意图。第一编介绍了社会契约论和功利主义两种重要的政治理论，并讨论了个人权利和公共利益之间的辩证关系。第二编讨论了自由的两种概念以及各种平等理论，并深入分析了不同自由概念与各种平等理论之间的关系。第三编分析了民主理论和法治理论，并探讨民主与法治之间和谐统一的一面，以及可能产生的紧张关系。第四编介绍了与自由市场相关的政治理论以及当代政治哲学研究的重点——分配正义，指出应以恰当的分配正义观念引导和限制自由市场。结语部分介绍了当代政治哲学研究的最新进展。

本书逻辑清晰、内容翔实，是一部从中国学者的视角出发、以中国的政治现实为基础的政治哲学教材，不仅适合政治学、哲学等专业的师生阅读，而且适合人文社会科学领域的理论工作者以及对政治哲学感兴趣的广大读者阅读。

作者简介

李石　清华大学理学学士、哲学硕士，意大利罗马LUISS大学政治哲学博士，北京大学外国哲学教研室博士后，现为中国人民大学国际关系学院教授、博士生导师。研究方向为政治哲学、西方政治思想史。已出版专著五部：《积极自由的悖论》（商务印书馆，2011）、《自由：公共领域的私人空间》（广东教育出版社，2012）、《平等理论的谱系》（中国社会科学出版社，2018）、《政治哲学十讲》（中国社会科学出版社，2019）、《〈正义论〉讲义》（中国社会科学出版社，2021）；译著一部：霍布斯的《贝希摩斯》（北京大学出版社，2019）；在《哲学研究》《道德与文明》《北京大学学报》等核心期刊发表学术论文70余篇。曾获得中国人民大学科研成果奖、北京市民主同盟“优秀盟员”等多项荣誉。

总序

改革开放是新中国成立以来的又一次革命。过去 40 多年的改革开放已经给中国带来革命性变化。这种革命性变化不仅体现在经济、政治等层面的现实生活上，而且还体现在因现实的变迁而带来的理论上的创新和发展以及由此带来的政治学学科建设上的成就方面。

在我国，计划经济体制已经让位于社会主义市场经济体制，同时由经济变革带来的政治体制上的变化也是有目共睹的。首先，在民主法治建设上，政治的制度化正在加强。其次，在国家结构上，过去在计划经济时期的简单的单一制已经转变为更加复杂的国家结构关系。中央与地方、地方政府与地方政府之间的关系有了更多的市场经济特征。再次，在国家与社会之间的关系上，过去是“大政府（国家），小社会”，现在正向“大政府（国家），大社会”的方向变化。最后，在意识形态上，过去那种对待马克思主义、毛泽东思想的封闭、激进而又教条的态度已经转变为开放、理性而又灵活的态度，因而形成了引导改革开放事业的中国特色社会主义理论体系。所有这些变革，都是我们在 40 多年前所无法想象的。当然，在政治进步的同时，存在的问题也不容回避。那就是迫切需要建立一套约束政府权力、使人民群众的真实意愿和利益诉求能够得到顺畅表达的机制，以便从根本上保证社会的稳定与和谐。这些问题的解决，不仅需要实际工作者在体制创新方面的实践，更需要政治学学科的发展和政治学专业人才的智慧与理论贡献。

我国的政治变革既是对政治学研究工作的挑战，又是促使政治学发展的良好机遇。我国的政治学在这种压力与机遇并存的环境中正在快步前进。首先，在学科分类上，政治学已经从法学中独立出来而成为一级学科。其次，在学科分支上，政治学从马克思主义政治理论、制度史、思想史发展成为学科门类更加丰富、更加有特色的一门学科，诸如新政治经济学、政治社会学、政治心理学、政治文化、政治学方法论等。再次，在研究方法上，从单一的阶级分析法发展成为以历史唯物主义为基础的多元化方法论，诸如行为主义、理性选择主义以及方兴未艾的新制度主义。最后，在问题研究上，无论是深度还是广度，我国政治学界都取得了可喜的成就，为中国的政治发展和政治变革做出了自己应有的贡献。当然，在看到成绩的同时，也不能无视发展中的不足。作为中国政治学学科建设和发展的见证人，我们不能不为政治学发展中的结构性缺失而忧心忡忡。比如，就专业刊物而言，不要说与经济学、法学和历史学比较，就是和政治学的二级学科国际关系比较，政治学专业刊物的数量也是少之又少。这种现象严重制约了我国政治学的发展，很多优秀的研究成果只能散见于综合性学术刊物和大学学报。

中国政治学学科发展的基础是高校政治学专业建设。自 1980 年恢复政治学专业以来，政治学系或政治与行政管理学系已经成为很多高校的普遍性建制。而且在各高校政治学专业竞相发展的过程中，我们很高兴地看到各个高校的政治学学科建设，无不生机勃勃，成就斐然。其中特别值得一提的是中国人民大学。人所共知，中国人民大学一直是中国近代政治制度的研究重镇。同时，中国人民大学在学科发展中非常注重教材建设，经过专业优化组合的“新编 21 世纪政治学系列教材”在全国享有很高的声誉，是我国很多高校政治学专业和行政管理学专业的必备教科书。从已经出版的教材来看，我认为，“新编 21 世纪政治学系列教材”具有如下特点：

第一，体系上的创新性与独特性。教科书固然应该有通用的内容，但是在教材林立的今天，千篇一律而了无特色的教材是难以立足的，也难以为社会所认可和接受。“新编 21 世纪政治学系列教材”中的每一本教材在体系上的创新性与独特性都是很突出的。

第二，内容上的研究性与新颖性。体系上的独特性应该由内容上的研究性与新颖性构成。教科书不但要介绍一般性的概念和理论，还应该容纳最新的理论研究成果以及对有关理论成果的看法与评价。该系列教材的一个重要特征是，这些教材都是作者们基于自己多年的教学与研究心得而撰写的具有新意的研究性作品。一本好的教科书之所以享有盛名，就在于其因体系上的独特性和内容上的研究性而形成的权威性。

第三，观点上的全面性与选择性。教科书是一种通论性的著作，因而包容的学术观点、理论应该尽量全面。但是，在信息爆炸的时代，一本书企图容纳所有的观点是不可能，也是不必要的。因为有的观点不过是个别学者的偶发奇想而不具有普遍性。这就需要撰写者去伪存真，认真取舍。我很高兴地看到，本系列教材在追求观点的全面性时，也没有忘记选择性原则。

第四，方法论上的马克思主义原则性与包容性。我国的社会科学研究离不开马克思主义的基本方法论，尤其离不开历史唯物主义的指导，政治科学更是如此。但是马克思主义并不是凭空产生的，它是在吸纳人类精神文明优秀成果的基础上产生的，马克思主义的发展同样少不了与其他理论流派的碰撞以及对人类文明成果的借鉴与扬弃。封闭的马克思主义是没有生命力的，坚持马克思主义并不排除对其他理论流派的介绍与分析。正是基于这样的指导思想，本套教材在介绍马克思主义政治学的同时，能运用历史唯物主义的基本原理兼容并蓄地介绍和分析其他理论流派。

本套教材的上述特点决定了它们不但是有关专业的教师和学生必备的教学和学习用书，也是政治学研究者的重要参考书籍。虽然具有上述优点和特征，但是十全十美的社会科学著作是不存在的，因此，本套教材中的缺点与不足在所难免。衷心希望专家学者、广大读者积极批评、热情指正！

赵宝煦

序言

我为什么要写一部政治哲学教材

对于大部分成熟的学科来说，一本通识教材通常是一个老教授在授课多年之后，对于那些人们耳熟能详的知识娓娓道来的作品；而年轻人作为学术的中坚力量，应该勇攀高峰，将精力投入高、精、尖的科研前沿工作中。但是，对于政治哲学这门“先天不足、后天不调”的学科来说，情况却远远不是这样。

其实，从 2007 年留学归国开始，我就一直在参与各类政治哲学教材编写工作；即使是现在，有些编写工作仍然在进行之中。然而，任何准备编写政治哲学教材的当代中国学者都会遭遇一系列困境，这也是政治哲学教材编写困难的原因：如何处理西方概念与中国语境之间的关系？哪些概念可以讲，哪些概念不好讲？哪些概念可以结合实际讲，哪些概念没法结合实际讲？是按流派编写还是按理念编写？是按历史编写还是从问题入手编写？……政治哲学是一门交叉学科、一门有着悠久历史背景的新兴学科、一门起源于西方文化传统的学科、一门派别林立的学科、一门与政治现实联系紧密的学科……这些极富争议的特征使得政治哲学教材的编写和出版变得极为困难。而教材的编写困难则直接影响教学实践的进行。政治哲学这门学科在中国的兴起虽然已经超过三十年，但就目前的状况来看，国内各大高校对于政治哲学的教授仍然很不系统，可以说都还处于摸索阶段。

与此同时，年轻人对政治哲学相关知识的渴望，与教材和系统化课程的缺乏形成鲜明的反差。自由、平等、公正、民主、法治……这些政治价值不仅是社会主义核心价值观的组成部分，也是公共讨论中人们渴望了解的内容。人类为什么需要国家？国家的本质是什么？为了公共利益可以牺牲个人权利吗？为了效率可以牺牲平等吗？什么是公平竞争？社会财富应该如何分配？……这些亘古而常新的政治问题在世界格局剧变的今天，日益成为人们公共讨论的重要议题。

当然，为了补足国内教材的空缺，一些西方学者编写的教材被翻译过来。但是，西方人写书是基于西方人的社会现实，国外的教材到了中国，难免会“水土不服”。而且，对于不可能脱离特定价值观念的政治学科来说，国外的教材不可能也不应该成为中国人的教材。

基于上述理由，撰写一部从中国学者的视角出发、以中国的政治现实为基础的政治哲学教材是非常必要的。这样的作品并不是对于人们耳熟能详的常识的闲聊之作，而是对许多有争议的哲学问题的研究之作。在今天的中国学界，对于政治哲学学科建设来说，教材如何编排、讲授哪些内容、选取哪些案例……都可谓是大胆的尝试，都是一种创新。一部中国人编写的政治哲学教材的出现将有力地推动政治哲学学科的系统化建设，并促进相应的教学实践。

人类社会的进步是一个从蒙昧到启蒙，从人情世故到公共理性，从血缘亲情到权利义务的过程。在这一过程中，人们需要知道公共生活的规则以及这些规则背后的道理。吾日三省吾身，则知名而行无过矣。同样，不经过反思的政治信念也不可能是笃定的。现代国家的公民应该具备对政治原则和政治价值的反思能力，这将加深人们对公共秩序的认同，促进公共生活的公正和繁荣。所以说，政治哲学的知识是现代人所必需的，一部系统的政治哲学教材也是中国学界所需要的。

李石

2021 年 9 月于北京从心阁

目录

导　论

古往今来，人们开始哲理探索，都应起于对自然万物的惊奇；他们先是惊奇于种种迷惑的现象，逐渐积累一点一滴的解释，对一些较重大的问题，例如日月与星的运行以及宇宙之创生，做出说明。

——亚里士多德《形而上学》

哲学起源于“惊奇”，懵懂的人类惊讶于世界的千变万化。人们由于惊奇而产生求知的欲望。在这种强烈的求知欲的推动之下，人们不仅要探究事物发展变化的规律，还想要知道这所有规律背后的原因。然而，人们永无止境地追寻“知识”的过程远远超出了现象世界本身可以告知我们的全部内容。于是，人们不得不借助自己的思维去补全那些现象世界背后的部分。这部分“知识”是无法通过对自然界中各种对象的测量、实验和计算而得到的，只能借助于人们思辨性的推理和论证。由此，以推理和论证的方式探寻现象世界的根本规律和原因的学问，就是哲学。

在人类产生之后，世界有了自然界和人类社会的区分。与自然界的万事万物一样，人类社会自身的各种现象也会引发人们的“惊奇”：人类为什么需要国家？人与人之间是平等的吗？一个理想的人类社会是什么样子？“自愿交换”会带来最好的资源配置吗？为了公共利益最大化可以牺牲个人权利吗？……个人在联合起来形成人类社会的过程中产生的各种问题困扰着人们，引发无尽的思考。与对自然界的探索类似，有一些问题通过对人类社会各种现象的调查、访谈和统计都无法得到最终的答案，而只能依靠人们思辨性的推理和论证。所以，以推理和论证的方式探寻人类社会的根本原则和人类社会的终极价值的学说，就是政治哲学。

一、政治哲学是什么

政治哲学（political philosophy）是哲学的一个分支学科，也是政治学和哲学的交叉学科。政治哲学的核心任务是以说理的方式探讨政治原则与政治价值。政治哲学的主要研究内容是：以理性思辨的方式，为人类社会所应遵循的原则和规范提供理由和根据。政治哲学，一方面为现行的社会制度提供有效的论证；另一方面为现行社会制度的改进建构理想模型。纵观人类历史，人类社会任何原则和规范的长久实行，都源于说理的政治，而不是基于强权的政治。所以，政治哲学所做的就是要为政治寻找“理由”。

对于何谓政治哲学，当代学界有两种著名的说法。第一种说法是美国学者列奥·斯特劳斯（Leo Strauss，1899—1973）在20世纪50年代提出来的。斯特劳斯认为，“政治哲学就是要试图真正了解政治事务的性质以及正确的或完善的政治制度这两方面的知识”①。斯特劳斯是一位崇尚西方古典政治思想的学者，他将政治哲学的定义建立在柏拉图的“知识”和“意见”二分的基础上。在柏拉图的理念论中，世界被分为现象世界和理念世界两部分。其中，现象世界是虚幻的、不真实的，而理念世界是恒定不变的、真实的。人们对于现象世界的认识产生的是“意见”，而借助理性对理念世界的认识则产生“知识”。所以，“意见”是似是而非的、不真实的，而“知识”则是对事物恒定不变的、根本性的认识。

斯特劳斯借助柏拉图的理念论，认为政治哲学寻求的是知识，而不是意见。在斯特劳斯看来，政治哲学就是要获得关于正当、正义或善的知识。斯特劳斯在《什么是政治哲学?》中论述道：“政治哲学就是以关于政治事务的本性的知识取代关于政治事务的本性的意见的努力。”② 斯特劳斯认为，对于“意见”，人们总是能提出异议，所以意见让人们争吵不休。只有当人们从“意见”上升到“知识”时，才能从根本上结束争吵而达成共识。而政治事务本身并不是“价值中立”的，各种政见之间交织着权力和利益的纷争。要判断这些不同的政见孰对孰错，就必须有一个确定的标准。这个判断的标准不能是“意见”，而只能是“知识”。因此，“如果政治哲学希望正确地处理它的主题，它就必须争取获得有关这些标准的真正知识。政治哲学就是要真正地既认识政治事务的本性，又认识正当的，或善的政治秩序的努力”③。

关于政治哲学的第二种著名定义基于“事实与价值”的二分。18世纪的英国经验主义哲学家大卫·休谟（David Hume，1711—1776）从认识论角度明确地提出了“事实与价值二分”的思想。休谟认为，在他以前的道德哲学家都犯了一个共

---

① STRAUSS L. What is political philosophy? [J]. Journal of politics，1957（19）：344-345.

② STRAUSS L. What is political philosophy?：and other studies [M]. Chicago：The University of Chicago Press，1988：11-12.

③ 同②12.

同的错误，就是不加说明地从事实判断推导出价值判断，也就是从以“是”为联结词的命题推出以“应当”为联结词的命题①。这被休谟称为“自然主义谬误”。在休谟看来，人们永远不能从有关“事实”的命题推导出任何“价值”判断。例如，从“学生上学迟到会受到老师的惩罚”这一事实命题，无法推出“学生不应该上学迟到”这样的价值判断。基于“事实与价值”的二分，许多当代学者认为政治哲学研究的是“价值”而非“事实”：政治哲学的理论不是在描述人们政治生活中的事实、现象或组织形式等人类世界的实然状态，而是在充分理解事实的基础上，为人们的政治生活构建出一种应然的理想状态。

英国政治理论家乔治·卡特琳（George Catlin）认为，如果说政治学关心的是手段，那么政治哲学主要关心的就是“目标”和“价值”②。中国学者俞可平在《权利政治与公益政治》一书中论述道：政治哲学是“关于现存政治生活的一般准则以及未来政治生活的导向性知识，即主要关注政治价值，为社会政治生活建立规范和评估标准”。因此，“政治哲学的研究对象是政治价值和普遍的政治原理”③。中国学者姚大志将哲学分为理论哲学和实践哲学。在姚大志看来，政治哲学与道德哲学、社会哲学和美学同属实践哲学类别。而实践哲学正是以“价值”为研究对象的。姚大志认为，政治哲学研究的是政治价值，讨论的是政治制度应该如何安排的问题④。

从“事实与价值二分”的角度，我们也能清晰地辨别出政治哲学和政治科学（political science）的区别。这两门学科虽然都是对人类社会的政治现象进行研究，但在研究对象和研究方法上都有着本质的不同。第一，在研究对象上，政治科学是以经验世界中的政治事实为研究对象，在实证的基础上找出研究对象之间的因果规律；政治哲学则以先验世界中的政治价值为研究对象，用规范命题来陈述和论证价值判断。换句话说，政治科学关心的是政治现实“是什么”的命题，政治哲学关心的则是政治世界“应该是什么”或者“为什么应该是这样”的问题。

第二，在研究方法上，政治科学主要运用社会科学的统计、调查、访谈等方法；而政治哲学主要运用推理论证、概念分析、批判现实等哲学方法。政治哲学致力于为现行政治制度提供论证，意图提供一种“论证理由”（justification reason）或“论证理论”（justification theory）。而政治科学致力于解释各种政治现象，提供的是“解释理由”（explanation reason）或“解释理论”（explanation theory）。

我们可以通过下述例子来洞察“论证理由”和“解释理由”之间的区别：假设一个人在超市里偷面包被抓住了。他为自己申辩说，自己已经好几天没有吃东西了，而且身无分文。然而，这些理由只能解释其行为发生的原因，并不能证明其行

---

① 休谟. 人性论［M］. 关文运，译. 北京：商务印书馆，1980：509-510.

② CATLIN G. Political theory：what is it?［J］. Political science quarterly，1957，72（1）：1-29. 在英文中，political philosophy 和 political theory 在通常情况下是通用的。

③ 俞可平. 权利政治与公益政治［M］. 北京：社会科学文献出版社，2003：1-2.

④ 姚大志. 什么是政治哲学［N］. 光明日报，2013-09-24（11）.

为的正当性。只有能给出证明其行为正当性的理由，才是“论证理由”。如果这个人是个残疾人，没有劳动能力，而且也没有得到任何政府救济或慈善机构的帮助，且他除了从超市里偷面包吃，没有其他办法能够生存下去，在这样的情况下，其行为的正当性就得到了说明。其中的“论证理由”可以援引“自然法”“自然权利”“生命权”等相关理论：人拥有生命权，拥有获得维持生命所必需的食物、药品、衣物等基本物质条件的权利。如果人们通过合法的方式无法满足自身的生命权，那么应该修正的是法律，而不是让人们舍弃生命权。在这样的情况下，一个丧失劳动力的残疾人，为了维持自己的生命而在超市里偷面包吃的行为就具有了正当性。要避免这种事件发生，就必须对相应的救助机制进行改良，保护极度贫困者的各项基本权利。总之，“论证理由”并不是要解释行为发生的原因，而是要对行为的正当性做出证明。政治哲学所做的论证正是为政治制度、政策、法律、法规等做出正当性证明。

通过追述上述两种关于政治哲学是什么的经典论述，我们可以看到，政治哲学是超越意见纷争的、对政治价值进行系统探索的学问。自由、平等、民主、法治、公正……这些都是政治哲学深入探索的政治价值。这些政治价值为具体的政治制度安排指明了方向。例如，遵循自由这一政治价值就意味着要以法律为手段维护每一个人的基本权利不受侵犯。当然，不同流派的政治哲学学说可能会推崇不同的政治价值。正如姚大志所说：“自由主义把自由放在第一位，社群主义把共同体的善放在第一位，社会主义把平等放在第一位。”① 但是，任何一种政治哲学都不可能只追求单一政治价值，而通常是赋予某一种价值优先性，同时将其他政治价值整合进一套融会贯通的制度设计之中。通过赋予不同的政治价值优先性，以及政治价值之间不同的组合方式，政治哲学家们得以设计出各式各样的“理想制度”。而政治哲学家构想的、拥有理想制度的国家则被称为“乌托邦”。

构想乌托邦是政治哲学从诞生之初就具备的一个重要特征。政治哲学家系统研究政治价值和政治原则，构建理想的政治制度，其目的就是要改进现实的政治制度，为现实社会提供一个人们能为之奋斗的理想。因此，不论是 2 000 多年前的柏拉图、15—16 世纪的空想社会主义者托马斯·莫尔（St. Thomas More，1478—1535），还是当代政治哲学家约翰·罗尔斯（John Rawls，1921—2002）和诺奇克（Robert Nozick，1938—2002，也译为诺齐克），他们都在构想一种理想的政治制度，以推进人类社会的发展。当然，不同的哲学家建构“乌托邦”的方式是不同的。早期的政治哲学家通常从一种理想的人性出发来建构理想社会的图景。这样的理想国家对人性提出了过高的要求，因此很难实现。对于现实世界的人们来说，那样的理想社会就如同空中楼阁。因此，基于理想人性的乌托邦理论对于现实社会的意义也就大打折扣。罗尔斯就提出了一种“现实主义的乌托邦”。这一理论将现实的人性作为建构理想制度的基础。在罗尔斯看来，正义的社会制度是一群普

① 姚大志. 什么是政治哲学 [N]. 光明日报，2013-09-24 (11).

通人在原初状态下做出的选择，这大大拉近了理想和现实之间的距离，使得人们有可能通过自身的努力最终实现一个理想的社会。

总之，政治哲学的研究对象是政治价值，其研究方法是推理和思辨，其核心内容是为政治价值、政治原则和制度设计提供论证，其最终目标是建构一个理想的政治制度，为现实政治的改进指明方向。

二、政治哲学的发展历程

“政治哲学”这一概念是20世纪50年代斯特劳斯首先进行定义的。在那之后，政治哲学在当代学术研究中逐渐成为一个专门的研究学科：以理性思辨为研究方法，以政治价值、原则和规范为研究对象。然而，在“政治哲学”作为专门的学科出现之前，政治价值、原则和规范早已进入了人们的研究视野。中国古代政治思想，从先秦诸子到独尊儒术，从宋明理学到近代史上各种政治思想的繁荣，都为政治现实提供了有效的价值规范。在西方政治思想史上，从2 000多年前的古希腊到当代的英美政治哲学，涌现出了像柏拉图、亚里士多德、霍布斯（Thomas Hobbes，1588—1679）、洛克（John Locke，1632—1704）、卢梭、康德、黑格尔、马克思、罗尔斯等众多伟大的思想家和理论家。只是，在斯特劳斯之前，人们很少以“政治哲学”称呼这门学科，而是称其为“政治思想”或者“政治学说”。当代“政治哲学”学科的产生和兴起，是在吸收中西方传统政治思想的基础上出现的。当代“政治哲学”研究与传统的政治思想有着“青出于蓝”的亲缘关系。可以说，正是因为当代的政治哲学研究生长在中西方政治思想传统的沃土之上，所以才能枝繁叶茂、开花结果。真可谓，“问渠那得清如许？为有源头活水来”。

纵观中西方2 000多年的政治思想史，我们可以依据学界通行的对世界历史的划分方法，将政治思想史分为古典政治思想和现代政治思想两大阶段。世界古代史和世界现代史的分界点是1640年爆发的英国资产阶级革命。古典政治思想和现代政治思想的分界与人类社会的历史进程息息相关。大多数政治思想史研究者认为，古典政治思想和现代政治思想的分界点是英国政治思想家托马斯·霍布斯在英国资产阶级革命中写成的著作《利维坦》①。将《利维坦》这部书作为古典政治思想与现代政治思想的分界点有三个理由：第一，在时间维度上，《利维坦》正好是在古代历史向现代历史转变的时期和背景之下写成的，必然携带着历史巨变的痕迹。第二，在政治观念上，《利维坦》第一次使得“权利”这一政治观念深入人心，而这一观念充当了推动人类历史从古代向现代转变的根本动力。第三，在论证结构上，《利维坦》第一次成功地应用了社会契约论，构建了逻辑一贯的国家学说，而这一学说成为此后人们理解个人与国家之关系的基本范式。下面，我们就来看看《利维

① 在政治思想史研究中，也有一种观点将马基雅弗利（也译为马基雅维里、马基雅维利）的政治思想作为现代政治思想和古代政治思想的分界点。

坦》之前的政治思想与之后的政治思想有什么根本的不同。

中西方古典政治思想都带有明显的目的论色彩。所谓“目的论”，指的是政治学说预定了人生和社会的发展都有一个应然性的目的状态，而人只有在特定形式的政治生活中才能达到这一应然状态，实现人自身的目的。因此，政治原则的正当性就可以通过这一特定的目的而得到论证。以目的论为基础的政治理论，始终关注个人道德与政治价值的相互关系，将政治秩序的稳定和社会理想的实现依托于个人道德的完善。

我们可以从“修身、齐家、治国、平天下”这一儒家信条来体会古典政治思想的这一特征。“修身”是个人的道德理想，“家庭和睦”是家庭的价值追求，“善治”是国家的政治理想，而“平天下”则是比国家更大的人类联合体的最终目标。由此，在儒家的信念中，个人的道德追求与政治社会的价值追求是相互关联的。简单来说，如果每个人都能够做到“修身”，那么，家、国、天下都会成为其“应该”的样子。国家政治理想的实现，建立在个人道德完善的基础上。

在西方古典政治哲学中，柏拉图、亚里士多德、奥古斯丁都是目的论的重要代表。例如，亚里士多德在《政治学》中对“人类自然是趋向于城邦生活的动物”[①]这一命题进行了论证：自然所造的每一种事物都有一个目的，人生的目的是实现三种“善”（goodness）：富足的生活，健康的身体，良好的道德。其中，第三种善则是人类区别于其他动物的本质。亚里士多德认为，人只有在城邦生活中才能培养良好的道德。所以，人要实现自身的目的，就必须成为城邦的成员，过城邦生活[②]。在亚里士多德的论证中，我们同样看到了个人生活与城邦政治的紧密联系，个人的道德追求与城邦的善的实现是一致的。

作为“目的论”的古代政治哲学告诉人们：当每个人成为好人时，社会自然就是好的社会，国家就自然实现“善治”。因此，不论是西方的柏拉图、亚里士多德，还是中国的孔子、孟子，都强调个人道德修养对于维护国家秩序的重要意义。

现代政治哲学与古代政治哲学最大的不同就是消解了个人道德在国家建构中的作用。在这一点上，15—16 世纪的意大利政治思想家马基雅弗利（Niccolò Machiavelli，1469—1527）做了很重要的工作。马基雅弗利在《君主论》一书中通过各种历史案例表达了一种观点：为了得到权力，君主可以不择手段。在马基雅弗利的论述中，君主可以伪善，可以不讲诚信，可以残暴，可以吝啬……《君主论》一书使得政治秩序与个人道德完全脱离了干系。对于马基雅弗利来说，政治并非建立在个人良善道德的基础上，政治的关键在于强制性权力的巩固。

如果说马基雅弗利的工作是对古典政治哲学的“破”[③]，那么霍布斯的政治学

---

① 这句话也被翻译为：“人类在本性上，也正是一个政治动物。”（亚里士多德. 政治学［M］. 吴寿彭，译. 北京：商务印书馆，1965：7）

② 亚里士多德. 政治学［M］. 吴寿彭，译. 北京：商务印书馆，1965：7-8.

③ 正是出于这个原因，一些当代学者，例如昆廷·斯金纳（Quentin Skinner）和约翰·波科克（John Pocock），将马基雅弗利的政治思想看作现代政治思想的开端。

说就是对现代政治哲学的"立"。在马基雅弗利之后，人们面对去除了个人道德理想的政治学说不免感到彷徨：我应该做什么，应该追求什么？现代政治学说对于这个问题是不回答的，它只对人们行为的底线进行规定。这一规定就是霍布斯从古老的自然法思想中引申出来的"权利"概念。与古典政治学说要求每个人都成为"君子（好人）"不同，现代政治理论告诉人们的是：做不做好人是个人的选择，只要不侵犯他人的权利，就是一个合格的公民。基于对"权利"概念的凸显，现代政治学说被称为"权利论"，而不再是古代的"目的论"政治学说。现代政治制度不是建立在个人道德修养的基础上，而是建立在尊重权利和规则（法律）的基础上。在现代政治中，人们不再追求好人与好国家，而是以平等自由的公民身份组建合法国家。

现代政治思想是在生产力大大提高、自由市场飞速发展、人们生活方式多样化的背景下产生的。生活方式的多样化使得任何一统的、完美的目的都难以获得统摄一切政治原则和行为规范的权威。正如霍布斯所言，在现代社会中，没有任何终极目的或最高的善可言，人的幸福仅在于欲望的满足，而人们的欲望是各不相同的。所以，新的政治理论只能建立在强调个人自由、维护个人偏好和基本权利的基础之上。在现代政治思想中，无论是契约论还是功利主义，都将个人权利作为政治原则的根基。

当代政治哲学研究，是在吸收古典政治思想和现代政治思想的基础上发展起来的。20世纪50年代，斯特劳斯及其学生对古典政治思想进行阐释和重构，并在此基础上讨论何谓"政治哲学"。1963年，斯特劳斯与其弟子还合编了一套《政治哲学史》的教材。这些学术成果标志着政治哲学学科的确立。斯特劳斯对于政治哲学的建构，是要复兴作为"目的论"的古典政治思想。斯特劳斯认为，政治哲学的主要任务就是去寻求"善"的知识，寻求个人的美好生活形式以及社会的最佳政制（regime）。斯特劳斯对政治哲学的理解与古典政治思想如出一辙，是一种将个人道德的完善与社会的善治结合在一起的政治学说。

20世纪70年代，美国学者罗尔斯的政治哲学研究著作《正义论》问世。此书为当代政治哲学研究树立了典范，同时也激起了学术界对政治哲学中各种热点问题的争论。罗尔斯的政治哲学深入地发展了"社会契约论"这一现代国家学说，并在此基础上对另一重要的现代政治学说功利主义进行了系统的批驳。与斯特劳斯的政治哲学不同，罗尔斯的政治哲学是在作为"权利论"的现代政治思想基础上形成的，是对于现代政治思想的重构和深化。与此同时，罗尔斯的政治哲学还开辟了政治理论的新领域——分配公正（distributive justice）。在罗尔斯之后，分配公正成为政治哲学研究的重点。近50年来，英美政治哲学研究的绝大部分文献都围绕着分配公正的相关问题展开。继罗尔斯之后，诺奇克、德沃金（Ronald Myles Dworkin，1931—2013）、阿玛蒂亚·森（Amartya Sen）、沃尔泽（Michael Walzer）、桑德尔（Michael J. Sandel）、玛莎·努斯鲍姆（Martha Nussbaum）等一大批学者发展出各式各样的分配公正理论，极大地丰富了当代政治思想。不仅如此，分配公正研究还深刻地影响了人们的观念：公平、正义、机会平等、弱势群体利益……逐渐成为人们考虑政治社会问题的评判标准。罗尔斯的学术成果在当代政治哲学中具有不可替代的重要意义。正如《当代政治哲学》的作者威尔·金里卡（Will Kymlicka）所言："要想了解当代的各种正义理论，罗尔斯的理论是一个自然的出发点。罗尔斯的理论支配着当代政治哲学的争论，并不是因为人人都接受他的理论，而是因为其他不同的观点通常是在回应罗尔斯理论的过程中产生的。"①

西方当代政治哲学研究的丰硕成果引发了中国学者的极大兴趣。自 20 世纪 80 年代以来，中国学者在翻译、介绍和讨论政治哲学相关问题方面做出了卓有成效的工作。罗尔斯、诺奇克、德沃金、沃尔泽等西方学者的重要政治哲学著作相继被翻译成中文。与此同时，中国学者还在分析和批判西方学者的基础上，提出了自己对于政治社会问题的不同观点，为政治哲学的发展做出了自己的贡献。依据中国期刊全文数据库的数据，从 1990 年起，中国学界共发表了 2 648 篇直接以"政治哲学"为题的学术文章，而以"政治哲学"为主题或关键词的有 9 630 篇。另据中国国家图书馆馆藏统计，自 1990 年以来，有约 1 000 部与政治哲学相关的专著、译著在中国大陆正式出版发行。

总之，政治思想在中西方走过了漫长的历程。20 世纪中叶以来，古老的政治思想在经济发展、科技进步、全球化、价值多元化的背景之下孕育出新的学科——政治哲学，并焕发出勃勃生机。

三、政治哲学研究与政治思想史研究的异同

政治哲学和政治思想史是两个极易被混为一谈的学科。相关领域的研究者，也常常二者兼顾，甚至将两者混在一起。笔者试图在阐明这两个学科之间联系的基础上，澄清二者的本质区别。

首先，政治哲学研究和政治思想史研究的共同点在于，它们研究的素材是一致的。政治思想史和政治哲学的研究素材都是历史上对政治相关问题的著名论述，具体来说，就是著名政治思想家的作品。例如，研究中国政治思想史的学者要仔细研读先秦诸子的著作，要研读董仲舒、王阳明、朱熹、黄宗羲……；研究西方政治思想史的学者要研读柏拉图、亚里士多德、西塞罗、马基雅弗利、霍布斯、洛克、卢梭、康德、罗尔斯……；而研究政治哲学的学者同样要研读上述文本以及相关的二手文献。从阅读、思考和批判的对象上来说，政治思想史研究和政治哲学研究并没有任何区别。正是出于这个原因，政治哲学的研究者同样能教授政治思想史的课程。因为，政治哲学研究并不是空中楼阁，它要求研究者熟悉政治思想史上的重要"文本"。也正是这些经典"文本"构成了政治哲学研究的基石。

① 金里卡. 当代政治哲学［M］. 刘莘，译. 上海：上海三联书店，2004：19.

其次，政治哲学研究和政治思想史研究的目的不同。政治思想史研究的目的可以归结为三个方面：（1）澄清历史上政治思想家的思想体系；（2）探讨社会背景和政治思想之间的关联；（3）厘清观念史的脉络，以某种融贯的方式去理解某个或某些政治思想家的理论。第一种工作通常被描述为“文本解读”，是逐字逐句地去解释经典。中国传统学术中的“经学”实际上采用的就是这种研究路径。西方学界的斯特劳斯学派也经常采用这种研究方法。政治思想史的第二种工作是将某一政治思想与产生这种思想的历史背景联系起来，解释这两者之间的相互作用。例如托克维尔的《旧制度与大革命》，探讨的是革命观念与历史进程之间的关联，就属于这种研究。政治思想史的第三种工作是对不同的政治思想家的作品进行比较，甚至将不同的政治思想家归为不同的阵营，以期更深刻地阐释它们之间的异同。英国政治思想家以赛亚·伯林的《两种自由概念》就是这类研究的杰出作品。

与政治思想史研究的目的不同，政治哲学研究的目的是构建新的政治理论体系。政治哲学研究者通过对政治思想的“经典文本”进行研读、辨析和批判，目的是要以“他山之石”建造自己的房屋。通过推敲历史上的政治思想家们曾给出的经典论证方式，或者去除其中不合理的论述，或者加入对新的政治现实的考量，政治哲学研究者尝试构建出更合理、对现实更有指导意义的政治理论体系。

政治哲学是哲学的分支学科，其目的不在于还原旧有政治思想之原貌，也不在于修复政治理论和历史现实之间那些不为人知的关联；而在于以旧有的观念和论证结构为基础，提出新的观念和思想，建构新的理论框架以适应和指导新的政治现实。可以说，政治思想史研究是“我注六经”，而政治哲学研究则是“六经注我”。如果用修房子来打比方的话，政治思想史做的工作是修复中西方传统中古旧而辉煌的思想宫殿，而政治哲学则是将中西方思想宫殿中那些有用的砖块和碧玉搬出来，重新搭建一个现代人可以住进去的大楼。如果说政治思想史家是在故宫修文物的话，政治哲学家就是在建“中国尊”。

最后，研究目的的不同也决定了研究方法的不同。政治思想史的主要研究方法就是梳理文献。这些文献既包括政治思想的经典著作，也包括与当时的社会现实相关的各种历史记录，甚至还包括各种野史、小说、八卦新闻。优秀的政治思想史研究者能从这些不同渠道得来的文献中找到相互的关联，证实一些鲜为人知的“事实”，最大限度地还原历史中的政治思想、政治思想家以及政治思想家所处时代的面貌。

政治哲学当然也需要对经典文本进行文献梳理，但是，其梳理一方面不会像政治思想史研究那么细致，另一方面，也会有所侧重。其重点在于厘清经典论述的论证结构，去掉其论证中的不合理之处，并对该论证结构进行抽象化，甚至将其推向极致。我们可以从罗尔斯写作《正义论》——这部公认的政治哲学著作——的过程来体会这种研究方法。罗尔斯在《正义论》的开篇论述道：“我一直试图做的就是要进一步概括洛克、卢梭和康德所代表的传统的社会契约理论，使之上升到一种更高的抽象水平。"[①] 罗尔斯正是在吸收和借鉴旧有政治思想的基础上，进一步抽象出"社会契约论"的论证结构，建构出自己的政治理论。由此看来，政治哲学的研究方法除了文献梳理之外，必不可少的就是思辨、推理和论证。作为哲学的一个分支学科，政治哲学是研究政治价值和政治原则的学科，而价值和原则不可能通过社会科学研究中的访谈、调查和统计而得到，只能通过研究者的理性思辨而被澄清。所以，政治哲学的核心研究方法是思辨、推理和论证。当然，政治哲学在为政治社会提供理想和原则的同时，也必须兼顾政治现实；否则，其理想就成了脱离现实的空想，成了"空中楼阁"。因此，政治哲学还有一个重要的研究方法就是批判现实：依据人们的道德直觉，在合理论证的基础上，对政治现实提出改良建议。

总之，政治哲学和政治思想史是两个既有关联又相互独立的学科。它们共同的研究对象是政治思想史中的经典著作，但它们的研究目的和研究方法却有很大的差别。政治思想史致力于精准地恢复旧有政治思想的原貌，而政治哲学则通过吸取旧有政治思想的营养而构建新的政治理论。政治思想史的核心研究方法是文献梳理法，政治哲学的核心研究方法是思辨、推理和论证，同时还需要研读经典和批判现实。此外，还有一点需要澄清的是：所谓的"政治哲学史"就是"政治思想史"，两者没有本质的区别，指的都是人类历史上出现过的经典的政治学说。

四、"科学研究"与"人文研究"的区别

自 16—17 世纪的科学革命以来，人类学术的各门学科都受到了"科学"思维方式的巨大冲击。尤其是文学、历史、哲学这些传统的"人文学科"，被经验性的科学研究逼到学术的边缘，越来越找不到自己的立足之地。"人文学科"是以理念为基础的、非经验性的学术研究，无法以经验性的"科学方法"[②] 进行研究，但这并不意味着"人文学科"没有自己的研究领域和研究价值。政治哲学是"人文学科"的一种，为了进一步明确政治哲学与经验性的科学研究的不同，下面笔者将辨析"人文研究"与"科学研究"之间的区别，并强调"文本"在人文研究中的重要意义。

科学研究的对象是现象世界的各种事实，而科学研究的目的则是要找出不同事实之间的必然联系，并通过对这些必然联系的应用而为人类谋福利。为此，科学研究必须从事实出发，观察事物、测量事物、猜想事物之间存在着怎样的联系，并通

---

① 罗尔斯．正义论［M］．何怀宏，何包钢，廖申白，译．北京：中国社会科学出版社，1988：2.

② "科学方法"是一种获取知识的经验方法，这在 17 世纪以来一直是科学发展的特征。科学研究通常包括如下步骤：第一，研究者通过观察和归纳提出假设；第二，研究者设计实验验证自己的假设，并得出结论；第三，研究者以更广泛的人类经验验证自己的科研结论并形成普遍化的知识；第四，以新技术、新发明等形式对科学研究所获得的知识进行实际的应用。见《牛津词典》对"科学方法"（scientific method）的定义：Oxford dictionaries：British and world English［EB/OL］．［2016-05-28］．https：//en. oxforddictionaries. com/definition/scientific_method.

过实验对这些猜想进行验证。例如，在实验心理学的研究中，有心理学家猜想小孩尿床与嫉妒父母对其他兄弟姊妹的爱有关，为了证实这个猜想就需要对有兄弟姊妹的孩子的尿床情况与独生子女的尿床情况进行比较，以推导出这两个事实之间的相关性。又如，在医学研究中，如果医生猜想某一食物有可能导致癌症，就给小白鼠喂大量的这种食物，看看小白鼠是否会因此而患上癌症。如此等等。

人类虽然是大千世界的一员，是千变万化的现象中的一种，但从其诞生之初就开始构造一个不同于现象的世界。这个世界里有人类情感的表达，有人类对自己生活的理解和规范，也有人类对自然规律的解读。这些内容就构成了一个与科学研究不同的研究领域——人文。如果说，科学研究的对象是事实，那么人文研究的对象是什么呢？其研究的目的又是什么呢？最易于被认可的说法是，人文研究的对象是“价值”，人文研究的目的是通过考察人类的精神世界而向人们揭示世界的理想状态应该是什么，并为人类的发展指明方向。

就像人会思考自己应该过一种什么样的生活一样，古人很早就已经在思考人类社会应该是怎样的：既然人们所处的永远都不是一个理想的世界，那么“理想世界应该是怎样的”就是一个永恒的问题。正是这一永恒的问题激发了人们在人文领域的探索。由此，人们创制了许多概念去描述那个理想的世界，例如公正、平等、和平、大同等；又由于每个人对何谓理想的人生、理想的世界的理解不尽相同，所以人文研究中会形成不同的思想流派——在中国古代有诸子百家争鸣，在西方现代则产生了各种主义和纷争。那么，面对浩如烟海的文献资料，一个人文学者要如何进行自己的研究呢？是在各种流派、各种“主义”之间当和事佬，进行似是而非的“勾兑”，还是固执己见、闭门造车，在一片平地之上建构自己的理论大厦？这两种方式大概都无法做出根基坚固且富有创见的研究成果。

人文研究的文献资料虽然浩大繁杂，但是，不同时期的研究者们遇到的问题大多是类似的：以什么概念构建理想世界？这些概念的含义是什么？以什么样的制度能够实现这些概念所展现的世界？等等。由此，在不同的历史时期、不同的文化传统以及不同的思想流派中，这些根本问题得到了非常不同的回答。而且，因为这些问题是关于理想世界的，因此很难被各种各样的事实和各个时期的历史所证实或证伪。这既是人文研究的困境，也是人文研究的魅力所在：有许多根本性的问题，也有许多经典的回答，却没有标准答案。

在这一点上，科学研究和人文研究有着根本区别。科学研究的大部分问题都可以通过实验而被事实所证实或证伪。所以，在实验手段不断进步、新技术层出不穷的背景下，许多科学研究的问题都得到了确定的回答。今天，研究物体运动的科学家不用再去翻阅牛顿揭示万有引力的著作《自然哲学的数学原理》，而研究发动机的科学家也不再需要重复瓦特的蒸汽实验。这也是为什么人文研究的经典著作会一版再版，而历史上科学研究的经典著作却鲜有新的读者。

由此看来，人文研究必须从“文本”出发。所谓“文本”指的是对研究者感兴趣之问题的经典回答。例如，研究中国语境中的伦理道德问题，就必须从《论语》

《孟子》《大学》《中庸》等这些对于人伦的经典阐释开始。又如，研究西方的“正义”问题，就不可能不首先了解柏拉图、亚里士多德、霍布斯、罗尔斯、诺奇克等经典作家对于“正义”问题的论述。再如，研究市场经济与剥削问题，就必须从马克思以及亚当·斯密关于市场经济的阐释及批判出发。而研究中国古典诗词则应首先从熟读《诗经》《离骚》《唐诗三百首》等开始。总之，脱离了经典文本的人文研究只能是无源之水、无本之木，既不牢固，也无创见。

所以，一个人文研究者在展开自己的研究时，其正确的方式应该是：第一，研究者为某个根本性的、悬而未决的问题所吸引（古往今来，这样的问题有很多，例如：人性善还是人性恶？人类为什么需要国家？人人生而平等还是不平等？真、善、美是不是可以统一？人类有没有自由意志？等等）。第二，研究者通过阅读文献，了解各个时期、各种文化传统中对这一问题的经典回答是什么。第三，研究者在不同回答之间进行甄别，通过批判与质疑，做出自己觉得最可信的回答，并对其进行阐释和完善。

人文研究最忌讳的就是从“二手文献”甚至“三手、四手文献”出发，而忽略了给出经典定义的“一手文献”。一些研究者为图省事，将自己的研究直接建立在别人的研究成果之上，从别人对经典文本的解读出发来进行阐释和论述，而自己并不去阅读最初的“文本”。这就像把别人嚼过的食物再嚼一遍，这种“反刍”式的研究不仅是索然无味的，而且还会导致对一些重要概念的滥用。在这种“人云亦云”的研究中，由于没有仔细研读“经典文本”，研究者对自己所使用的概念不能准确地把握，只能照葫芦画瓢，别人怎么说，自己就跟着怎么说。如果有许多研究者都以这样的方式做研究，那么，那些当初在经典文本中给人以启示的鲜活的概念，就在持续的滥用和误传中逐渐失去了魅力，也就对人们的现实生活不再有任何感召的力量。这样的人文研究必然是失败的，就像一块璞玉没有被雕琢成精美的玉器，反而在任意的打磨中失去了原本的光泽。

科学研究从“事实”出发，人文研究从“文本”出发。作为一种重要的人文研究，政治哲学必须从中西方政治思想史上的经典“文本”出发，抽象出其中的概念、论证结构、论证理由，并结合新的社会现实，以期构建出人们阐释政治现实、实现政治理想的理论大厦。

五、本书的写作

“富强、民主、文明、和谐，自由、平等、公正、法治，爱国、敬业、诚信、友善”是社会主义核心价值观，也是规范当下中国社会的基本原则和政治价值。2014 年，五四青年节之际，习近平总书记在北京大学师生座谈会上强调：要加强青年的核心价值观教育，“因为青年的价值取向决定了未来整个社会的价值取向，而青年又处在价值观形成和确立的时期，抓好这一时期的价值观养成十分重要”，“青年要从现在做起、从自己做起，使社会主义核心价值观成为自己的基本遵循，并身体力行大力将其推广到全社会去”[1]。习近平总书记指出：“我们提出的社会主义核心价值观，把涉及国家、社会、公民的价值要求融为一体，既体现了社会主义本质要求，继承了中华优秀传统文化，也吸收了世界文明有益成果，体现了时代精神。”[2] 2017 年 10 月 18 日，习近平总书记在党的十九大报告中指出，要培育和践行社会主义核心价值观。要以培养担当民族复兴大任的时代新人为着眼点，强化教育引导、实践养成、制度保障，发挥社会主义核心价值观对国民教育、精神文明创建、精神文化产品创作生产传播的引领作用，把社会主义核心价值观融入社会发展各方面，转化为人们的情感认同和行为习惯。

要使社会主义核心价值观成为自己的基本遵循，我们首先需要了解社会主义核心价值观的内涵，以及这些价值和原则如何在政治现实中帮助塑造一种公正的政治制度。只有这样，我们才能协调个人行为与政治原则之间的关系，向公平正义的政治秩序迈进。在社会主义核心价值观的十二个主题词中，自由、平等、民主、法治、公正这五个主题词与政治哲学息息相关，构成了政治哲学研究的核心内容。本书将围绕这五个核心政治价值进行讨论，同时介绍社会契约论和功利主义两种重要的政治哲学学说，以及与自由市场相关的哲学理论。本书的写作依据这样的思路：廓清政治哲学中的基本概念和基本理论，探讨政治价值与政治制度的关联，最终聚焦于当代政治哲学研究的丰硕成果。

本书第一编包括第一章“社会契约论”和第二章“功利主义”，聚焦社会契约论和功利主义两种重要的政治理论，揭示两种理论之间的根本分歧，并讨论个人权利和公共利益之间的复杂关系。第二编包括第三章“自由”和第四章“平等”，分析两种自由概念和四种平等理论，系统讨论平等与自由之间的关系。第三编包括第五章“民主制度及其反对者”和第六章“法治思想及其理论困境”，讨论民主理论及其反对者以及法治理论的困境，并在此基础上分析民主与法治之间相辅相成的关系和隐含的张力。第四编包括第七章“私有权和自由市场”及第八章“分配公正研究的知识谱系”，讨论自由市场应该受到什么样的限制，并系统介绍分配公正研究的知识谱系。本书结语部分简述了当代政治哲学研究的最新进展。

政治理论研究在中西方都有着悠久的历史传统，文献浩如烟海；与此同时，政治哲学研究又与政治现实中纷繁复杂的具体问题息息相关。《政治哲学导论》这本小书的论述必然是“挂一漏万”，笔者不求面面俱到、系统完整，只愿那些曾经激发自己思考的问题能通过这本小书，开启读者对政治价值和政治原则进行探索的智慧之门。最后，希望思想海洋中那些不断激起的浪花，能时时引发人们的“惊奇”，引领人们获得真正的知识。

---

①② 习近平．青年要自觉践行社会主义核心价值观：在北京大学师生座谈会上的讲话［N］．人民日报，2014-05-05（2）．

《阅读与思考》

一、阅读

1. STRAUSS L. What is political philosophy?: and other studies [M]. Chicago: The University of Chicago Press, 1988.

2. 金里卡. 当代政治哲学 [M]. 刘莘，译. 上海：上海译文出版社，2011.

3. 段忠桥. 何为政治哲学 [M]. 北京：中国社会科学出版社，2018.

二、思考

1. “价值”与“事实”是截然二分的吗？

2. 古典政治思想与现代政治思想有什么根本区别？

3. 政治哲学的研究方法有什么特点？

第一编

个人权利与公共利益

保护个人权利和推进公共利益是人类社会的两大政治目标。在某些情况下，这两个目标有可能产生矛盾。例如，在不影响其健康的情况下，是否可以不经个体同意而从其身体里抽少量血液以救助其他人？是个人权利优先于公共利益，还是公共利益优先于个人权利？社会契约论和功利主义这两种重要的政治哲学理论给出了不同的回答。社会契约论从自然状态当中推导出国家，将自然权利作为个人权利的基础，将保护个人权利作为国家权力应用的最终目的。功利主义从每个人对快乐和痛苦的感知出发，将所有社会成员之功利总和的最大化作为人类社会发展的终极目标。个人权利和公共利益孰轻孰重？为了推进公共利益是否可以牺牲个人权利？本编内容将系统介绍社会契约论和功利主义这两种政治学说，并深入讨论二者的分歧。

第一章 社会契约论

在人类进化的历程中，为什么会产生国家？国家是必然出现的吗？没有国家，人类的命运会怎样？人们会生活得更好，还是完全无法生活下去？国家的产生及其背后的原因，是引发人们思考的最根本的政治哲学问题。西方政治学说中的社会契约论者为回答这个问题提供了一条经典思路：首先构想一个没有国家、没有政治社会的人类状态，构想人们在这样的状态下可能遇到的种种困境，然后推测人们可能以什么样的方式联合起来、组织起来，走出困境，延续种群的发展。在社会契约论中，这种在国家形成之前孕育着国家的人类状态，就是自然状态。人们在自然状态中遇到各种困境，为了自保而不得不相互签订社会契约，放弃一部分权利，授权主权者并最终形成国家。可以说，自然状态就是形成国家的“理论胚胎”，而社会契约则是构建国家的制度基础。在现实政治中，政治哲学中所构想的社会契约的对应物就成为一个国家的宪法。本章内容将系统讨论社会契约论的政治学说，聚焦于自然状态和社会契约两个主要部分，最后结合美国“禁枪”的困境讨论国家的本质。

第一节 自然状态

“自然状态”就是没有国家和社会的人类状态，是强制性的共同权力形成之前的人类状态。政治哲学要探寻国家和政治社会的理论根源，必须从没有国家的状态开始讨论，以确定国家学说的理论基础。从 17 世纪的启蒙思想家开始，现代政治理论将自然状态作为推导出国家学说的理论原点，并从这一状态中抽象出政治社会的种种原则。霍布斯、洛克、卢梭、康德……这些重要的现代政治思想家都对自然状态做出了经典的论述。在当代政治哲学研究中，自然状态在约翰·罗尔斯和罗纳德·德沃金等学者的论述中进一步抽象成“原初状态”，或者“前市场状态”，成为政治哲学中不可或缺的部分。

在考察经典作家对自然状态的论述之前，人们可能会首先问一些问题：人类为什么需要国家？从自然状态中一定会推导出国家吗？人类为什么不能一直生活在自然状态中呢？下面，我们首先来讨论这些元问题①。

1. 人类为什么需要国家

人类为什么需要国家？如果没有国家，人类将会怎样？对于这个问题的回答，取决于人类自身的状况。如果所有人都足够“善良”，而且还足够“聪明”，不仅能够处处为他人着想，而且还能时时预料自己行为的后果，那么，即使国家不存在，人们也能和谐美满地生活在一起。

在国家不存在的情况下，善良而聪明的人们会自愿为自己身边的其他人考虑，并且总是能通过自己的行动而增进其他人的利益。这将是一个“我为人人、人人为我”的美好世界。在这样的世界中，任何规则、法律、制度、暴力机关都是多余的。因为，这些东西施加给人们的总是强制，其强制的目的是让人们在增进自身利益的同时，不要侵犯他人的利益，最好还能增进公共利益。但是，在人人善良而聪明的情况下，人们并不需要被强制这样做，因为人们会自愿这样做。

家庭成员之间的亲密关系，可以让我们对人性之善有一些直观的认识。在家庭中，父母处处为孩子着想，孩子时刻孝敬父母，兄弟姐妹之间相互关照，这些自然的情感让整个家庭处于和谐美好的氛围之中。在这样的情形下，人们并不能体会到规则、法律、强制这些外在约束的必要性。正像休谟所言，当人们之间充满仁慈和温情、相互关爱时，作为社会规范的正义就失去了作用②。

然而，在人类自然演化的过程中，国家却不可避免地出现了，这一点对于不同文化背景、不同宗教传统、不同肤色种族的人类来说，都是一致的。这一事实向人们表明，人人爱人的理想人际关系并非存在于所有境况之中。在人类社会中，有些人际关系是相互冷淡的，例如陌生人之间的关系；有些人际关系是相互竞争的，例如稀缺资源的竞争者之间的关系；当然，也有一些人际关系是相互关爱的，例如亲戚朋友之间的关系。不同人际关系的利益纷争，时常使人们陷入矛盾冲突之中。此时，代表强制性权力的国家就成为人们和平共处的必要限制，充当着规范人们行为的强制性基础。

2010年，在山东的一艘渔船“鲁荣渔2682号”上发生了“太平洋大逃杀案”。出海时船上有33人，回来时只剩下11人。其他人都在相互残杀中丧命。当法院在审理这起案件时，询问罪犯们为什么敢肆无忌惮地杀人。他们回答说，因为是在公海上，他们认为自己的行为不受任何国家的法律约束，所以就大开杀戒、为所欲

① 所谓“元问题”指的是问题之前的问题。社会契约论关心的问题是：如何从自然状态中推导出国家？但是，在回答这个问题之前，我们实际上还需要回答“人类为什么需要国家”这一问题。

② 休谟．道德原则研究［M］．曾晓平，译．北京：商务印书馆，2001：36.

为。该惨案是值得人们反思的。这一案件向人们展现了人性丑恶的一面：在没有国家、没有法律约束的自然状态下，人们为了自己的利益，可能会突破道德底线，做出完全违背人性的事情！

事实上，在社会契约论者的国家学说中，“人性本恶”是推导出国家的必要假设。这里的“恶”指的是，个人只考虑如何增进自己的利益，甚至不惜牺牲他人利益来增进自己的利益。这里需要注意的是，在西方文化中，人们并不认为个人追求“利益最大化”是“恶”，是自私的。许多西方学者将“个人利益最大化”当作“理性”。例如，在西方经济学中，所谓“理性人假设”就是假设每个人都是追求自己利益最大化的。社会契约论的鼻祖霍布斯也从来没有说过“人性本恶”，而是假设在自然状态下人们是“理性的”（rational），而对于“理性”的最简化的理解即是“自我利益最大化”。正是因为每个人只考虑自己的利益，尽可能地追求自我利益最大化，很难自觉自愿地为其他人的利益着想，或者即使为他人利益着想也很难准确预测自己行为的后果；所以，国家才是必需的。为了人类群体的延续，人们必须以某种规则为每个人的自利行为划定界限，以维持人与人之间的和平相处，推进公共利益；同时还必须以一种垄断性的暴力保证这一规则的实施。只有这样，人类才不会被此起彼伏的相互侵犯所困扰，最终实现种群的延续和繁荣。

霍布斯正是在上述推理的基础上，论证了国家的产生。霍布斯将国家不存在的状态称为“自然状态”，这一状态的本质特征是：不存在统摄所有人的“共同权力”。在这样的状态下，人们为了自己的生存和发展，任意侵犯他人，甚至伤害彼此的身体和性命。于是，所有人都时时处在暴力死亡的威胁当中。在理性的指引下，人们为了结束自然状态中这种“所有人对所有人的战争”，自愿缔结合约，让渡出一部分权利（例如对他人身体的权利。让渡这一权利，意味着人们承诺不再侵犯他人的身体），并将这些让渡出来的权利交给一个执行仲裁的“第三方”，由第三方来统一进行奖励与惩罚。而这个获得所有人让渡出来之权利的第三方就成了主权者，其所接受的众人之权利构成了国家的主权——具有强制性的共同权力（common power）。霍布斯通过社会契约论构想了“共同权力”形成的过程，而这种“共同权力”就是国家的本质。由此看来，国家的核心是一种能统摄其所有成员的权力，这一权力体现为一套对所有成员有效的规则，以及保证这套规则得以实施的垄断性暴力。

今天，我们很难构想一个没有国家存在的人类世界。这一方面是因为人性的改进还没有达到人人自愿为他人着想的水平，另一方面还因为人类社会的物质财富还没有达到马克思所构想的“极大丰富”的地步，还没有脱离罗尔斯所说的“中等程度的匮乏”①。假设，人类社会的财富已经达到每个人不论如何自利都还有剩余的

---

① 所谓“中等程度的匮乏”指的是：自然条件和其他资源并没有丰富到使人们的合作成为多余，也没有艰险到使人们的合作必然遭遇失败。罗尔斯认为，“中等程度的匮乏”是人们能进行社会合作的必要条件。参见：罗尔斯. 正义论［M］. 何怀宏，何包钢，廖申白，译. 修订版. 北京：中国社会科学出版社，2009：127.

程度，那么人们就不用联合起来，人们之间也不再需要任何强制性的规则以限制人们的自利行为。在那样的世界中，人人各取所需，人人互敬互爱；规则、制度、强制，以及作为强制性规范之基础的国家，都将无存在的必要。

在中西方政治思想史中，都曾经出现过消解国家的政治思想流派。在西方，这一学派被称为无政府主义学派。无政府主义学派最基本的假设就是“人性本善”。这派学者通常对人性持非常乐观而理想的看法，认为在没有任何强制性权力存在的情况下，人们会相互关爱、和谐共处；所以，国家是多余的。与此同时，无政府主义者还认为，国家所代表的强制性规范体系不可避免地会侵犯人们的权利、伤害人们的自由。因此，国家不仅是“多余的”，而且还是“恶的”：即使是最小功能的国家（minimal state），也是对人们自由的伤害。

在中国传统政治思想中，道家提出了“无为而治”，虽然并非主张完全消解国家，但反对强制性公权力（亦即“君权”）对人民生活的过多干涉，主张通过人们自愿的互动而达致一个稳定而繁荣的政治秩序。老子曰：“我无为而民自化，我好静而民自正，我无事而民自富，我无欲而民自朴”①，此所谓“无为而无不为”。

总之，在政治理论中，自然状态是国家学说的“理论胚胎”。为了构建有关国家的基本理论，政治思想家们构想了国家出现之前的人类状态。自然状态是不存在强制性公权力的人类状态。在这一状态中，人们出于“自利”而相互争斗、陷入战争，国家成为人类延续的必要条件。当然，在人类“全知”“全善”的假设下，国家并不一定是人类的必由之路，但至少在人类历史的现阶段，国家仍然是必要的。国家所代表的强制性规范体系，对于维护人们之间互利共存的平等关系、保护人们的基本自由，都是必不可少的。

2. 自由而平等的自然状态

社会契约论者从自然状态中推导出国家，那么自然状态是什么样的呢？只要我们稍加注意就会发现，不论是启蒙时期的社会契约论，还是当代政治哲学讨论中的社会契约论，都不约而同地将自然状态设定为平等而自由的。例如，霍布斯认为，人们在自然状态下是平等的，这种平等是能力上的平等：“自然使人在身心两方面的能力都十分相等，以致有时某人的体力虽则显然比另一人强，或是脑力比另一人敏捷；但这一切总加在一起，也不会使人与人之间的差别大到使这人能要求获得人家不能像他一样要求的任何利益，因为就体力而论，最弱的人运用密谋或者与其他处在同一危险下的人联合起来，就能具有足够的力量来杀死最强的人。”② 霍布斯还认为，自然状态下的人们是自由的，这种自由是人们按照自己所愿意的方式运用自己的力量保全自己的天性的自由。而所谓自由，则是外界障碍不存在的状态。亦即，在自然状态下，人们可以不受共同权力的干涉，而以任何方式保存自己的天性。

① 老子［M］. 饶尚宽，译注. 北京：中华书局，2016：142.

② 霍布斯. 利维坦［M］. 黎思复，黎廷弼，译. 杨昌裕，校. 北京：商务印书馆，1985：92-93.

启蒙时代的另一位英国社会契约论者洛克也将自然状态构想为平等而自由的人类状态。洛克认为，在自然状态下，“一切权力和管辖权都是相互的，没有一个人享有多于别人的权力”，所以人们是平等的。自然状态还是“一种完备无缺的自由状态，人们在自然法的范围内，按照他们认为合适的办法，决定人们的行动和处理他们的财产和人身，而无须得到任何人的许可或听命于任何人的意志”①。在洛克看来，在自然状态下没有统摄所有人的权力和权威，所以任何人都不用听命于其他人。在这个意义上，人们是平等而自由的。

法国社会契约论者让-雅克·卢梭（Jean-Jacques Rousseau，1712—1778）在《论人类不平等的起源和基础》一书中详细描述了人类社会的自然状态。卢梭认为，“不平等”是人类走出相互隔绝的自然状态时才出现的。卢梭具体描述了“不平等”出现那一刻的情形：“随着观念和情感的相互推动，精神和心灵的相互为用，人类便日益文明化。联系日多，关系也就日益紧密……每个人都开始注意别人，也愿意别人注意自己。于是公众的重视有了一种价值。最善于歌舞的人、最美的人、最有力的人、最灵巧的人或最有口才的人，变成了最受尊重的人。这就是走向不平等的第一步，同时也是走向邪恶的第一步。”② 在卢梭看来，“不平等”产生于人们之间日益紧密的联系以及由此而催生的“公共评价”。人与人之间的差异是一直存在的，但只有当一种外在的“公共评价”产生的时候，人们的不同特征才具有了不同的价值。有人变成美的、唱歌好听的、跑得快的、强壮的；而另一些人在人们眼中却变成丑的、讨厌的、弱的，等等。在“不平等”出现之前，自然状态下的人们还没有建立起相互之间的联系，人们处于相互隔绝的状态，还不可能形成一种“公共评价”。因此，在自然状态下，“不平等”还没有产生。换言之，人们之间或者是平等的，或者无所谓平等与“不平等”③。

对于自由，卢梭将自由定义为：行动受自己意志的支配。在《山中书简》中，卢梭对自由做出这样的论述：“与其说自由是按自己的意愿做事，不如说，自由是使自己的意志不屈服于他人的意志，也不使他人的意志屈服于自己的意志。”④ 卢梭认为，在自然状态下，人们之间相互隔绝，因此每个人的行动必然只受自己意志的支配。所以，在卢梭的论述中，人们在自然状态下既是自由的，也是平等的。

在当代政治哲学的讨论中，罗尔斯在传统社会契约论的基础上抽象出正义论的理论原点——“原初状态”（original position），并将其设定为平等而自由的。当然，罗尔斯所说的原初状态的平等并不是能力的平等，而是平等地参与制定正义原则的权利：“所有人在选择原则的过程中都有同样的权利，每个人都能参加提议，

① 洛克. 政府论：下篇［M］. 叶启芳，瞿菊农，译. 北京：商务印书馆，1964：3.

② 卢梭. 论人类不平等的起源和基础［M］. 李常山，译. 东林，校. 北京：商务印书馆，1962：118.

③ 卢梭认为自然状态下人们是否平等？对这一问题的详细讨论可参见拙作：李石. 自然状态下人们是否平等：兼与刘国栋商榷［J］. 政治思想史，2013（4）.

④ ROUSSEAU J J. Letters from the mountain ［M］//KELLY C，GRACE E. The collected writings of Rousseau，Vol. 9. Hanover and London：University Press of New England，2001：260-261.

并说明接受它们的理由，等等。”① 与此同时，罗尔斯规定的平等还体现在对原初状态的理论设计上。罗尔斯构想，在原初状态下，人们处于“无知之幕”（veil of ignorance）之后。“无知之幕”过滤掉了人们所有的具体信息，包括下述四个方面：第一，没有人知道自己的社会地位、阶级出身、天生资质、自然能力的程度、理智和力量的情况。第二，人们也不知道自己的善观念②、合理的生活计划，甚至不知道自己的心理特征，如讨厌冒险、乐观或悲观。第三，人们不知道他们所在社会的经济或政治状况，以及它能达到的文明和文化水平。第四，人们也没有任何关于他们属于什么时代的信息③。在“无知之幕”后面的订约各方只能知道有关人类的一般事实：他们理解政治事务和经济理论原则，知道社会组织的基础和人的心理学法则④。如此一来，每一个个别的人，在“原初状态”中被抽象成没有具体特征的理性人，在失去具体特征的过程中，人们也获得了地位上的平等。一方面，“无知之幕”这一理论设计使得人们在考虑规范人类合作关系的正义原则时，不会受到自身具体情况的影响，为正义原则的推导创造了“公平”的订约环境。另一方面，“原初状态”下平等的订约者也是自由的，他们拥有平等参与正义原则讨论的自由，即发表自己对正义原则应该如何之意见的自由。所以说，在罗尔斯的社会契约论中，“原初状态”也是平等而自由的。

暂且不问，自然状态下人们是否真的“平等而自由”⑤，让我们感到些许惊讶的是：为什么这么多哲学家都不约而同地将自然状态设定成“平等而自由”的？如此设定的理由和必要性是什么？

我们可以从两个方面来分析这个问题。首先，社会契约论的论证逻辑是：通过一个所有人自愿订立的契约，为由此而产生的强制性的公权力提供合法性证明，亦即为国家提供合法性证明。因此，这个订立契约的程序一定要符合人们对于程序正义的基本理解，符合人们对“公平”这一价值的直觉性理解。假设，一个社会契约是在地位不平等的各方之间订立的，或者订约者不是自愿同意，而是被迫签订契约的；那么，这样的契约一定不符合人们对于“公平”的理解，只能是一个“不平等条约”。“不平等条约”对人们的行为是没有约束力的，甚至会被随意撕毁。因此，不符合“公平”观念的社会契约，是无法为强制性的公权力提供合法性证明的，也就无法为国家提供合法性证明。正是基于这样的考虑，罗尔斯在《正义论》一书中将自己的正义理论称作“作为公平的正义”（justice as fairness），其含义是：正义原则是各方在“公平”的环境下订立的，这种“公平”的订约环境能够为各方订立

---

① 罗尔斯. 正义论［M］. 何怀宏，何包钢，廖申白，译. 修订版. 北京：中国社会科学出版社，2009：18-19.

② 善观念（the conception of goodness）是一个伦理学概念，指的是人们认为什么是好的，什么是值得追求的，什么是自己合理的生活计划，等等；在中国的语境下，也可以将其理解为价值观。

③ 同①136.

④ 罗尔斯认为，原初状态中订约各方唯一可能知道的特殊事实是：他们的社会受正义环境的制约。参见：罗尔斯. 正义论［M］. 何怀宏，何包钢，廖申白，译. 修订版. 北京：中国社会科学出版社，2009：137.

⑤ 这个问题很有可能是个假问题。因为，自然状态并不一定真实存在过，具体见本节后面的论述。

的契约——正义原则——提供合法性证明①。

其次，对于社会契约论者来说，平等与自由这两个政治价值是一个合法的政治体系必须遵循的基本原则，而自然状态则是将这两种价值导入政治现实的形而上学预设。因此，为了论证现实政治制度应该遵循的基本原则，自然状态就必须被设定为平等而自由的。启蒙时期的另一位社会契约论者德国哲学家康德，对这一点有着深刻的洞察。在讨论人们在国家形成之后所拥有的平等权利时，康德论述道："公民状态纯然看作权利状态时，乃是以下列的先天原则为基础的：（1）作为人的每一个社会成员的自由。（2）作为臣民的每一个成员与其他成员的平等。（3）作为公民的每一个共同体成员的独立。这些原则倒不那么是已经建立的国家所给定的法则，反而是唯有依据它才有可能符合一般外在人权的纯粹理性原则而建立起一个国家来的法则。"② 在康德看来，自由与平等不是已经建立的国家所规定的原则，恰恰相反，自由和平等是在逻辑上先于国家的、国家依其而得以建立的道德原则。换句话说，自由与平等是国家的基本政治制度应该遵循的价值标准。但是，这两个标准不能凭空而来，只能像"理想照进现实"一样，通过对前国家状态的构想而被带入对政治现实的规范中来。

自然状态就是这样一个将形而上学预设应用到对政治现实的规范中的装置：如果人们向往一个平等而自由的政治社会，就必须构想一个平等而自由的自然状态。因此，不论是传统的社会契约论，还是当代的社会契约论，如果违背了平等而自由的预设，人们借助自然状态推导出来的国家就将是一个无视平等和自由的国家。在这个问题上，古希腊的柏拉图为我们提供了一个非常有意思的反例。在《理想国》中，柏拉图借苏格拉底之口讲述了一个"高贵的谎言"③：神造人的灵魂时使用了不同的金属。统治者的灵魂是用金子造的，护卫者的灵魂是用银子造的，而平民的灵魂则是用"破铜烂铁"造的。柏拉图讲这个神话故事的目的是给自己的"理想国"提供理由，这一前社会的图景决定了理想国是一个由平民、护卫和统治者三个阶层构成的等级森严的政治共同体。由此可见，从一种不平等的形而上学预设中，只能推导出不平等的政治规范。柏拉图也因反对"平等"这一基本政治价值，而被波普尔痛斥为"开放社会的敌人"。

总之，传统的社会契约论者和当代社会契约论者都不约而同地将自然状态设定为平等而自由的，这一设定是由社会契约论的论证逻辑决定的。如果自然状态不是平等而自由的，一方面，人们订立社会契约的行为无法为契约内容提供合法性证明，从自然状态中推导出的共同权力和国家制度都将丧失合法性；另一方面，自然状态的平等和自由是人们规范政治现实的政治原则的来源。从不自由、不平等的自然状态中，人们只能推导出等级森严的人类社会，无法用自由和平等的政治价值规

---

① 罗尔斯. 正义论［M］. 何怀宏，何包钢，廖申白，译. 北京：中国社会科学出版社，1988：12-13.

② 康德. 历史理性批判文集［M］. 何兆武，译. 北京：商务印书馆，2013：186-187.

③ 柏拉图. 理想国［M］. 郭斌和，张竹明，译. 北京：商务印书馆，2009：127-128.

范社会现实，也无法实现自由和平等的政治理想。

3. 自然状态是否真实存在过

社会契约论者将国家产生之前的人类状态称为自然状态。在社会契约论者的阐述中，自然状态的本质是"共同权力"的缺失。在不同学者的论述中，自然状态呈现出不同的景象。例如，社会契约论的鼻祖霍布斯将自然状态构想为"所有人对所有人"（all against all）的战争。霍布斯认为，在慑服所有人的强制权力不存在的情况下，人们会因为三个原因而陷入无止境的纷争：竞争、猜忌和虚荣。其中，竞争使人求利，人们会因为对各种资源的争夺而陷入争端；猜忌使人求安全，为了不受他人的伤害和暗算，人们常常采取"先下手为强"的策略，在受到攻击之前向对方发起攻击；虚荣使人好大喜功，一些人以征服他人为乐趣。出于这三个原因，每个人都时刻处于暴力死亡的威胁当中。正是为了结束这种战争状态，人们才在理性的指引之下缔结契约，在他们之间建立国家。

比霍布斯稍晚一些的英国政治哲学家洛克不同意霍布斯的观点，将自然状态构想为平等而自由的和平状态。但是，洛克也认为这种和平的自然状态非常容易演变成战争状态。因为在自然状态下，由于没有"共同权力"，任何人都可以私自施行自然法，以惩罚那些违反自然法的人。而这种惩罚又很可能因个人的偏私而过度。所以，人们之间很容易发生争端和暴力侵犯。于是，自然状态就从最初的和平状态转变为战争状态。

法国哲学家卢梭将自然状态构想为人与人之间相互隔绝的状态。卢梭认为，在自然状态下人们彼此之间很难建立相互的纽带。甚至母亲与子女，也是在孩子出生之后很快就没有了联系。人们只有在遇到靠单个人的力量无法抗拒的自然灾害时，才会联合起来，结成政治共同体，建立国家。

对于"自然状态是否真实存在过"，或者说，社会契约论者如此描述的自然状态是否真实存在过，不同的政治思想家有不同的看法。一种看法是，自然状态确实存在过。例如，洛克就认为，自己所描述的自然状态曾经存在过。但是，因人们一旦处于自然状态之中就会很快进入政治共同体，所以人类没有留下任何对自然状态的描述和记录。又如，卢梭虽然出于对基督教教义的顾忌，没有直接宣称自己所描述的自然状态存在过，但是，据思想史家的考证，卢梭是根据某些野生动物的生存状态（例如独居的老虎）来构想人类的自然状态的。在卢梭看来，野生动物的生存状态就是人类最初的生存状态。因此，卢梭事实上认为自己所描述的自然状态是真实存在过的。在这个问题上，霍布斯与洛克和卢梭的观点不同。霍布斯认为，自然状态并没有真实存在过，只是一种理论上的假设。霍布斯将自己所描述的自然状态看作一种理论上的推断：在没有"共同权力"使所有人慑服的情况下，人们出于"自利"的理性必然会陷入无休无止的争斗。

在当代社会契约论中，罗尔斯将自然状态抽象为"原初状态"，这是一个所有人都被屏蔽掉具体信息、人人平等而自由的状态。罗尔斯认为，只有这样的公平状态才是人们制定正义原则的最恰当的初始状态。也只有在这种公平状态下，订约各方才可能协商出一种分配权利和义务、财富和机会的正义原则。另一位美国哲学家罗纳德·德沃金也运用社会契约论构建自己的分配正义理论。德沃金构想了人们在进入市场竞争之前的“前市场”状态。所有人被强制在“前市场”状态下购买保险，目的是规避人们进入市场竞争之后可能遭遇的各种风险以及由此而引发的不平等。这种强制性的保险，使得人们在进入市场竞争之前拥有“平等的资源”。其中既包括财富、地位等非人格资源，也包括身体素质、天赋才能等人格资源。值得注意的是，德沃金所说的“前市场”状态并不是“时间意义上的”进入市场之前的状态。因为，在时间意义上，人们甚至在出生之前就已经进入市场：怀孕女性的生活条件、吃的营养品、接受的医疗服务……统统都是以商品的形式在市场上出售的。所以，“前市场”的“前”是逻辑意义上的“在先”而不是时间意义上的“在先”。“前市场”是推导出人们进行社会竞争之原则和规范的理论原点，是人们进行理性反思的思想装置，其理论角色与传统社会契约论中的自然状态是完全一致的。

与启蒙时期的社会契约论者不同，当代的社会契约论者不再纠结于“自然状态是否真实存在过”的问题，而是直接挑明这一状态并非真实存在过，将其当作一个纯粹的理论预设。事实上，对于社会契约论来说，自然状态有没有存在过并不重要，重要的是如此设定的自然状态能否为国家或者某种特定的政治制度提供合法性证明。与其追究自然状态是否真实存在过，不如考察自然状态的具体设定是不是一种恰当的形而上学预设。所谓“形而上学预设”，是说这一预设很难被经验所证实或者证伪。“自然状态”这一理论设计的意义也并不在于其与现实经验的关系，而在于人们对其进行的具体规定对于政治现实的规范作用。自然状态就像政治思想家给我们设计的一个理念装置，通过它我们可以看到我们当下的国家、制度、法律之合法性的来源，可以看到我们当下的政治现实有什么不足，也可以看到一个理想中的政治社会应该是什么样的。

第二节　社会契约

如果说自然状态是形成国家的“理论胚胎”，那么人们在自然状态中签订的社会契约就是建构国家的“思想蓝图”。自然状态和社会契约是国家学说的两大要素，这一点在传统社会契约论和当代社会契约论中是一致的。自然状态设定的是一个平等而自由的公平签约状态，而社会契约的签订则最终使政治秩序和国家在所有人的一致同意之下得以建立。

社会契约论的论证逻辑是：在平等而自由的公平状态下，所有人自愿签订契约，放弃一部分自然权利，以形成作为政治共同体之基础的“共同权力”，并将这一权力授予所有人的代表——主权者。主权者则通过对垄断性的主权权力的运用，来维护一个稳定而公正的政治秩序，并保障所有政治共同体成员的基本权利。虽然所有的社会契约论者都应用上述论证逻辑来阐述自己的政治思想，但不同的政治思想家对社会契约签订过程的阐释却有很大的差别。而且，不同的签约过程也会推导出不同的政治理论和政治主张。这其中最具代表性的要数霍布斯和洛克。在17世纪中叶的英国资产阶级革命中，这两位英国政治思想家站在“保王派”和“议会派”两种相互对立的政治立场上，分别构想了不同的社会契约签订过程，阐发了完全对立的政治主张。本节将首先比较霍布斯和洛克所阐述的两种契约签订过程，以及两种签约过程导出的相互对立的政治学说，并在此基础上讨论假想的社会契约是否具有论证效力，如何为国家权力提供合法性证明等问题。

1. 社会契约的签订

霍布斯在《利维坦》中具体阐述了人们在自然状态下是如何签订契约的：“其方式就好像是人人都向其他人说：我承认这个人或这个集体，并放弃我管理自己的权利，把它授予这个人或这个集体，但条件是你也把自己的权利拿出来授予他，并以同样的方式承认他的一切行为。这一点办到后，像这样统一在一个人格之中的一群人就称为国家，在拉丁文中称为城邦。”① 从上述引文中我们看到，在霍布斯所描述的签约过程中，人们是“两两签订契约”，将权利让渡给第三方；而不是所有人共同签订一个契约。

举例说明，甲、乙、丙、丁四个人按照霍布斯的方式签订契约：甲与乙、丙、丁分别签订契约，承诺放弃某项权利（例如：攻击对方身体的权利）；同时，乙、丙和丁也向甲承诺放弃这项权利；乙与丙、丁也分别签订相互放弃权利的契约；丙与丁也签订相互放弃权利的契约。通过排列组合，甲、乙、丙、丁四个人一共签订了6个两两契约。最后，所有这些相互约定放弃的“权利”形成一个“共同权力”，并被授予一个“第三方”。于是，这个“第三方”就拥有了所有人所放弃的那部分权利，而这个“第三方”就是主权者。

霍布斯所构想的签约过程有两个重要特征：第一，人们两两签订契约。社会契约并不是所有人坐下来，通过协商和谈判，面对一个统一的文本，一致同意签订的契约；而是人们两两之间的一种约定和承诺。第二，“主权者”没有参与签约。在整个签约过程中，“主权者”仅仅是被动的权利接收者。他并没有与任何人，在任何时间、任何地点签订任何关于如何使用共同权力、权力应用的界限、权力的收回和轮换等相关内容的契约。

霍布斯在《利维坦》中所构想的社会契约签订过程最终导出了一种为“绝对王权”辩护的政治学说。在17世纪的英国资产阶级革命和内战中，霍布斯站在革命的对立面，极力为君主的绝对权力辩护。他虽然吸收了新兴的政治思想，反对“君权神授”论，但是，借助社会契约论的论证逻辑，霍布斯仍然在为不受限制的王权辩护。在霍布斯的国家学说中，主权者的权力不受任何法律的约束（甚至不受自己订立的法律约束）②。因为，他既然是立法者，就可以随心所欲地废除法律。同时，

---

① 霍布斯．利维坦［M］．黎思复，黎廷弼，译．杨昌裕，校．北京：商务印书馆，1985：131-132.

② 本书第六章将深入讨论主权者是否受到自己制定之法律约束的问题。

臣民不能抛弃、反对、惩罚主权者，因为主权权力一旦被授予就不能再被收回。另外，霍布斯还反对任何形式的分权，强调主权应由国王一人享有，反对由上议院、下议院和国王三者分享。霍布斯认为，分权就是分国；分权，则国将不国。总之，霍布斯所构想的“两两相互放弃权利、主权者不参与订约”的签约过程，最终导出了为绝对王权辩护的绝对主义（absolutism）政治学说。在霍布斯的构想中，君主的权力是无限制的、无期限的，并且要求绝对的服从。

霍布斯和洛克都是生活在英国资产阶级革命时期的政治思想家。霍布斯活跃于1640年的英国资产阶级革命时期，洛克活跃于1689年的“光荣革命”时期。然而，他们在革命运动中的政治立场却是相对立的。英国内战和革命的主要矛盾集中在“保王派”和“议会派”之间。霍布斯在政治立场上是“保王派”，而洛克的政治立场则是“议会派”。洛克是“议会派”杰出的政治思想家，他最重要的政治学作品《政府论》就是为“光荣革命”进行辩护的理论著作。政治立场的不同决定了霍布斯和洛克的政治理论相互对立。他们虽然都采用社会契约论的形式来建构自己的国家学说，但他们对于具体“签约过程”的不同论述，则使他们在最终的政治安排上分道扬镳。

洛克在《政府论（下篇）》中是这样描述社会契约的签订过程的：“在任何地方，不论多少人这样地结合成一个社会，从而放弃其自然法的执行权而把它交给公众，在那里，也只有在那里才有一个政治的或公民的社会。……这样，他就授权社会，或者授权给社会的立法机关（这和授权社会的性质一样），根据社会公共福利的要求为他制定法律，而他本人对于这些法律的执行也有（把它们看作自己的判决一样）尽力协助的义务。”①

与霍布斯的论述不同，洛克构想的并不是一个两两订约的过程，而是所有人共同签订契约的过程。同时，洛克还认为被授予权力的人（社会中的立法机关）也是契约的参加者，必须受契约内容的限制，人们对于社会中的立法机关的授权是有条件的、有期限的、可以收回的。主权者必须按照社会全体的委托行使权力。具体说来，人们在缔结契约时放弃了为保全自身而做任何事情的权力以及惩罚他人的权力，但保留了生命、自由和财产三项基本权利。因此，在国家、社会成立之后，这三项权利仍然是神圣不可侵犯的。这些基本权利为共同权力的应用划定了界限。由此，洛克所构想的签约过程导出的是一种保护公民基本权利、主权权力受法律限制的政治学说。正是基于这一点，洛克被西方学界奉为自由主义的第一位政治思想家，其著作《政府论》被奉为自由主义的圣经；而霍布斯虽然提出了“权利”概念，却常常被排除在自由主义阵营之外。

洛克所阐述的签约过程得到了社会契约论的后继者们的认同。洛克之后的社会契约论者设想的签约过程大多是所有人就同一个社会契约进行讨论和签订；同时，主权者参与签约，要受到社会契约的约束。

---

① 洛克. 政府论：下篇［M］. 叶启芳，瞿菊农，译. 北京：商务印书馆，1964：54.

霍布斯和洛克都处在世界历史新旧交替的时代。虽然他们一个为绝对的君主权力辩护，一个为限制主权权力寻找理由，但都摒弃了“君权神授”这一旧有的政治论证结构。在宗教权威逐步瓦解的背景之下，政治思想家们不得不寻求新的思想资源，以论证国家权力和政治秩序的合法性。社会契约论将所有人的“一致同意”作为国家合法性的基础，这奠定了现代政治理论的基本论证模式，也为国家权力的合法性找到了新的思想来源。

2. 假想的社会契约

启蒙时期的思想家们构建社会契约理论的初衷，就是要为国家权力提供合法性证明。这一证明结构可以简化如下：在平等而自由的状态下，人们自愿放弃一部分自由，联合起来组成政治共同体，并商议制定维系该政治共同体的基本规则；同时，建立暴力机关，强制实行该规则。在这一过程中，规范政治共同体的基本规则，以及使该规则得以实施的强制性权力（亦即国家的暴力机关——军队和警察）之所以具有“合法性”（legitimacy），其理由在于：维系政治共同体的基本规则是所有人一致同意的，是每个人自愿施加于自身的约束。这种约束不仅没有侵犯任何人的自由，而且是维护人们自由必不可少的条件。

洛克在《政府论（下篇）》中对这种“施加于自身的约束”有非常明确的论述：“人类天生都是自由、平等和独立的，如不得本人的同意，不能把任何人置于这种状态之外，使之受制于另一个人的政治权力。任何人放弃其自然自由并受制于社会的种种限制的唯一方法，是同其他人协议联合组成一个共同体，以谋他们彼此之间的舒适、安全与和平的生活，以便安稳地享受他们的财产并且有更大的保障来防止共同体以外任何人的侵犯。”①

社会契约论者对于国家权力的合法性证明，与启蒙思想家们对于“自由”的理解和强调有着千丝万缕的联系。我们可以通过卢梭对自由的最初定义来理解这一点。卢梭的自由理论因包含着“强迫他人自由”的悖论，而为以赛亚·伯林等自由主义学者所诟病。这里暂且不讨论这一争论，而仅仅从卢梭对自由的最初定义来考察社会契约论的论证结构与自由概念之间的一致性。

卢梭认为，所谓自由就是自己的行动只受自己意志的支配。基于这一概念，自由并不总是与“约束”相对立。当一种“约束”是自己施加于自己的，这种“约束”就不会损害人们的自由。例如：我规定自己每天早晨 6 点起床。这条“约束”并没有侵犯我的自由，只不过是一种自律；即使我很想多睡一会儿，我的自由也并不比那些天天睡懒觉的人要少。正是在这个意义上，社会契约论者认为，当人们在平等而自由的状态下，通过充分的讨论，一致同意联合起来形成政治共同体，并制定出维系该共同体的基本规则时，人们的自由并没有受到侵犯。因为，人们自愿进入政治共同体，并一致同意遵循其基本规则，如不遵循，甘愿受罚；而社会契约所制定的规则正是人们加之于自身的“约束”，不会对任何人的权利和自由造成伤害。

---

① 洛克．政府论：下篇［M］．叶启芳，瞿菊农，译．北京：商务印书馆，1964：56.

人们并不会因为在进入政治共同体后，会受到国家各项法律的约束（似乎没有在自然状态下那么自由了），而丧失任何自由。这就像一个规定自己必须每天早晨六点钟起床的人，并没有丧失睡懒觉的自由一样。由此，国家权力的形成和运用没有侵犯任何人的权利和自由，得到了所有人的同意，所以，国家权力具有合法性。

从对国家权力合法性的契约式论证，可以总结出如下三点：第一，契约式论证的核心在于所有成员的一致同意，正是基于“同意”，人们自愿进入政治共同体，而“同意”则是政治权力之合法性的根基。这里强调“一致同意”而不是“大多数同意”；因为，在是否与其他人联合起来形成政治共同体，以及是否接受该共同体各种规范之约束的问题上，每个人必须自己做出决定，并非“大多数人的意见”可以代替。那些没有表示“同意”的人，实际上就没有进入该政治共同体，也就不受其规范的制约。第二，契约式论证的条件是人们必须处于“公平”的订约状态（例如：平等、自由、独立的状态，“无知之幕”下的状态，等等），这样的自愿订约才是有效的；否则契约不过是一纸空文，对于国家权力的合法性没有任何论证效力。第三，契约式论证的症结在于这一“自愿订约”的过程，并非真实发生过，是一个“假想的”签约过程。

对于第三点，英国哲学家大卫·休谟曾进行过详细的分析，并据此反对社会契约论。休谟论述道：“如果你询问国内大部分的人，他们是否曾经同意他们的统治者们的权威或者曾经许诺要服从他们，那么他们会认为你这个人很奇怪。”① 对于休谟来说，社会契约论之所以没有说服力，关键在于两点：第一，基于同意的立约在现实中从来没有发生过；第二，即使这种契约在人类历史之初发生过，用祖先的同意约束后代的行为也明显与同意理论的自愿原则相矛盾。

全体一致的签约过程没有发生过，这一点可以从前述所讨论的“自然状态是否真实存在过”得到佐证：如果说，我们很难证明自然状态真实存在过，或者很难证明那是一个平等而自由的“公平状态”，那么，我们就无法证明一个合法的签约过程真实发生过。而如果这一合法的签约过程不是真实的，而仅仅是哲学家们的构建，那么，社会契约还有论证的效力吗？国家的合法性还能得到证明吗？对于契约式论证的这一难题，洛克和康德给出了不同的解决方案。洛克求助于“默认同意”（tacit agreement），康德则诉诸“假想同意”（hypothetical agreement）的道德力量。

洛克认为，在一个政治共同体中，只要人们在成年之后没有明确地表示过反对该共同体的基本原则，就意味着人们“默认同意”进入该政治共同体并遵守该共同体的基本规则。洛克建议将居留在某国的土地上视为一种“默认同意”：“只要一个人占有任何土地或享用任何政府的领地的任何部分，他就因此表示他的默认的同意，从而在他同属于那个政府的任何人一样享用的期间，他必须服从那个政府的法律。”②

---

① 休谟. 人性论：下册［M］. 关文运，译. 北京：商务印书馆，1980：588.

② 洛克. 政府论：下篇［M］. 叶启芳，瞿菊农，译. 北京：商务印书馆，1964：74.

康德在其道德哲学中讨论了“假想同意”。康德认为，这不是一种实际的同意，而是在规范的意义上应该同意①。当代契约论者罗尔斯认为，正是这种“假想同意”才具有论证的效力。而且，罗尔斯自己的正义理论正是构建在这种“假想同意”基础上的。罗尔斯在《正义论》中论述道：“适用于社会基本结构的正义原则正是原始契约的目标。这些原则是那些想促进他们自己的利益的自由和有理性的人将在一种平等的最初状态中接受的，以此来确定他们联合的基本条件。”② 罗尔斯直截了当地承认其“原初状态”是一种假想的公平状态，而其正义原则是一纸“假想的契约”。同时，罗尔斯并不认为这一系列的“假想”削弱了契约式论证的效力。换句话说，社会契约论想要告诉我们的是，在一个“公平的订约环境”下，理性的人们应该对进入政治共同体的基本规则达成一致，这种规范意义上的同意为国家权力的合法性提供了证明。

如果我们进一步追问这个问题：人们凭什么“应该同意”呢？社会契约论者通常的回答是：因为人们有“理性”，而这种理性要求人们对某种基本原则达成一致意见。如德沃金所言，社会契约就是这样一个装置：通过它，人们能够知道“实践理性”对人们的要求。然而，这一回答并不完美。在此，我们暂且回避“理性”这一概念的复杂含义所带来的诸多麻烦，而仅以“自我利益最大化”的理性来考察“假想同意”是否具有论证效力。当我们说人们“应该同意”时，我们实际上假设了人们基于“某种价值原则”应该同意。其隐含的意思是：如果人们持有某一价值观，认同某些价值判断的话，应该同意……因此，“人人应该同意”这样的判断，仅在某一特定的价值体系中才能成立。

以罗尔斯的正义理论为例：罗尔斯认为，有理性的人们在原初状态下都会同意其正义理论中的“差别原则”：社会中经济与社会的不平等以最小受惠者利益最大化为限。但事实上，只有那些真正接受其关于“社会合作”（人类社会是互惠的合作冒险体系）、“反应得理论”（社会禀赋和自然禀赋都是不应得的）等理论之基本观点的人，才会同意其正义理论中的“差别原则”③。由此看来，并不是所有拥有“自我利益最大化”之理性的人都会同意罗尔斯所阐述的正义原则。所以说，“理性”并不能单独推导出签约各方的“一致同意”，只有基于某种价值预设，才可能得出“有理性的人应该同意”这样的结论。从这个意义上来说，“假想同意”并不能为普遍的国家权力提供合法性证明，而只能充当特定价值体系中国家权力的合法性证明。打个比方，如果要为自由主义的国家权力提供合法性证明，那就只有在自由主义的价值体系中才能得到“应该同意”的判断，脱离了这一价值体系，就很难说明人们为什么“应该同意”。

通过上述分析我们看到，国家权力合法性的契约式论证将“一致同意”作为强

---

① 康德. 道德形而上学原理［M］. 苗力田，译. 上海：上海人民出版社，2012：37.

② 罗尔斯. 正义论［M］. 何怀宏，何包钢，廖申白，译. 北京：中国社会科学出版社，1988：11.

③ 对于这一问题的具体论证可参见拙作：李石. 罗尔斯差别原则的推导与质疑［J］. 道德与文明，2015（4）.

制性权力的合法性基础。然而，在社会契约论中，人们对于“社会契约”的“一致同意”却是假想的。“假想同意”是否具有论证效力？不同的政治思想家有不同的看法。社会契约论的主流观点认为“假想同意”是一种规范意义上的同意，亦即有理性的人们应该同意。但是，这种规范意义上的同意却预先设定了某种人们达成共识的价值基础，有陷入循环论证的嫌疑：“一致同意”为某种规范体系提供了合法性证明，但这种“一致同意”只有在此种规范体系中才可能达成。由此，可能出现的情况就是，认同该规范体系的人会对特定的“社会契约”表示同意，而不认同该规范体系的人则表示不同意。当然，社会契约论者会认为，不同意特定“社会契约”的人就不会进入该政治共同体，而所有进入该政治共同体的人都表示了同意。但不管怎样，“假想同意”的理论困难让社会契约式论证的效力大打折扣，很难为国家权力提供普遍的合法性证明。

第三节　国家的本质

在契约理论中，基于所有人的一致同意，国家所代表的政治秩序具有合法性。而要维护这种政治秩序，保障政治共同体成员的基本权利，国家必须借助暴力机关构建相应的奖惩规则。德国哲学家马克斯·韦伯（Max Weber，1864—1920）将国家的本质看作对暴力的合法垄断。韦伯在《以政治为业》的演讲中论述道：“恰恰在今天，国家与暴力的关系特别密切。以往各种团体——从氏族开始——都把暴力当作完全正常的手段。今天，我却只能说，国家是在某一特定的疆域内——这里的‘疆域’属于国家的特征——自为地（卓有成效地）占有合法的物质暴力垄断权的人类共同体。因为今天的特点是：一切其他团体和个人只能在国家许可的程度上拥有使用物质暴力的权力，国家是使用暴力‘权力’的唯一来源。”① 如果说国家是对暴力的合法垄断，那么，在国家形成之后，其成员是否能私自使用暴力来解决彼此之间的纠纷呢？在进入国家之后，人们还能像在自然状态下那样，私自强行正义吗？人们在受到攻击或侵犯时，又应该以什么样的方式自卫呢？

这些问题在今天的美国显得尤为敏感。在“枪击案”频发的情形下，私人是否有携带武器的权利成为各派政治势力争论的焦点。本节将尝试从政治哲学层面来分析，人们是否有权利私自运用暴力强行正义？美国人民是否拥有私自持有枪支和武器的权利？

霍布斯是现代政治思想的开拓者，也是社会契约论的鼻祖。在霍布斯看来，人们之所以能够从自然状态进入社会状态，是因为人们在理性的指引下，自愿让渡出一些权利；并将这些权利交给主权者；再由主权者来为所有政治共同体成员提供保护。在某种意义上，自然状态下所有人的权利都是无限的，这就是霍布斯所理解的

---

① 韦伯．韦伯文集：下［M］．王荣芬，译．北京：中国广播电视出版社，2000：408.

人们在自然状态下所拥有的自然权利："每一个人按照自己所愿意的方式运用自己的力量保全自己的天性——也就是保全自己的生命——的自由。"[①] 霍布斯认为，在自然状态下，"每一个人对每一种事物都有权利，甚至对彼此的身体也是这样"[②]。这使得人们为了保存自身可以互相侵犯对方的身体。按照霍布斯的理解，如果我怀疑你有可能伤害我，那我就可以趁你睡觉的时候先置你于死地。由此，霍布斯认为自然状态是永远的战争状态，这种战争不仅是实实在在的战争，也包括潜在的人与人之间的相互为敌、相互防备的状态。而要走出战争状态，人们就必须忍痛割爱，让渡出一部分权利，尤其是"私自使用暴力"的权利。

霍布斯对自然状态的描述与美国枪击案之后的状况如出一辙。据多家媒体报道，在 2017 年拉斯维加斯枪击案发生之后的第二天，美国的一些州进入了"全民戒备"的状态。不论是上学上班，还是家庭主妇逛超市，人人配枪以防万一。更有甚者，得克萨斯州圣安东尼奥的一位大学教授头戴钢盔、身穿防弹服，全副武装地出现在课堂上。与此同时，枪支的销售量大增，而生产枪支的企业股票大涨。

可以肯定的是，美国人民并没有丧失理智；恰恰相反，正是在个人理性的指引之下，才会出现人人自危、人人配枪的怪象。枪支问题揭示了个人理性与公共理性之间的矛盾，自保的动机让人们陷入了囚徒困境。霍布斯正是预见到了人们保留自己所有权利的严重后果——所有人对所有人的战争，才坚定地认为：只有当每个人都让渡出一部分权利，形成共同权力，并由这一共同权力保护所有人，人们才有可能真正获得安全；而在这些应该被让渡出来的权利中最重要的一项就是私自使用暴力的权利。所以说，从现代政治学之父霍布斯的观点来看，私自使用暴力的权利是应该被让渡出来交给主权者的权利。在国家形成之后，人们不能私自使用暴力，美国人民没有理由拥有私自持有枪支和武器的权利。

那么，为什么某些美国人这么执着于拥有枪支的权利，并且认为，即使以无辜的生命为代价，这一权利也不应该被剥夺？在政治哲学上能为个人持枪权利找到理由吗？在政治思想史上，洛克大概是最重要的、明确支持持枪权利的政治哲学家，而美国的诞生正是得益于洛克的革命学说。

在洛克的著作中，与持枪权利相关的论述主要有两个观点。第一个观点，洛克认为在自然状态下每个人都有惩罚违反自然法的人的权利。洛克在《政府论（下篇）》中论述道："为了约束所有的人不侵犯他人的权利、不互相伤害，使大家都遵守旨在维护和平和保卫全人类的自然法，自然法便在那种状态下交给每个人去执行，使每个人都有权惩罚违反自然法的人，以制止违反自然法为度。"[③] 然而，洛克自己也意识到这一权利只会将人们带入战争状态[④]："对于这一奇怪的学说，即

---

① 霍布斯. 利维坦［M］. 黎思复，黎廷弼，译. 杨昌裕，校. 北京：商务印书馆，1985：97.

② 同①98.

③ 洛克. 政府论：下篇［M］. 叶启芳，瞿菊农，译. 北京：商务印书馆，1964：5.

④ 在《政府论》中，洛克费了很大的力气去区分自然状态和战争状态，并且在这个问题上批评霍布斯。但事实上，洛克自己所描述的人人私自行使自然法的状态也不可避免地导向战争。

认为在自然状态下，人人都拥有执行自然法的权力——我相信总会有人提出反对：人们充当自己案件的裁判者是不合理的，自私会使人们偏袒自己和他们的朋友，而在另一方面，心地不良、感情用事和报复心理都会使他们过分地惩罚别人，结果只会发生混乱和无秩序。”① 所以，洛克所阐述的自然状态下人人可私自行使自然法的权利并不能为在社会状态中人们私自持枪的权利提供论证。因为，人人私自行使自然法的权利就是私自使用暴力的权利，而这一权利将人们带入所有人对所有人的战争之中，无法为任何人提供安全和保护。

洛克与持枪权利有关的第二个观点是人们拥有“革命的权利”。洛克在《政府论（下篇）》的最后一章“论政府的解体”中论述道：政府的权力是人民委托的，当政府违背人民建立它的目的时，政府就解体了。造成解体的原因有三个：（1）君主以个人的专断意志来代替立法机关制定法律，或阻止立法机关自由地行使其权力，或变更选举制度从而导致立法机关的变更；（2）君主玩忽职守或放弃他的职责，以致业已制定的法律无法执行；（3）立法机关或君主二者的任何一方在行动上违背了人民的委托，侵害了人民的人身、自由、财产权利。在出现上述情况时，人民有权运用革命的手段建立新的政府，这就是革命的权利，也是武装反抗政府的权利②。

洛克所阐述的“革命的权利”成为美国独立战争的理论武器，并且被写进了美国的《独立宣言》：“……当追逐同一目标的一连串滥用职权和强取豪夺发生，证明政府企图把人民置于专制统治之下时，那么人民就有权利，也有义务推翻这个政府，并为他们未来的安全建立新的保障。”

洛克所阐述的“革命的权利”以及美国《独立宣言》中对这一权利的阐释似乎为美国人民私自持枪的权利提供了理由：如果人们没有私自持枪的权利，那么如何能武装反抗暴政呢，又怎么可能拥有“革命的权利”呢？美国独立战争的历史也很好地证明了这一观点：如果美国的国父及其追随者们不曾拥有枪支，那么怎么可能使美国摆脱英国的压榨和控制而建立独立自由的国家呢？洛克“革命的权利”的思想最终被写进了美国的《宪法》，正如《宪法》第二条修正案所表述的：“管束良善之民兵乃保障一州自由所必需，人民持有及携带武器之权利不受侵犯”。然而，《宪法》第二条修正案中的这一表述却引发了美国人民拥有“个人持枪权”还是“集体持枪权”的争论。

值得注意的是，《宪法》第二条修正案中说的是“人民”（people）拥有持枪的权利，而不是“个人”（individual）拥有持枪的权利。在这里，“人民”是一个政治概念，与“敌人”或“专制政府”相对立。也就是说，当国家中有“敌人”或者有“专制”政府的时候，人们拥有武装反抗的权利。而这种权利只能是“集体持枪权”，亦即有组织地、目的明确地、武装反抗专制政府的权利。这种权利与允许个

① 洛克. 政府论：下篇［M］. 叶启芳，瞿菊农，译. 北京：商务印书馆，1964：8.

② 同①第十九章.

人私自使用暴力的“个人持枪权利”是完全不同的。个人私自使用暴力的权利只会破坏社会中人与人之间的信任，将社会拉回到人人相互为敌、相互残杀的自然状态。

遗憾的是，2008 年美国最高法院对“赫勒案”① 的判决终结了“个人持枪权”和“集体持枪权”的争论，判定“个人持枪权”派获胜。最高法院确认，美国《宪法》第二条修正案赋予了个人持有和携带枪支的权利，并且，这一权利与公民是否加入民兵组织无关。同时，最高法院还判定华盛顿哥伦比亚特区的禁枪令违宪，并于 2010 年将这一判决适用于各州。从那个时候开始，美国个人持枪的数量与日俱增，而伤及无辜的枪击惨案多有发生。应该说，美国最高法院对于美国《宪法》修正案的解释有失偏颇。这种解释使得一种人们武装起来反对暴政的权利实质上变成了人人为敌、私自使用暴力的权利。而后一种权利将对一个社会的安全和稳定造成致命的伤害。依据社会契约论者的推理，如果不禁止人们“私自使用暴力”，那么，国将不国，而人民将时刻生活在恐惧之中。

通过对美国“禁枪”这一案例的分析，我们看到，国家的本质在于对强制性权力的合法垄断。如果在某一疆域内没有一个垄断暴力的主权者存在，或者同时存在着两个或两个以上立场不同的暴力机关，那么，这个疆域内的人们就不可能认同一个明确的规范秩序。而缺少了明确的秩序，人们就变得无所适从，只能从自我利益出发，不可避免地陷入相互的争斗。因此，国家及其所隐含的对暴力的垄断是人类社会和平延续自身的必要条件。与此同时，国家对暴力的垄断必须是“合法的”，这一特征将国家与“黑社会”从本质上区分开来。国家对暴力的垄断是道德的、正义的，而“黑社会”对暴力的垄断则是不道德的、邪恶的。国家的道德性来自其权力的合法性，而国家权力的合法性在于其成员的“自愿服从”。只有通过人们的“自愿服从”，国家权力的行使才不会侵犯人们的基本权利。以垄断性的合法暴力为所有成员提供保护、保障所有人的自由，这就是国家的本质。

综上所述，自然状态是推导出国家的“理论胚胎”，社会契约是构建国家的“思想蓝图”。在契约基础上形成的国家权力之所以具有合法性，是因为这一契约是所有人在平等而自由的公平状态下一致同意的。国家的本质在于对暴力的合法垄断，社会契约的具体内容对主权者行使国家权力的方式、国家权力的限制，以及国家权力的目的等内容做出了具体的规定。人类需要国家的根本原因是每个人的自利行为需要强制性的约束，否则人们就可能陷入相互争斗的旋涡。

当然，我们也可以憧憬人类道德水平得到极大提升之后的人类社会图景。那时，人们仍然需要遵循各种社会规则，需要以制度体系协调人们之间的行为。但

---

① 2003 年，在华盛顿哥伦比亚特区为联邦法院办公楼站岗的安全管理员迪克·安东尼·赫勒（Dick Anthony Heller）申请私人拥有枪支遭到管理部门拒绝，他随即对华盛顿 1976 年颁布的禁枪令提出质疑，并把哥伦比亚特区政府告上了法庭。2008 年 6 月 26 日，最高法院做出判决，认为美国《宪法》第二条修正案赋予公民拥有枪支的权利，哥伦比亚特区政府的限制性法规违宪。这是有史以来美国最高法院对于个人是否有权拥有枪支做出的第一次明确判决。

是，由于人们的道德素质已经达到很高水平，所以不再需要外在的强制性约束。人们会自觉自愿地遵守规则。由此，一个理想的人类社会将是这样的：有交通规则，但没有交警；有法律，但没有警察、法庭和监狱；有税收制度，但没有税务人员检查偷税漏税；小偷、强盗、骗子这些道德败坏的社会成员早已销声匿迹……那时的人们自觉地遵守各种法律规定。正所谓，“从心所欲而不逾矩”，自由与规则达到完美的统一。到那时，国家，作为强制性的共同权力，其存在将不再是必要的。所以说，人类在现阶段需要国家，经过国家的各种强制性规范，人类社会最终又能超越国家。一个理想的人类社会将是一个自由自在又井井有条的和谐世界。

阅读与思考

一、阅读

1. 霍布斯. 利维坦［M］. 黎思复，黎廷弼，译. 杨昌裕，校. 北京：商务印书馆，1985.

2. 洛克. 政府论：下篇［M］. 叶启芳，瞿菊农，译. 北京：商务印书馆，1964.

3. 卢梭. 社会契约论［M］. 何兆武，译. 北京：商务印书馆，2005.

4. 诺奇克. 无政府、国家和乌托邦［M］. 姚大志，译. 北京：中国社会科学出版社，2008.

5. 韦伯. 学术与政治［M］. 钱永祥，等译. 桂林：广西师范大学出版社，2019.

二、思考

1. 在社会契约论中，自然状态为什么被设定为平等而自由的?

2. “假想同意”是否具有道德约束力?

3. 在国家中，人们是否应该“以牙还牙，以眼还眼”? 这样的道德原则有什么问题?

第二章 功利主义

社会契约论将个人权利置于至高无上的地位，将保护个人权利作为国家权力运用的最终目标，并且认为，为了任何其他价值都不能牺牲个人权利。然而，西方有一派学者却认为，社会契约论者所说的“自然权利”是不可信的。人类社会的最终目的不是保护虚幻的个人权利，而是最大限度地推进公共利益。这派学者的观点就始自18—19世纪的英国哲学家边沁（Jeremy Bentham，1748—1832）的功利主义。以功利概念为基础，功利主义者提出了一整套以推进公共利益为目的的政治学说，并对社会契约论提出了批评。

第一节　个人功利原则与社会功利原则

幸福、自由、平安、快乐、闲暇……不可否认，人类的价值追求是多种多样的，每个人对自己的人生有不同的理解，有不同的理想和终极目标。有时候，人们所追求的东西甚至是相互矛盾的。如何能以一种简单的方式把握错综复杂的目的世界？是否可以将所有的“目的”都通约为同一个变量，再求这个变量的最大值？如此这般，人类社会前进的方向就应该是这个最大值所指引的方向。这种简化人类价值体系、计算所有人的价值追求的企图，正是功利主义学说的初衷；而这一计算不同的目标体系的过程则是从计算“快乐”和“痛苦”开始的。

1. 快乐与痛苦

人是否总是为快乐和痛苦所主宰？或者说，人类所有的追求，那些人们自认为高尚的、神圣的，甚至是神秘的目标，以及人们小心翼翼地避开的“罪恶”和“不堪”，都只不过是“快乐”或“痛苦”的代名词？如果真的是这样，世界将被简单地分为两极——“坏”的一极和“好”的一极。从“坏”的一极将产生所有人们想要避免的东西，这些东西被统称为“痛苦”，它们代表所有“负面”价值：坏、错、邪恶、不正当、不合法……。从“好”的一极产生出所有人们想要的东西，这些东西被统称为“快乐”，它们代表所有“正面”价值：好、对、善、正当、合法……。不同程度的“痛苦”与“快乐”构成了一个从“坏”到“好”的精确的标尺：每个人的行为、家庭的安排、集体的决策、国家的制度……都可以在这个精确的标尺上找到确定的刻度和读数，并得到相应的评价。增进“快乐”，数值为正，对快乐的贡献越大，数值越大；加剧“痛苦”，数值为负，数值越大，负值越大，价值也越小。

上述理解将复杂多变的人类社会进行了简化，将一个三维的价值世界压扁，成为一个二维的价值标尺。这正是西方现代政治思想中最重要的思想流派之一——功利主义。它的出发点在于：将千变万化的各种人类价值通约为“快乐”和“痛苦”两个变量，再用“快乐”和“痛苦”去度量和评价人类世界所有千奇百怪的行为、政策和制度。

英国政治思想家边沁是功利主义思想的鼻祖。他认为人们总是被快乐和痛苦所主宰。“求乐避苦”是人类的基本动机，决定着人们的各种行为和人类社会发展的方向。与此同时，“快乐”和“痛苦”还构成对个人的行为，政府和国家的制度、政策、决定进行评价的基础。那些增进“快乐”或减少“痛苦”的行为就是好的、正确的、应当的或者合法的；相反，减少“快乐”或加剧“痛苦”的行为则是坏的、错误的、不应当的或者不合法的。

边沁在《道德与立法原理导论》一书中，对“快乐”和“痛苦”进行了深入而细致的分析。首先，他将快乐分为“简单快乐”和“复杂快乐”，将痛苦分为“简单痛苦”和“复杂痛苦”。“简单快乐”和“简单痛苦”是不可再分的快乐和痛苦，而“复杂快乐”和“复杂痛苦”则是不同快乐和痛苦的组合。边沁列举了感官之乐、财富之乐、技能之乐、和睦之乐、名誉之乐、权势之乐、虔诚之乐、仁慈之乐、作恶之乐、回忆之乐、想象之乐、期望之乐、基于联系之乐、解脱之乐等14种快乐。其中，“仁慈之乐”是基于快乐而产生的快乐，是自身因为他人的快乐或者其他生物的舒适和快乐而感到的快乐。“作恶之乐”则恰恰相反，是自身基于他人的痛苦而产生的快乐，是因他人或者其他种类的生命遭受痛苦而产生的快乐。“解脱之乐”是因为痛苦的终止而产生的快乐。而“基于联系之乐”指的则是“某些事物或对象基于某种联系而恰巧提供的快乐”。例如，参加一个社会精英的聚会，聚会本身可能并不能给人带来什么快乐，但能与社会精英在一起，这种联系给人带来了快乐。

边沁同样列举了匮乏之苦、感官之苦、棘手之苦、敌意之苦、恶名之苦、虔敬之苦、仁慈之苦、作恶之苦、回忆之苦、想象之苦、期望之苦、基于联系之苦等12种痛苦。其中，“匮乏之苦”是苦于某种快乐的缺失，与“解脱之乐”的意义正好相反。“棘手之苦”指的是未能运用达到快乐之手段而获得快乐的痛苦。而“基于联系之苦”的意义则与“基于联系之乐”严格相对①。

边沁认为，对于特定的人群来说，上述各种快乐和痛苦的多少，可依据下述7个因素来确定：强度、持续时间、确定性或不确定性、临近或偏远、丰度、纯度、广度（痛苦或快乐所波及的人数）。基于此，边沁给出了确定某种政策或集体决定对于特定人群所产生的快乐和痛苦之总量的具体程序，并在此基础上提出了功利原理：“按照看来势必增大或减小利益有关者之幸福的倾向，亦即促进或妨碍此种幸福的倾向，来赞成或非难任何一项行动”②。功利原理构成了功利主义理论的核心。功利原理的应用使得功利主义理论表现出两个突出的特点：一是“后果主义”，以人们行为的后果所产生的“快乐”或“痛苦”来判断人们行为的对错。二是“最大化”，要求人们以将快乐最大化或者将痛苦最小化的方式去行动。

依据边沁的理解，上述功利原理既可以运用于个人，也可以运用于社会或国家。如果我们将功利原理运用于个人，那就得到“个人功利原则”：趋利避害，自我利益最大化。如果我们将功利原理运用于社会或国家这样的集体，那我们就得到“社会功利原则”：社会整体的利益最大化。边沁将“社会整体的利益”称为“最大多数人的最大幸福”。作为个人主义者，边沁认为脱离了个人利益，无从谈及集体利益。相比于“个人”，社会、国家这些都是想象的共同体，只有“个人”才是真实存在的。所以，所谓社会整体的利益就是个人利益的简单加总。

然而，在“个人利益最大化”与“社会整体利益最大化”之间，功利主义理论却表现出致命的“含混”。一方面，边沁认为，“趋利避害”“自我利益最大化”“个人功利原则”构成每个人行动的动机，人们的行为绝大部分符合功利原理，都是在“趋乐避苦”。另一方面，边沁却认为，人们在集体行动中“应该”朝着“社会整体利益最大化”的方向去行动、去制定政策。那么，“个人利益最大化”的动机能自然而然带来“社会整体利益最大化”吗？也就是说，“个人功利原则”与“社会整体功利原则”是协调一致还是相互矛盾的呢？更为要紧的是，对于个人而言，到底应该随着自己的本性追逐个人利益，还是舍己为人、舍身为国，以“社会整体利益最大化”的目标去要求自己呢？

功利主义的初衷是“个人利益最大化”，这是一个非常符合人们直觉的理论起点。也正是因为功利主义基于符合人们天性的道德事实，所以能得到许多学者和政治家的拥护。然而，如果功利主义仅仅停留在“个人利益最大化”的“个人功利原则”，那就不足以构成一种对个人行为、社会、政治和国家有指导意义的道德哲学或政治哲学。因为，人们行为的方式本来就是“趋乐避苦”的功利原理，所以并不需要以“个人功利原则”为具有指导意义的价值学说。由此看来，边沁提出功利原理的目的并不仅仅是要指出人们是受快乐和痛苦主宰的，而是要以“社会功利原

---

① 关于边沁对“快乐”和“痛苦”的种类的讨论，参见：边沁. 道德与立法原理导论［M］. 时殷弘，译. 北京：商务印书馆，2009：第五章.

② 边沁. 道德与立法原理导论［M］. 时殷弘，译. 北京：商务印书馆，2009：58.

则”——“社会整体利益最大化”——指导人们的行为和制度安排。由此，功利主义的理论难题就在于：如何从“个人功利原则”推导出“社会功利原则”，如何从“趋利避害”的前提推导出“舍身为国”的结论。

如果每个人都只考虑自己的利益，最终将导致资源得到最合理的配置，并促进整个社会的利益。这是亚当·斯密（Adam Smith，1723—1790）在《国富论》中提出的市场经济“看不见的手”的理论。在斯密之后，这一观点成为支持自由竞争的学者们的一贯主张。在斯密的基础上，哈耶克（Friedrich August von Hayek，1899—1992）发展出“自发秩序”理论。他认为，人们的自发选择，看似杂乱无章，但最终会使全社会形成一种自发的秩序；而这种秩序恰恰有助于社会整体的利益，推动人类社会向前发展。“看不见的手”的理论和“自发秩序”理论似乎解决了功利主义的难题。因为，每个人追求“自我利益最大化”，会自然而然地导致“社会整体利益最大化”。然而，这一推论并不令人信服。人们凭直觉就能知道，在许多情况下，个人利益最大化将损害他人利益，甚至破坏社会整体的利益。“自私自利”“损人利己”“假公济私”……说的就是这种情况。

“个人利益”与“社会整体利益”之间的背离，其关键原因在于不同的“个人利益”之间的复杂关系。在人际相异性普遍存在的情况下，不同人的“个人利益”是不同的。在许多情况下，人们之间的“利益”是相互竞争的。例如，在选拔人才的考试中，一些人考中，一些人落榜；一些人“得利”就意味着另一些人“失利”。再者，不同人的“个人利益”还有可能是相互矛盾的。例如，一些种族主义者，当其厌恶的种族受苦受难时，他们反而感到高兴，“快乐”反而增加，这就是边沁所说的“作恶之乐”。在上述情况下，一些人“利益”的增加，会直接导致另一些人“利益”的减少。而个人利益之间的矛盾关系，又会导致个人利益与集体利益之间的矛盾关系。这就从根本上决定了我们无法从“个人利益最大化”推导出“社会整体利益最大化”。在一个集体中，这样的情形是经常会出现的：牺牲某个个人的利益将推动整个集体的利益。例如，士兵们在战场上浴血奋战，丢了性命，却保全了整个国家。那么，在这样的情况下，功利主义理论是会教导人们保全个人的利益，还是保全整体的利益呢？

“个人利益”与“社会整体利益”（或者说“公共利益”）之间的两难抉择，揭示了伦理学的根本难题：如何从“事实”推导出“价值”。依据功利主义理论，在“事实”层面，人们是“自我利益最大化”的；而在“价值”层面，人们应该按照促进“社会整体利益最大化”的方式去行动。如何从“事实”推导出“价值”？如何从“是”推导出“应当”？或者，如休谟所言，这种推导本身就是错误的？解答功利主义的难题，还有待于边沁的后继者约翰·斯图亚特·密尔（John Stuart Mill，1806—1873，也译为约翰·斯图亚特·穆勒）的进一步论述。

2. 较高的快乐与较低的快乐

人们真的是被快乐和痛苦主宰的吗？除了“快乐”，人就没有其他的追求了吗？那些舍生取义的仁人志士，驰骋沙场、马革裹尸的英勇战士，愿意做痛苦的人也不愿意做快乐的猪的古希腊哲人，认为“君子喻于义，小人喻于利”的儒家圣人……他们的追求，难道也仅仅是人生的快乐吗？功利主义理论将一切值得人们追求的东西通约为“快乐”，这显然低估了人类社会的复杂性。除非重构“快乐”这一概念使“快乐”也具备相应的复杂性，否则功利主义的解释力将大大降低。边沁的学生、功利主义的后继者密尔做的正是这样的工作。

在边沁的功利主义理论中，“快乐”和“痛苦”只有量的区别，没有质的区别。不同种类的快乐可以加总，而痛苦就是负的快乐，快乐与痛苦两者也可以通约相减。用边沁的话来说，如果快乐的强度和持续的时间一样，那么“针戏（当时针戏被看作一种低俗的游戏）与诗歌”一样好。如此一来，感官的快乐（例如吃）是快乐；而更高尚的快乐（例如助人为乐）也是快乐。两种快乐没有本质的区别。也正因为如此，边沁的功利主义理论曾被当时的学者们嘲笑为“猪”的哲学。

为了给老师正名、为功利主义辩护，密尔对功利主义的快乐学说进行了改进。密尔认为，快乐不仅有量的区别，还有质的区别。快乐可分为两种在“质”上存在根本区别的快乐：“较低的快乐”和“较高的快乐”。“较低的快乐”指的是单纯感官的快乐；而“较高的快乐”指的则是理智的快乐、感情和想象的快乐以及道德情感的快乐。其中，“较高的快乐”，相比于“较低的快乐”是更有价值、更值得追求的快乐。所谓“较低的快乐”与“较高的快乐”之间存在着“质”的区别，指的是：“较低的快乐”与“较高的快乐”之间不可通约。也就是说，“较高的快乐”与“较低的快乐”之间并不是数量多少的不同，再多的“较低的快乐”也无法换算成“较高的快乐”。例如，再多的物质财富和感官满足，也无法给一个完全不懂音乐的人带来欣赏交响乐的快乐。密尔对快乐的二分，在功利主义思想史上具有里程碑式的意义。这一区分将一元主论的功利主义，转变为二元论的功利主义。然而，这一努力并不能彻底解决功利主义的难题。

密尔的两种快乐学说似乎为解决功利主义的难题——从“个人功利原则”推导出“社会功利原则”——提供了一种思路。举例来说明，当一个百万富翁遇到一个在寒风中瑟瑟发抖的乞丐时，按照边沁的说法，根据“个人利益最大化”原则，这个富翁不应该施舍；因为，那样会减少他的钱财，也就减少了其可能享受的快乐。然而，在密尔的功利主义理论中，同样根据“个人利益最大化”原则，这位富翁却应该施舍；通过施舍，富翁的钱财虽然减少了，但他获得了基于道德情感的“较高的快乐”，而这种快乐的价值要远远高于他的钱财可能给他带来的感官快乐的价值。

如此一来，依据密尔的快乐学说，我们就可以轻易地从“个人利益最大化”原则推导出“社会整体利益最大化”原则。因为，在许多情况下，这两者对人们的要求实际上是一致的。例如，在士兵们舍身保卫祖国的情况下，士兵们虽然永远地丧失了所有的感官快乐，却获得了更为高尚的“为国献身”的快乐。这样一来，士兵在保家卫国推进“公共利益”的同时也就实现了“个人利益最大化”。基于对两种快乐的区分，密尔说出了他经常被引用的那句名言：“做一个不满足的人胜于做一只满足的猪；做不满足的苏格拉底胜于做一个满足的傻瓜。”①

密尔的两种快乐学说虽然能够较为完美地解决“个人功利原则”与“社会功利原则”之间的矛盾，但仍然存在着明显的不足，其弱点在于：“较低的快乐”与“较高的快乐”之间的根本区分到底在哪儿？对于这个问题，密尔并没有给出明确的回答，而只是阐述了一种实用的方法。密尔论述说，对于那些两种快乐都体验过的人，他们会自然而然地选择“较高的快乐”；而那些最终选择“较低的快乐”的人，都是只体验过“较低的快乐”的人。也就是说，“较高的快乐”确实是一种更吸引人的快乐，是更值得人们追求的快乐。因此，人们会自然而然地放弃“较低的快乐”而选择“较高的快乐”。同时，“个人利益最大化”也将自然导致“社会整体利益最大化”。

然而，密尔的这一解释却会遭遇无法上溯的难题：如果说，所有体验过“较高的快乐”的人都会选择“较高的快乐”；那么，人们第一次选择“较高的快乐”时，又是在什么情形下呢？按照密尔的说法，如果人们从未体验过“较高的快乐”，就不会选择“较高的快乐”，也就永远也体验不了“较高的快乐”，所以永远不会选择“较高的快乐”……如此循环往复，人们何时才能体验到“较高的快乐”并选择“较高的快乐”呢？人们是否就会一直如“猪”一般，过着浑浑噩噩的生活呢？而对于这样的状况，功利主义者又能提出什么批评呢？人们选择“较低的快乐”，选择“自我利益最大化”，因为，他们确实没有体验过“较高的快乐”啊！？

如此看来，密尔的两种快乐学说还是没有彻底解决功利主义的难题。边沁和密尔阐发的原始功利主义将“功利”定义为“快乐的增加或痛苦的减少”，并试图从“个人利益最大化”推导出“社会整体利益最大化”。功利主义的后继者们试图通过对“功利”的恰当定义实现这一推导。然而，对“功利”之定义的讨论引出了更多的麻烦。

第二节　何谓功利

在现当代的讨论中，功利主义者寄希望于重新定义“功利”（utility），以解决功利主义的难题。他们逐渐推翻了边沁和密尔所理解的功利概念——功利即快乐的增加或痛苦的减少，并最终将功利定义为“理性偏好的满足”。然而，“功利”之定义的不断修正，却没能从根本上解决功利主义的困难，反而使一个困难变成了许多个困难。

边沁从人们直觉性的生活经验出发，将功利定义为快乐的感觉。在边沁看来，

① 穆勒．功利主义［M］．徐大建，译．上海：上海人民出版社，2008：10.

驱动人们行为的根本原因，就是该行为能给人们带来快乐的感觉或者避免痛苦的感觉。然而，这似乎并不完全符合生活的现实。恋爱中的人尝尽了相思之苦，却无怨无悔。创作的过程可能充满了忧伤和哀愁，诗人们却乐此不疲。人们的很多行为都并不完全是为了追求一己之乐，快乐也许随着目标的达到而到来，但快乐并不就是目的本身。

将“快乐”当成人生终极目标，这样的人被称为“享乐主义者”。古希腊的伊壁鸠鲁用快乐来定义“善”，认为快乐就是幸福生活的开端与归宿。甚至将“口腹之乐”当成是一切文化的、智慧的善的来源。然而，正像人们直接追求快乐时并不一定会享受到快乐一样，人类价值的多样性决定了“快乐”只能是目的和“善”的一种，而不能是其全部。有些人追求财富，有些人追求名誉，有些人追求高尚，有些人追求闲暇，有些人将毕生经历投入慈善事业……这些不同的目标、不同的人生体验，因人们不同的人生境况和经历而变得有价值。

如果“功利”很难被归结为单纯的“快乐”感觉，那我们是否可以将“功利”的定义修正为“所有值得体验的感觉”？创作诗歌的烦恼和忧愁是有价值的，恋爱中的相思也是有价值的，这些体验都有助于当事人“功利”的增加。然而，这种对功利的理解方式，仍然误将目的实现时的“感觉”和“目的”本身混为一谈。人们追求的是“恋人”，而不是恋爱的感觉。诗人是在创作作品，而不是在体验创作时的感觉。目标本身和追求目标的过程中人们体验到的各种感觉，有时候是可以分离的。实际上，在生物医药和虚拟现实等技术飞速发展的今天，人们完全有可能在并不真实地经历任何相关事件、不达到任何现实的目标的条件下就体验到这些目标实现时带给人们的所有感觉。

我们可以通过当代政治哲学家罗伯特·诺奇克构想的“体验机”（experience machine）了解这一点：“极其出色的神经心理学家会刺激你的大脑，使得你认为你在撰写一部很棒的小说，或者在交朋会友，或者在阅读一本有趣的书。在整个过程中你被放置在一个实验舱中，而各种电极接在你的大脑上。”① 在这样的“体验机”中，人们可以经历任何想要体验的感觉，而自己却只不过成了机器功能的延伸。与此类似，在一些影响神经系统的药物的作用下，人们也会产生各种各样的幻觉，而误以为自己经历了一切。诺奇克提出了“体验机”带给人类的最深刻的问题：既然“体验机”能为人们提供任何想要经验到的感受，那么人们会自愿永久进入“体验机”吗？如果答案是“不”的话，那又是为什么呢？

诺奇克认为，人们出于三方面的原因，不会自愿永久进入体验机。第一，人们想要的是实实在在地做某事，而不仅仅是“感觉”在做某事。第二，人们想要真实地成为某一种人，而不是一个泡在实验舱里的“尸体”。事实上，对于一些人来说，永久待在“体验机”里就相当于自杀。第三，“体验机”将人们局限于一个“人造的世界”，使人们远离了真实的世界，而这也就使得人们再也无法与真实的世界发

① NOZICK R. Anarchy, state, and utopia [M]. New York: Basic Books Inc., 1974: 42.

生任何实质性的联系①。实际上，进入“体验机”将使人们永远丧失自由，并且永远失去与真实世界的联系。

所以说，将“功利”定义为那些对人们有价值的感觉和体验，实际上是在舍本逐末：关注人们在追求各种目的时的感受，却忽略了人们真正的目的，以及这些目的所具有的价值和体现出的人类的“善”。由此，功利主义者开始将目光转向人们目的的实现，而不是目标实现时的感觉。

在人际相异性普遍存在的背景下，一些功利主义者开始将“功利”定义成人们“偏好的满足”。也就是说，人们功利的增长在于其偏好的满足。无论其偏好是什么，追求恋人、创作诗歌或者仅仅是体验某种快乐，只要其偏好得到满足，其功利就增加。然而，这种对人类社会可能出现的所有偏好毫无甄别的处理方式，却会给功利主义带来更多的麻烦。

比如，如果一个人特别喜欢吃糖，他的偏好就是一直不停地吃糖，他最终患上了糖尿病；那么，“吃糖”这一偏好的满足显然无助于其功利的增加。再比如，一个人听说维生素有助于健康，就天天吃维生素，却不知道维生素吃多了会产生副作用；所以“吃维生素”这一偏好也并非有助于其功利的增加。

在上述两个例子中，“偏好的满足”无助于个人功利的增加，而在下面两个例子中，“偏好的满足”却无助于社会整体利益的增加。比如，一个种族主义者的偏好就是被歧视种族的灭绝，那这一偏好的满足虽然可能有助于其自身功利的增加，但是对于人类来说，却是一种灾难。又比如，在一个专制社会中，人们有可能放弃自己对于自由和平等的追求，在“酸葡萄”的心理下形成“适应性偏好”：“自由、平等既然得不到或者要付出巨大的代价，那么就改变我自己的偏好，我不再渴望自由与平等。”然而，个人所形成的“适应性偏好”对于全社会来说，确实是一种巨大的损失。对“适应性偏好”的满足，无助于增加社会整体的利益，使功利主义理论失去了批判社会、推动社会进步的功能。

基于上述困难，一些功利主义者进一步修正了“功利”概念，增加了对不同的偏好进行甄别的条件，将“功利”定义为“理性（rational）偏好的满足”。所谓“理性偏好”就是基于充分信息和正确判断的偏好，排除了基于错误信息或错误判断的偏好。根据这一定义，我们可以轻易地排除上述例子中“不断吃糖”的非理性偏好，以及基于错误信息的“过量服用维生素”的错误偏好。但是，我们仍然没有办法排除掉“种族灭绝偏好”和“放弃自由与平等”的适应性偏好。除非我们将“理性的”进行更狭隘的定义，将那些我们认为正确的“价值”也融入对于“理性的”理解当中。

例如，我们可以将“理性的”定义为符合平等、自由、博爱等价值，基于充分信息和正确判断的偏好。然而，这样做却会让功利主义学说陷入致命的循环：功利

① 关于“体验机”的深入讨论可参见拙作：李石．“体验机”与虚拟现实［J］．中国社会科学报，2017-04-25．

主义的初衷是以功利来定义各种价值。有助于功利增加的就是好的、正确的、应当的、合法的、值得人们去做的。所以，如果我们把“功利”定义为“理性偏好的满足”，并将是否符合特定价值作为是否理性的判断标准，那么，在判断何为“理性偏好”时，我们就必须先知道什么是好的、正确的、应当的，然后，再通过被判断为好的、正确的、应当的“偏好”之满足，来确定什么是好的、正确的、应当的……

由于上述循环的存在，当功利主义将“功利”定义为“理性偏好的满足”时，必然是含混不清的。功利主义者对于何谓“理性的”总是语焉不详。当然，这并没有妨碍功利主义者们偏爱“理性偏好的满足”这一定义。这一定义不仅得到大部分当代功利主义者的认同，还对现代经济学产生了巨大的影响。

人们可能注意到，大部分经济学家都是功利主义者。这是因为，只有像功利主义那样将复杂的人类社会简化成一个二维可度量的世界，对千奇百怪的人类价值进行通约，才有可能对人们的幸福和人类社会的发展方向进行计算，经济学也才能派上用场。经济学意图对人们的目的世界进行计算，这些计算中的变量（currency）常常是财富、权力、机会、能力……所以，只有将这些变量都通约为“福利”，才有可能进行量化处理，并以此来衡量经济的增长。总之，经济学中的“福利”概念，与功利主义中的“功利”概念相一致。在当代讨论中，“福利”和“功利”指的都是“理性偏好的满足”。在后续讨论中我们将看到，“理性偏好的满足”这一天生不足的概念给功利主义学说带来了诸多困难。

第三节　社会契约论 vs. 功利主义

自边沁系统地阐发功利主义理论以来，功利主义在一两百年的时间里一直在西方思想界占据支配地位。这种情况直至 20 世纪五六十年代美国哲学家罗尔斯系统地批评功利主义哲学才开始有了彻底的改变。罗尔斯站在社会契约论的立场上，以边沁、密尔和西季威克（Henry Sidgwick，1838—1900）所构建的古典功利主义理论为批评的对象，尤其是对功利主义者所阐发的社会的功利原则以及效用最大化的社会分配方案进行了系统的批评。下面，我将结合罗尔斯的论述深入地分析社会契约论者对功利主义的批评。

1. 公正的观察者

罗尔斯将功利主义的道德原则总结为：“如果一个社会的主要制度被安排得能够达到总计所有属于它的个人而形成的满足的最大净余额，这个社会就是被正确地组织的，因而也是正义的。”[①] 这一道德目标要求人们平等地看待包括自己在内的所有社会成员的偏好满足，并以增进社会所有成员的满足之和为行为准则。这一要求暴露了功利主义者试图从“个人功利原则”推导出“社会功利原则”的理论困

① 罗尔斯. 正义论［M］. 何怀宏，何包钢，廖申白，译. 北京：中国社会科学出版社，1988：22.

难。罗尔斯认为，我们不能简单地将个人的选择原则应用到整个社会的制度选择中去。对于个人来说，人们可能因为今后更大的快乐而牺牲眼前较小的快乐。例如，学生为了更好的前途而刻苦读书。但是，在人与人之间来运用这一个人慎思的原则就是错误的。因为我们没有理由为了增进所有社会成员偏好满足之和而要求任何人牺牲自己的快乐，即使个人的偏好满足与社会中其他所有成员的偏好满足之和相比是微不足道的。

功利主义预设了一个独立于任何个人的“公正的观察者”。只有从这个不偏不倚的旁观者的角度，人们才可能关心所有社会成员的功利之和，关心“最大多数人的最大幸福”。这个“公正的观察者”的特征是：平等地看待每一个人的快乐，无论这个人与自我的关系是怎样的。在这个旁观者眼中，所有社会成员的偏好满足都同等重要，没有任何人的快乐和痛苦比其他人的更重要。功利主义对人们提出的道德要求恰如密尔所言：“拿撒勒的耶稣的金玉良言体现了功利伦理的全部精神。己所欲之，施之于人，爱邻如己，这是功利主义道德完善的理想境界。”①然而，包括罗尔斯在内的许多研究者都反对“公正的观察者”假设。罗尔斯论述道：“无论如何，从契约论的观点来看，我们不能仅仅通过把合理慎思的原则扩大到用于由公正的观察者建立的欲望来达到一种社会选择原则。”②

“公正的观察者”假设可能引发三方面的质疑。第一，在人际相异性普遍存在的情况下，“公正的观察者”假设是难以达到的。在近代以来的人类社会中，各种意识形态、价值观念、生活方式陆续登场，多元化已经成为一个不争的事实。人们的价值观和人生理想各不相同，这导致人们的欲求也各不相同。打个比方，一个长跑爱好者在跑步的时候感受到的是快乐，而一个不爱运动的人在跑步时感受到的却是痛苦。那么，一个“公正的观察者”要如何来评价“跑步”这项活动给这两个人的功利带来的变化呢？在人际相异性普遍存在的情况下，一个“公正的观察者”无法评判每种事态给每个人带来的不同感受，也就很难准确地评判人们在各种事态中是否满足了相应的欲望。假如，特定社会在制度安排 A 中的 GDP 高于在制度安排 B 中的 GDP，这个“公正的观察者”并不能就此而判定制度安排 A 优于制度安排 B。因为，人们很难仅仅通过 GDP 的增加而判断有更多的欲望得到满足。无法以一种统一的标尺去度量每个人欲望满足的程度，这使得这个“公正的观察者”变得无能为力。当然，以经济学通行的方式，可以将“财产＋收入”作为衡量每个人欲望满足程度的标准：每个人的功利值与金钱的多少成正比，金钱越多的社会成员，功利值越大，感受到的快乐也越多。然而，这一结论与现实有很大的出入。一些社会成员生活清贫，却悠然自得；而百万富翁也可能终日愁眉不展。以拥有“金钱”的多少来衡量所有社会成员的功利值，以 GDP 的增减来判断整个社会的总功利的变化，这种理论忽略了每个人的独特性。由此看来，功利主义的理论模型是不可信

① 穆勒. 功利主义［M］. 徐大建，译. 上海：上海人民出版社，2008：26.

② 罗尔斯. 正义论［M］. 何怀宏，何包钢，廖申白，译. 北京：中国社会科学出版社，1988：28-29.

的，因为它将许多人的社会压缩成了一个人的社会。

第二，“公正的观察者”假设给人们施加了过高的道德要求。如前所述，密尔希望通过社会制度的设计和教育而将人们的“私心”转变为“公利”。但这一解决方案非常可疑。首先，在事实层面，没有人真正在乎社会整体的利益，每个人想要增进的都仅仅是自己的利益。由于不同利益之间的冲突，所有人追逐个人利益的假设，只会带来人们之间争权夺利的竞争，很难通过制度设计而达致“社会整体利益最大化”。即使像“自由市场”这类基于人们的自愿交换的制度，也不可能总是导向所有人利益总和的最大化。垄断、不正当竞争、投机倒把、囤积居奇……这些自利行为，往往会给社会整体的利益带来极大的损伤。其次，密尔将功利主义道德原则的贯彻寄希望于教育，并最终寄托于个人的“良心情感”。然而，在许多批评者看来，为了社会整体的利益而牺牲自己的利益，甚至允许自己的权利受到侵犯，这样的道德要求太高了，功利主义给人们施加了苛求性的道德义务。正如蒂姆·莫尔根（Tim Mulgan）指出的：“反对者指责功利主义会要求你对其他人做一些你不应当做的事情，并且会禁止你对自己做一些你应当被允许做的事情。”①

第三，“公正的观察者”假设还可能引发严重的道德规范问题。“公正的观察者”只关心人们的欲望得到满足而带来的快乐，并不关心人们为什么感到快乐，以及人们获得快乐的方式是否侵犯了彼此的权利。人们感受到快乐，功利值增加，这源于每个人的偏好得到满足。人们的偏好是多种多样的，在这些偏好中，有一些偏好是自私的，而有一些偏好却可能对别人造成极大的伤害。但是，功利主义学说却没有很好的理论工具排除这些“不正当”的偏好。这就使得功利主义有可能鼓励这些“不正当偏好”的满足，有可能支持侵犯权利的“不正当”行为。

我们可以构建反驳功利主义的两个思想实验②。先看第一个例子。一个强奸犯会因为伤害别人而感到快乐。按照功利主义学说的设想，这个强奸犯感受到的快乐也应被计算到所有社会成员的功利之和中。如果一个社会中以强奸他人为乐的人的数量不断增多，那么这些人的快乐的加总就有可能超过被他们伤害的人的痛苦（比如在轮奸的情况下），而在功利主义社会这样的犯罪行为就有可能得到鼓励。比如，一个杀人狂魔因伤害他人而感到快乐，而他将自己伤害他人的视频放到网络上，使许多和他一样具有变态心理的人获得极大的快乐。由于数量众多，这些变态分子的快

① 莫尔根．理解功利主义［M］．谭志福，译．济南：山东人民出版社，2011：121．

② 所谓“思想实验”是指人们在讨论现实问题时，将现实条件抽象成假设的条件，进而推出相关结论以指导现实的推理方式。思想实验是一种重要的政治哲学研究方法。政治哲学研究经常讨论的是原则、价值等非常抽象的道理，这使得读者很难真正理解作者在说什么。要解决这个问题最好的办法就是举例子，可以举日常生活中的例子，也可以通过推理构造出一些虚拟的例子，后者被哲学研究者称为“思想实验”。例如，美国哲学家诺奇克在《无政府、国家和乌托邦》中构造的例子“体验机”（experience machine）就是一个著名的思想实验。“体验机”是一个人们一旦进入其中就能体验到各种自己想经历的事情的机器。诺奇克提出这样的问题：你是否愿意永远进入“体验机”？在进行这样的道德抉择时，人们能够很清楚地认识到人生的意义或许并不在于追求各种各样的体验，体悟到自由对于人的重要意义。构建思想实验的目的在于将人们的道德直觉推到极致，再发现其中的问题。像“体验机”这样的思想实验就是要让人们发现功利主义所说的将快乐（或者有价值的体验）最大化的问题所在。

乐值的加总远远超过一个受害者受到的痛苦值，这时功利主义就不可避免地得出结论：这样的伤害行为以及将视频放到网络上的行为是正确的，是值得鼓励的。再看一个类似的例子：医院里有五个病人，每个病人都需要换一个器官以维持生命，如不能及时地找到合适的器官，这五个人就会死去。这时，有一个健康的人来到医院，他身上恰好有这五个人各自需要的器官，那么功利主义学说可能鼓励这样的行为：杀死这个健康的人，以其身上的器官救活这五个病人。因为，这么做会使得功利总和大大增加。毋庸置疑，功利主义在上述各案例中得出的结论都严重违背了人们的道德直觉。

美国当代学者罗纳德·德沃金认为，功利主义学说的致命问题就是无法排除“不正当偏好”。德沃金将“不正当偏好”分为三种：自私偏好、奢侈偏好和涉他偏好。首先，自私偏好指的是，一些人在社会分配中希望自己的所得超出公平份额。举例来说，一些社会成员是天文爱好者，于是，他们就希望国家在设计分配方案时将大量的资金投入航天事业的建设，鼓励各种耗资巨大的探索外太空的科研项目，同时削减国家在其他方面的预算和投入。如果一个社会的分配制度将类似这样的自私偏好计算在内，那么对于并非着迷于天文发现的普通社会成员来说，就是不公平的。其次，某些社会成员热衷于各种奢侈品。为了满足这些社会成员的奢侈偏好，社会分配必须分配给他们更多的社会资源。然而，这种做法对于其他没有奢侈偏好的社会成员来说，显然是不公平的。在德沃金看来，每个人的爱好或者志向是自主形成的，所以要由自己来负责。如果某些社会成员的爱好要花费大量的资源，那么这部分费用不应该由社会来承担，而应该由行为者自己来承担。功利主义在计算偏好时将奢侈偏好也计算在内，并以此为基础决定社会分配的方案，对于其他社会成员来说是不公平的。最后，涉他偏好指的是，某些人的偏好不仅与自己的利益相关，而且与其他人的利益相关。例如前面提到的强奸犯的偏好，其偏好的满足是以伤害他人为代价的。还有，嫉妒者的偏好也可能损害他人的利益：希望被嫉妒者倒霉，甚至伤害被嫉妒者。将自己的快乐建立在他人的痛苦之上，这样的偏好就是涉他偏好。英国学者科恩（G. A. Cohen，1941—2009）也将这种偏好称为“冒犯性偏好”，指的是“一个人在歧视他人或者减少他人自由时所得到的快乐”①。显然，涉他偏好的满足会直接伤害相关行为者的利益，甚至侵犯他们的权利。德沃金所论述的以上三种不正当偏好，其满足有可能侵犯人们的权利或者影响社会分配的公平性。然而，在“公正的观察者”眼中，这三种偏好都会被计算在内，这使得功利主义学说很难得出符合人们道德直觉的判断。

功利主义学说一方面无法排除不正当偏好，另一方面却无法涵盖一些需要考虑的“特殊关系”。当代学者威尔·金里卡在《当代政治哲学》一书中讨论了“特殊关系”的例子：A 欠 B 一万块钱。人们凭直觉就知道，A 应该在约定的时间归还 B 一万块钱。然而，对于功利主义者来说，如果还钱会让 B 倾家荡产、功利水平大大

---

① COHEN G A. On the currency of egalitarian justice [J]. Ethics，1989（99）：906-944.

降低，而A是百万富翁，多一万少一万对其功利并没有太大影响，那么B可以不还钱。当然，功利主义也可能得出“B应该还钱”的结论：如果B不还钱，会让A非常愤怒，甚至生病住院，致使A的功利大大降低；那么，B就应该还钱。然而，金里卡认为这种推理完全颠倒了事情的因果关系。正确的因果关系是：不是因为A会愤怒，所以B不还钱是错误的；而是因为B不还钱本身就是错误的，所以A才会愤怒。所以说，在“特殊关系”的例子中，对于B应不应该还钱，功利主义缺乏判断是非的基本标准。实际上，欠债还钱，是由权利和义务的对应关系决定的，而不是由功利的增加或减少决定的。

总之，“公正的观察者”假设不仅在理论上存在困难，而且还会向人们提出过高的道德要求；最糟糕的是，“公正的观察者”假设为了增进社会整体的利益，甚至还会侵犯个人的权利和自由。事实上，如果在功利主义理论中引入权利的优先性，就能很容易地解决功利主义的种种困难。首先，涉他偏好和自私偏好都明显侵犯了他人的权利，是不应该被满足的偏好，可以很容易被排除。比方说，面对五个需要换不同内脏求生的病人，我们绝没有理由杀掉一个健康的人，而以其内脏去拯救五个病人的生命。因为，这侵犯了人的基本权利。其次，对于“特殊关系”，“欠债还钱”是由权利义务的对应关系所决定的。借钱的人必须在约定的时间之内还钱，否则就侵犯了他人的权利。“权利的优先性”决定了欠债必须还钱，即使不还钱有可能增大A与B的功利之和。否定自由与权利的优先性，这是功利主义政治理论的症结。下面，笔者将深入考察功利主义和社会契约论者对于权利概念的不同阐释。

2. 自由与权利的优先性[①]

功利主义者并非完全不重视个人的权利和自由，在许多功利主义者的论述中，个人的权利和自由都是严格受到法律保护的。例如，密尔就曾撰写《论自由》一书，主张给予人们尽量多的自由。密尔认为，如果一个人的行为和言论没有对别人造成任何损伤，那么我们就没有理由限制他（她）的自由。这被密尔称为“伤害原则”。

在密尔的论述中，人们的自由存在于广泛的领域，包括许多内容。其中最重要的是思想和言论的自由。密尔极其推崇思想和言论自由的原因在于，密尔认为，任何意见都不可能保证其绝对正确；所以，只有开放言论，让尽量多的意见被人们听到，真理才能在不断地对话、批评、反驳以及达成共识的过程中越辩越明。密尔从功利主义的立场出发，对个人自由进行了系统的论证。在密尔看来，自由与境况的多样性有助于人们个性的发展，而人们个性的发展又是人类社会进步的根本动力。密尔认为，人类的各种官能只能在不断选择的过程中得到发展，例如：觉知力、判

① 自由与权利是两个紧密相连的概念。简单来说，人们的自由在法律等相关制度的规定中体现为各种权利。此处可将二者视为同样的含义，包含政治自由（选举权与被选举权）、良心自由、言论和结社自由、所有权等内容。

断力、智力活动、道德取舍等等。密尔论述道："智力和道德的能力也和肌肉的能力一样，只有经过使用才会得到发展。"① 因此，社会制度的安排应尽量多地为人们提供各种选择的机会，而不是以统一的生活方式压制人们的发展。对于个性发展与人类进步的关系，密尔认为，人们的个性发展乃是增进人类福祉的首要因素。这得益于个性发展而带来的"首创性"和"天才"的出现。

我们可以归纳出密尔对个人自由的论证逻辑：个人自由是个性发展和人类进步的必要条件。个人自由有助于增进个人的功利（个性发展），也有助于增进人类社会的总功利（社会进步），所以自由是一种重要的政治价值，是人们政治生活中必不可少的内容。换句话说，自由确实重要，但并非因其自身而重要，而是因其能够促进每个人的个性发展并最终推动社会进步而重要。借用德国哲学家康德的术语——工具价值和内在价值来说：在功利主义学说中，自由并不具有内在价值，而仅具有工具价值。在功利主义学说中，权利和自由并不具有优先性。

什么是自由的优先性？按照罗尔斯的说法，"自由的优先性意味着自由只有为了自由本身才能被限制"②。也就是说，人们不能为了追求其他政治价值（例如公共利益、效率、稳定、和谐等等）牺牲个人的权利和自由。自由与权力的优先性源自西方近代以来的自然权利论，是社会契约论的基础。而自然权利论又源自古老的自然法传统。起源于古希腊的自然法理论认为，自然法是主宰万事万物的规律，世界上的一切事物都遵循自然法。因此，人的行为也应该遵循自然法。这种法律是超越经验的，并不是现实世界中任何具体国家或民族的法律。恰恰相反，自然法是指导人们在现实世界中制定出良法的法律，同时也是人们判断所施行之法是良法还是恶法的依据。

17 世纪中叶，英国政治思想家霍布斯从自然法理论中引申出自然权利的概念，并认为人们依据自然法而拥有"按照自己所愿意的方式运用自己的力量保全自己的天性——也就是保全自己的生命——的自由"③，这就是自然权利。这种权利是先于国家和政府而存在的，不依赖于任何具体的法律。人们联合起来组成国家和政府的目的正是要保全每个人的自然权利。霍布斯对自然权利的建构使得权利概念获得了超验性，成为一种独立于具体法律的、可以用于指导政治理想的政治价值。在霍布斯阐发了自然权利论之后，权利的观念迅速在西方世界发扬光大。洛克、卢梭、康德等重要的社会契约论者都对这种超验的、具有优先性的权利概念进行了深入的阐发。尤其是经过洛克的论述，从抽象的自然权利中衍生出自由、生命、财产等具体的权利项。在自然权利论者的论证中，这些具体的权利是不容侵犯的，不能因人们对其他政治理想的追求而妥协，即使是以社会整体利益之名。自然权利论不仅引发了政治理论从古典到现代的巨大转变，而且还在现实社会中激励了一系列革命运

① 密尔. 论自由［M］. 许宝骙，译. 北京：商务印书馆，2007：68.

② 罗尔斯. 正义论［M］. 何怀宏，何包钢，廖申白，译. 北京：中国社会科学出版社，1988：242.

③ 霍布斯. 利维坦［M］. 黎思复，黎廷弼，译. 杨昌裕，校. 北京：商务印书馆，1985：97.

动。直至今日，权利优先的观念仍然在不断地激励着反种族隔离、反性别歧视、包容同性恋者等各种争取平等权利的政治运动。

然而，功利主义者却从根本上否认自由与权力的优先性。尤其是边沁，曾撰文对自然法和自然权利论进行彻底的批判，并发展出与自然法学派相对的实证法学派（legal positivism）。与密尔对自由的论证相似，边沁也主张以法律严格保护人们的各项权利。但是，边沁并不认为“权利”可以独立于具体的法律而存在。边沁非常反感在17、18世纪的英国、美国和法国革命中发挥重要作用的自然法和自然权利论。边沁专门写过一篇批评1789年法国大革命的重要文献《人权宣言》的论文[①]。在这篇论文中，边沁对《人权宣言》进行了逐条批驳。在批驳第二条[②]时，边沁论述道：“没有自然权利这种东西——没有先于政府之建立的权利——没有与法律相违背的、相反的自然权利这种东西。这一表达只是比喻性的。当你试图从字面来理解这一概念时，就会导向错误，那种导致极大伤害的错误。”在边沁看来，权利不可能独立于法律而存在，只有在具体的、现实的法律规定之下，人们才可能拥有相应的权利。如果像自然权利论者所宣称的那样，在自然状态下，在国家和政府形成之前人们就因自然法而拥有超验的、独立的自然权利，那么，人们就时时有理由不遵守国家颁布的法律。如此一来，每个人的权利反而得不到保护。更糟糕的是，国家的法律秩序崩塌之后，人们将陷入悲惨而混乱的无政府状态。正是预见到自然权利论的危险性，边沁将自然权利的相关学说斥责为“站在高跷上的胡言乱语”，并且认为，人们应用自然权利的语言不过是要挑战法律、反叛国家：“他们不知道他们以自然权利的名义所讨论的是什么，而他们将其看作不可描述的，是反对一切法律权力的证明：酝酿着在适当的时刻号召社群成员起来反抗法律。”

在边沁看来，社会契约论者将权利和法律的关系完全搞反了。人们并非依据权利来制定法律，相反，权利是依据在现实生活中颁布和使用的法律而产生的。法律规定人们拥有什么权利，人们才拥有什么权利。边沁进一步认为，法律是依据功利原理而制定的。也就是说法律的制定要以社会整体利益的推进为目标。为了实现社会整体利益的最大化，法律被制定为特定的形式，人们也由此而拥有特定的权利。因此，在功利主义的论证框架中，功利才是具有优先性的政治价值，法律和权利都是次一级的政治价值。正是在对社会整体利益的追求中，人们才拥有了相应的权利。为了推进社会整体利益，可以牺牲某些个人权利，甚至可以重新塑造人们的权利体系。

从边沁对自然权利的深刻批评中我们看到，功利主义从一开始就排斥权利的优先性。这一理论特征与功利主义者建构伦理学的方法密切相关。功利主义的另一位

---

① 霍布斯. 利维坦［M］. 黎思复，黎廷弼，译. 杨昌裕，校. 北京：商务印书馆，1985：128.

② 这一条款的内容是：一切政治结合均旨在维护人类自然的和不受时效约束的权利。这些权利是自由、财产、安全与反抗压迫。

重要思想家西季威克对现代伦理学的发展做出了重要贡献。他将“正当”和“善”规定为伦理学的两大基本概念。所谓“正当”即人们的行为应遵循的规则；而“善”则是人们所欲求的目标。“正当”优先还是“善”优先，这是伦理学中的两大分支——道义论和目的论——的根本区别。对于“道义论”伦理学来说，“正当”具有优先性。亦即，无论人们欲求的目的是什么，其行为都不能逾越特定的规则（例如不侵犯权利），而这样的规则有着独立于人们所欲求之目标——“善”——的独立的理论来源。对于“目的论”伦理学来说，“善”具有优先性。人们行为的规则是依据欲求之目的而被规定的（例如社会整体利益最大化）。权利的优先性是道义论伦理学的特征，“正当”优先于“善”在理论结构上必然推导出权利和自由的优先性。

在功利主义的道德哲学中，“善”被定义为“理性欲望的满足”，也就是“功利”；同时，人们行为应遵循的规则恰恰是能够更好地实现“善”的行为规则。所以，在功利主义理论中，“正当”的含义就是：人们应遵循的行为规则就是能最大限度增加“功利”的行为规则。如此定义的“正当”便失去了其独立的含义。罗尔斯一针见血地指出了功利主义的这一特征：“（功利主义）首先把善定义为独立于正当的东西，然后再把正当定义为增加善的东西。”① 在功利主义学说中，“正当”是被善所定义的，不具有独立性。因此，在功利主义这种目的论学说中，“善”优先于“正当”，权利和自由不具有优先性。

在“道义论”的理论结构中，“善”与“应当”相互独立，“善”是那些有价值的东西，是人们追求的目标，而“道义”则是人们行为做事的底线原则。在道义论者看来，无论人们追求的目标如何美好，其行为都必须遵守一定的道德原则。德国哲学家康德是“道义论”的支持者，他认为人们应该按照“可普遍化”的道德法则去行动，而不是追求利益的最大化。在西方现代政治理论中，人们行为做事的原则通常是被“权利”规定的：不侵犯他人权利，是人们做任何事情的道德约束。而权利的优先性也将“应当”置于“善”之上。“善”的合目的性并不能为手段的正当性辩护。对于绝对“善”的目标的追求，也必须通过正当手段，即不能侵犯任何人的权利和自由。为了“善”的目的而不择手段，是不道德的。

“君子喻于义，小人喻于利”这句儒家名言最能体现“道义论”与“目的论”之间的根本分歧。在支持“道义论”的人看来，功利主义者就是“小人”，只知道考虑“利益”，而不考虑任何道德原则，为达目的不择手段。相反，“君子有所为，而有所不为”，“君子爱财取之有道”，君子在追求美好目标的同时严格遵守相应的道德原则。可见，儒家所推崇的君子道德是一种道义论的道德学说。

由此可见，在自由和权利是否具有优先性的问题上，功利主义者与社会契约论者的观点是截然相反的。在功利主义者看来，自由和权利之所以具有价值，是因为

① 罗尔斯. 正义论［M］. 何怀宏，何包钢，廖申白，译. 北京：中国社会科学出版社，1988：24.

权利的保障在长时间内会增进社会整体的利益。所以，在功利主义学说中，自由并不具有优先性，功利才具有优先性。自由和权利仅仅作为增进整体福利的工具而具有价值。与之相反，在社会契约论中，政治共同体的终极目标并不是增进社会整体的利益，而是保障每一个人的“基本自由”。因此，自由和权利在社会契约论中具有“内在价值”，是需要优先满足的政治目标。

面对社会契约论和功利主义的根本分歧，一些当代学者试图找到折中的方案。诺奇克在《无政府、国家和乌托邦》一书中提出了一种在“权利”和“功利”之间的折中方案——权利的功利主义。所谓权利的功利主义，是将最大限度地保护个人权利作为人们行为和社会制度的准则。也就是将功利原理中的“功利总和”替换成“权利保护的总额”，将权利保护总额的最大化作为人类社会发展的总目标。诺奇克举了两个例子来说明自己的想法。第一个例子，相比于渺无人烟的荒岛，人们更愿意生活在权利在某方面受到侵犯（例如没有言论自由）的人类社会。因为，在一个渺无人烟的荒岛上，人们的权利完全没有保障，而在一个没有言论自由的人类社会，人们的生命权和财产权还能得到保证。第二个例子，如果有一群暴徒在村子里抓人，抓不到他们要找的人，他们就滥杀无辜。这时，村子里的人是不是应该将暴徒要抓的无辜者交给暴徒呢？因为，这样能够最大限度地保护村子里人们的权利，使权利受到侵犯的人降到最少。然而，权利的功利主义并没有从根本上解决社会契约论和功利主义的分歧。正所谓，鱼与熊掌不可兼得。坚持权利优先的社会契约论者会认为即使为了增加权利保护的净余额，也不应该牺牲某些个人的权利。就如在上述暴徒抓人的例子中，除非暴徒要找的人自愿站出来，否则人们就没有很好的理由牺牲他。

综上所述，功利主义将“理性欲望的满足”当作功利，并将增进社会整体利益作为人们行动和制度设计的法则。功利主义寻求人类价值世界的简化，是一种认为利益可以计算的哲学学说。这使得功利主义理论在经济学中得到广泛应用，而社会整体利益的增加或减少也成为人们评价公共政策的重要标准。在功利主义学说中，权利是从法律衍生出来的，而法律是为了增进社会整体利益而制定的。权利不具有优先性，这使得功利主义在某些情况下可能为了增进社会整体利益而牺牲个人权利。权利是否具有优先性，是社会契约论和功利主义的根本分歧。在社会契约论者看来，人们在追求一己之乐或全体之乐时，都不能逾越“权利”的界限。即使是以社会整体利益之名，也不能以牺牲个人权利为代价。

在我国，对人们基本权利的保护是以宪法为依据的。新的历史时期，在以习近平同志为核心的党中央的带领下，我国的法律体系得到了全面的完善，从科学立法、依法行政、公正司法等方面系统保障人们的基本权利。首先，在立法保障权利方面，早在2003年8月4日，习近平同志在浙江全省立法工作会议上就指出：“立法要维护人民根本利益。最广大人民群众的根本利益是地方立法的出发点和落脚点。我们所制定的法规，只有真正反映了人民群众的根本利益，体现了人民群众的基本要求，才能为广大人民群众所拥护、所接受、所依赖。要按照权利和义务、权力和责任相一致的原则，科学合理地规定公民、法人和其他组织的权利和义务，科学合理地规定国家机关的权力和责任，坚决摒弃立法就是管理老百姓的错误观念，坚决克服和防止部门利益法制化的倾向，牢固树立立法要维护人民根本利益，体现人民共同意志的思想。”① 其次，在依法行政保障权利方面，2013 年 2 月 23 日，习近平总书记在十八届中央政治局第四次集体学习时指出：“行政机关是实施法律法规的重要主体，要带头严格执法，维护公共利益、人民权益和社会秩序。执法者必须忠实于法律，既不能以权压法、以身试法，也不能法外开恩、徇情枉法。”② 最后，在公正司法保障权利方面，2012 年 12 月 4 日，在首都各界纪念现行宪法公布施行 30 周年大会上，习近平总书记明确要求：“我们要依法公正对待人民群众的诉求，努力让人民群众在每一个司法案件中都能感受到公平正义，决不能让不公正的审判伤害人民群众感情、损害人民群众权益。”③ 2013 年 2 月 23 日，他在十八届中央政治局第四次集体学习时指出：“公正司法是维护社会公平正义的最后一道防线。所谓公正司法，就是受到侵害的权利一定会得到保护和救济，违法犯罪活动一定要受到制裁和惩罚。如果人民群众通过司法程序不能保证自己的合法权利，那司法就没有公信力，人民群众也不会相信司法。法律本来应该具有定分止争的功能，司法审判本来应该具有终局性的作用，如果司法不公、人心不服，这些功能就难以实现。”④ 另外，在如何协调个人权利和公共利益之间的关系问题上，习近平总书记指出：“实现社会公平正义是由多种因素决定的，最主要的还是经济社会发展水平。在不同发展水平上，在不同历史时期，不同思想认识的人、不同阶层的人，对社会公平正义的认识和诉求也会不同。我们讲促进社会公平正义，就要从最广大人民根本利益出发，多从社会发展水平、从社会大局、从全体人民的角度看待和处理这个问题。”⑤

阅读与思考

一、阅读

1. 边沁. 道德与立法原理导论 [M]. 时殷弘，译. 北京：商务印书馆，2009.

2. 密尔. 论自由 [M]. 许宝骙，译. 北京：商务印书馆，2007.

3. 金里卡. 当代政治哲学 [M]. 刘莘，译. 上海：上海译文出版社，2011.

4. 西季威克. 伦理学方法 [M]. 廖申白，译. 北京：中国社会科学出版社，1993.

---

① 习近平. 干在实处 走在前列：推进浙江新发展的思考与实践 [M]. 北京：中共中央党校出版社，2006：364.

② 中共中央文献研究室. 习近平关于全面依法治国论述摘编 [M]. 北京：中央文献出版社，2015：57.

③ 习近平. 在首都各界纪念现行宪法公布施行 30 周年大会上的讲话 [M]. 北京：人民出版社，2012：10.

④ 同①67.

⑤ 中共中央文献研究室. 习近平关于全面深化改革论述摘编 [M]. 北京：中央文献出版社，2014：97.

二、思考

1. 如何从“个人功利原则”推导出“社会功利原则”?
2. “功利”应如何定义?
3. 为了好的目的，是否可以不择手段?
4. 什么是权利的功利主义?

第二编

自由与平等

自由与平等是最重要的两种政治价值。然而，对于自由是什么、平等是什么，一直是众说纷纭、莫衷一是。本编内容将讨论消极自由和积极自由两种自由概念，以及权利平等、福利平等、机会平等、能力平等、资源平等诸种平等理论，并在此基础上系统讨论自由与平等之间的复杂关系。

第三章

自　由

一个人是自由还是不自由，到底取决于自己还是取决于他人呢？是他人的行为会限制我的自由，还是我自己的不理智、怯懦、懒惰、无知……使我变成那个被自己击败的人，让我作茧自缚，变得不自由？对自由的思考，自古以来就有这样两种思路：一是将人为的外在障碍之消失当作自由；二是将自己对内在障碍的克服当作自由。前者被称为消极自由，而后者则被称为积极自由。

第一节　自由的两种概念

1958 年，牛津大学政治哲学教授以赛亚·伯林（Isaiah Berlin，1909—1997）在接受齐切利讲座教授之职时发表了题为“两种自由概念”的就职演讲，将西方古往今来的自由理论分为两种：消极自由理论和积极自由理论。伯林在区分两种自由概念的基础上，对积极自由理论进行了深入骨髓的批判，指出积极自由理论在理论上存在悖论，在政治实践中直接导致了 20 世纪的极权主义统治。

伯林将消极自由定义为“外在障碍（干涉）的消失”。这一概念最早由霍布斯在《利维坦》中提出，霍布斯认为，当河流被水坝拦起来时，就不再有奔流到海的自由了。伯林继承了霍布斯的消极自由概念，并且进一步将“外在障碍”规定为“人为的外在障碍”。言下之意，非人为的外在障碍并不会侵犯人们的自由。例如，我无法翱翔蓝天，但“蓝天”并不构成对我飞翔之自由的侵犯。实际上，我无法翱翔蓝天，仅仅是因为能力的缺乏，并不是自由的缺乏。

那么，什么是“人为的外在障碍”呢？举例来说：孩子想要出去玩，但妈妈把门关上不让他出去，这就是人为制造的障碍；而这一障碍剥夺了孩子出去玩的自由。如果这一障碍消除了，妈妈打开了门，那么，孩子将重获自由。然而，“人为的外在障碍”这一概念并不像表面上看起来这么简单。比如，如果在上述例子中，妈妈并没有直接关上门，而是怒气冲冲地对孩子说：“你要是现在跑出去玩的话，今天就不要回家吃饭!”这种威胁的话语是否应该被算作“人为的外在障碍”呢?再比如，如果这个母亲温和地对孩子说：“你别出去玩了，在家做作业，我奖励你一个大蛋糕。”这样温和的“诱惑”又是否应该被算作“人为的外在障碍”呢？或者，这位母亲同时采用“威逼”和“利诱”两种手段，对孩子说：“你出去玩就别回家吃饭；你要是不出去玩，就可以得到一个大蛋糕。”这样的“威逼”“利诱”又该不该算作“人为的外在障碍”呢？对于这些具体问题，不同派别的消极自由理论家会给出不同的答案。其中，支持纯粹消极自由（pure negative liberty）的理论家认为，只有有形的障碍（physical obstacles）才能算作行为者自由的障碍。换句话说，在上述例子中，只有当这个母亲将门锁住，才能说她限制了孩子的自由；而她说的那些“威逼”“利诱”的话，并不能算作孩子自由的障碍。

还有一种消极自由概念是从规范意义上来定义自由的，被称为霍菲尔德式自由概念，因最先深入分析这一自由概念的法学家霍菲尔德（Wesley Newcomb Hohfeld，1879—1918）而得名。这一自由概念的含义是在规范意义上“允许”。例如，“我有居住在自己房子里的自由”，“自由”的含义是依据法律及其他规章制度，我被允许居住在我自己的房子里。但是，如果我弄丢了房间的钥匙，进不了家门，那么在描述的意义上，我并没有走进房间住在家里的自由。这就是描述性的消极自由概念和规范性的消极自由概念之间的区别。

消极自由理论并不深入行为者的内心，考虑什么是行为者的真实目的，以及哪些内在的心理状态构成了行为者行动的障碍。可以说，对于消极自由概念来说，不存在所谓的“内在障碍”。与消极自由理论不同，积极自由理论的复杂性依系于对“内在障碍”的确定。当人们谈及一个人的“内在障碍”时，一定是相对于其“真正想做的事”来说的；亦即，相对于这个人“真正想做的事”，他内心中的其他想法和欲望构成了“真正想做的事”的内在障碍。而为了在一个人的众多欲望和想法中确定这个人“真正想做的事”，或者说确定这个人的“真实自我”，我们就必须对一个人的“自我”进行划分。然而，也正是从对“自我”的划分开始，积极自由理论与消极自由理论背道而驰。积极自由理论要求对“自我”进行划分，而消极自由理论则反对划分“自我”。

在 2 000 多年的西方政治思想进程中演化出许多种对“自我”进行划分的方法。例如，柏拉图将人分成理性、激情和欲望三个部分，并且认为，一个正义的人就是欲望和激情服从理性指挥的人。再如，斯多葛学派的爱比克泰德（Epictetus，约 55—约 135）将个人划分为理性和非理性（欲望）两个部分，并且认为所谓的自由就是非理性的自我听从理性自我的指挥。在爱比克泰德的自由理论中，所谓自由并不是欲望的实现，而是欲望的消除，是理性自我对非理性自我的压制，而这样的自由概念出自一位身体残疾的奴隶哲学家也许并不令人惊讶。

伯林批评爱比克泰德的自由理论，认为这种理论让人放弃一切向外的发展，而“退回内心堡垒”。伯林论述道：“我开始追求幸福、权力、知识……但是我无法把握它们，于是，我决意不欲求自己得不到的东西。……我就仿佛做出了一个战略性的退却，退回到我的内在堡垒——我的理性、我的灵魂、我的‘不朽’自我中，不管是外部自然的盲目的力量，还是人类的恶意，都无法靠近。”① 在伯林看来，这种自由理论是典型的“酸葡萄”学说。积极自由让人们放弃所有难以实现的欲望。这就像，如果我的腿受伤了，为了重获自由，不是应该积极治疗，而是干脆砍掉整条腿。这样的自由理论最终将“自我”封闭在内心当中，同时还自认为是自由的。伯林认为，爱比克泰德的自由理论最终将得出这样的结论：即使一个人是奴隶，只要他能说服自己放弃一切正常的欲望，他也是自由的。这就是著名的“幸福的奴隶”悖论。

积极自由理论的另一种形式——“强迫自由”——是通过将分化出来的“真实自我”进一步外化而得到的。在对自我进行划分的基础上，自由被理解成“做自己真正想做的事”“理性自我对非理性自我的统治”“真实自我的实现”“做最好的自己”等等。如果更进一步，将那个代表着自由的“真实自我”外化成某个崇高的道德权威，同时将自由看作对这一外在权威的服从；这时，自由就完全变了味儿，甚至走到了自由的反面——强迫。

卢梭的自由理论恰恰蕴含着从“自由”到“强迫”的悖论。在卢梭的政治学说中，有一个神秘而至高的概念，这就是“公意”(general will)。卢梭将人们在政治共同体中的“自由”理解为个人对“公意”的服从。卢梭认为，在自然状态下人们是自由的，因为每个人的行为听从自己意志的支配。人们在自然状态下的意志被称为“私意”(private will)，其目的是增进个人利益。在进入政治共同体之后，如果人们想要获得自由，就必须服从“公意”，因为此时人们的“私意”已经汇聚成了“公意”。在卢梭的政治理论中，“公意”是由“私意”汇聚而成的、代表国家的唯一意志，其目的是推进公共利益。人们聚在一起通过社会契约而形成政治共同体，这一过程是一个复杂的化合反应而不是简单的物理堆积。卢梭将“私意”简单堆积而形成的集合称为“众意”(the will of all)。与“众意”不同，“公意”是所有“私意”融合在一起而形成的一个普遍意志。当人们缔结社会契约时，已经将自己的“私意”融入了“公意”，以千千万万的“小我”融合成一个“大我”。因此，在政治共同体中，当“任何人中不服从公意的，全体就要迫使他服从公意。恰好就是说，人们要迫使他自由”②。

卢梭“强迫自由”理论的逻辑是：一个人真正想做的事情必然符合一种理性的秩序。而一个外在的权威，代表的是一个理性的正确的秩序和目的。在政治共同体中，这一秩序由“公意”代表。所以，当个人不能清楚地知道什么是自己真正想做

① 伯林. 自由论［M］. 胡传胜，译. 南京：译林出版社，2003：204-205.
② 卢梭. 社会契约论［M］. 何兆武，译. 北京：商务印书馆，2005：24.

的事情时，这个外在的权威就有理由强迫个人去做“他真正想做的事”。上述“孩子出去玩”的例子说明：当孩子想出去玩时，妈妈将门关上，并且对他说：“你是个好孩子，知道要先做完作业才能出去玩。所以，你现在真正想做的事其实是在家做作业。妈妈把门关上，并没有限制你的自由。恰恰相反，是强迫你做自己真正想做的事，所以是通过强制而使你自由。”这种自由理论对于一个孩子来说，可能是说得通的，毕竟孩子还没有足够的理性能力找到实现自己目标的恰当手段。但是，对于成年的公民来说，这些说法就很难说不是一套“家长制的”说辞了。更严重的是，如果将这套理论作为国家政治理论的基础，就很难确保人们的自由不受到实质性的侵犯，非常容易导向专制主义统治。

“强迫自由”的悖论真正激起了伯林对卢梭的怒火。伯林论述道：“在整个现代思想史上，卢梭是自由最阴险和最可怕的一个敌人。”[①] 伯林认为，卢梭将两种相互矛盾的绝对价值——绝对的个人自由和绝对正确的法则——合二为一，认为这两种价值之间根本就不存在对立，两种价值其实是一回事[②]。

综合上述两方面，积极自由理论向内和向外的发展都将导致悖论的产生。向内发展会走向“幸福的奴隶”悖论，向外发展会走向“强迫他人自由”悖论。首先，爱比克泰德的自由理论告诉我们，通过放弃无法实现的欲望，奴隶也是自由的。这就等于说，即使是在奴隶社会那样的专制主义之下，人们仍然是自由的。这样的积极自由理论必然成为为专制主义辩护的工具。其次，卢梭的自由理论以行为者并不知道“什么是自己真正想做的事”为借口，允许国家、政府等外在的权威强迫行为者做那些自己不愿意做的事，例如为了国家和集体的利益而牺牲个人的利益；并且宣称行为者被强迫做的事才是行为者真正想做的事，甚至认为行为者通过被强迫做那些事而获得了自由。这种“强迫他人自由”的自由理论必将以维护个人自由的名义将社会引向家长式的专制主义。积极自由理论又一次充当了为专制主义辩护的工具。

伯林对于积极自由理论和消极自由理论的区分受到了 18 世纪法国思想家贡斯当（Benjamin Constant，1767—1830）的启发。贡斯当在一次演讲中区分了“古代人的自由”和“现代人的自由”。贡斯当认为，古代人的自由在于作为主权者的一分子而分享国家主权，这是一种“始于政治的自由”，只要政治权力所及之处，人们都可以作为主权者的一分子而拥有干涉他人的自由。与此相反，现代人的自由是在主权权力无法管辖的范围内做自己想做的事情的自由。这是一种“终于政治的自由”。这种自由在于不受干扰地享受自己的私人快乐。在公共权力管辖不到的地方，人们享有这样的自由，这其中包括言论自由、思想自由、制订自己生活计划的自由、迁徙的自由、缔结合同的自由、交换的自由、结社的自由等等。贡斯当批评卢梭是想要在现代政治中恢复古代人的自由，是一个不合时宜的人。

---

① 伯林. 自由及其背叛［M］. 赵国新，译. 南京：译林出版社，2005：50.

② 同①38.

贡斯当对卢梭的批评或许引发了伯林的共鸣。伯林正是在“古代人的自由”和“现代人的自由”的基础上，区分了两种自由概念。如果说，贡斯当所论述的“现代人的自由”——不受干扰地享受私人的快乐——对应于伯林所说的“不受干涉”的消极自由，那么，他所论述的“古代人的自由”是否对应于伯林所说的“积极自由”呢？我们或许可以从卢梭对自由的定义中参悟到“古代人的自由”与积极自由之间的某种关联。卢梭认为，自由就是自己的行为受自己意志的支配。那么，在政治共同体中，当人们在公共领域决定集体事务时，只有努力将自己的意志融入集体的意志，才可能维持“自己的行为受自己意志支配”的自由。因此，“古代人的自由”要求人们积极参与公共事务，以民主的方式行使国家主权。只有这样，才能在集体的意志（公意）中融入自己的意志，也才有可能在公共事务中通过“公意”实现自己意志对自己行为的支配。因此，所谓古代人的自由正是源于卢梭对自由的理解——“自由是自己意志对于自己行为之支配”。这种自由主张人们积极参政议政，通过民主机制平等地分享主权。

在伯林提出两种自由概念的区分之后，澳大利亚政治哲学家菲利普·佩蒂特（Philip Pettit）提出了“第三种自由概念”。佩蒂特认为，消极自由概念强调的是排除他者的干涉，而积极自由概念强调的是自己对自己行为的支配。由于“支配”与“干涉”并非完全相反的两个概念，在这两种自由概念之间仍然有一定的理论空间，可以构建一种排除他人支配的自由概念。佩蒂特将这种自由概念称为“非支配（non-dominance）的自由”，亦即我的行为不受他人意志支配的自由。这一自由概念的核心含义与“古代人的自由”一脉相承，强调的都是通过积极参与公共事务将自己的意志融入集体意志之中，再通过对集体意志的服从而实现自己意志对自己行为的支配，或者排除他者意志对自己行为的支配，以实现自由。佩蒂特将这种“非支配的自由”称为“共和主义的自由”，并且认为这种自由概念是优于自由主义的消极自由概念的更好的政治理想。

综上所述，伯林在贡斯当对“古代人的自由”和“现代人的自由”的区分的基础上，提出了“消极自由”和“积极自由”两种自由概念，并且深入批评了积极自由理论的内在悖论，以及在现实政治中可能存在的危险。在伯林做出两种自由概念的区分之后，佩蒂特提出了第三种自由概念——“非支配的自由”。这一自由概念延续了贡斯当所论述的“古代人的自由”的核心思想，在佩蒂特看来，是优于消极自由和积极自由的政治理想。

第二节　自由概念与国家形态

从理论结构上说，不同的自由概念最终会导出不同的国家学说和政治主张，代表着不同的政治理想。因此，本节尝试对消极自由、积极自由、共和主义的自由这三种概念将分别导出什么样的国家形态进行分析。

1. **消极自由与消极国家**

在伯林的区分中，消极自由与积极自由的根本区别在于，是否对“自我”进行划分，并进行高低优劣的评价。在消极自由理论中，自由的障碍来自他人的干涉（包括其他社会成员、国家或政府的干涉）。由于消极自由理论并不深入行为者自身去寻找自由的障碍，自由的实现在于他人干涉的消失，因此，以消极自由为基础的政治学说就必然主张尽量减少国家和社会对个人行动的干涉，不论这些行动是出自一个人的欲望还是理性。与之相反，积极自由理论总是深入“自我”的结构中去讨论自由问题，常常认为自由的障碍可能内在于行为者自身，可能源于行为者的非理性欲望、错误认知，或者行为者的意志薄弱、怯懦等等。按照这种理解，自由的实现并不在于他者干涉的消除，而在于行为者能排除自身的干扰，做更好的自己。积极自由理论甚至主张，借助外在的权威鉴别出行为者的真实欲望，扭转行为者错误的认知和价值判断。

消极自由与积极自由之间的这一根本区别，决定了以消极自由为基础的政治学说反对国家或社会对行为者的价值观念、生活方式进行过多的干预，只要个人行为不妨碍他人的自由，就不应该对其进行限制。与之相反，以积极自由理论为基础的政治学说则要对个人的价值观念、生活方式以及人生目标等进行考察，以鉴别出行为者自身当中那个较好的“自我”，并借助某种外在的政策手段鼓励“较好自我”的实现，以达成积极意义上的个人自由。由此，消极自由理论与积极自由理论必然导向不同的国家学说。消极自由导向功能最小化的消极国家，而积极自由则导向对人们的价值观念进行适当管控的国家，或者是为人们实现自己的生活目标提供更多物质支持的福利国家。

在西方政治思想史上，对“消极”“积极”这组相反概念的使用可以追溯到德国哲学家威廉·冯·洪堡（A. V. Humboldt，1767—1835），他将国家分为积极国家与消极国家。在《论国家的作用》一书中，他立足于个人自由，对国家权力的运用做了严格而细致的规定，主张将国家的功能限制到最小，主张一种消极国家，因而成为西方最早对“最小国家”（minimal state）理论深入阐述的政治思想家之一。

按照洪堡的见解，国家的作用往往是双重的：“它可能促进幸福，或者仅仅防止弊端；而在后一种情况下，它就是防止自然灾害和人为的祸患。”① 前一种作用是积极的，为了实现这一目的，国家必须具备许多积极的功能；后一种作用是消极的，仅具备消极作用的国家就是功能最小的国家。古代国家属于前者，现代国家属于后者。洪堡认为，要想维护人们的自由，让人们凭借自身的内在动力健康发展，国家就必须是消极意义上的国家，不应具备过多的“积极”功能。洪堡在这里所说的“自由”，其含义就是消极自由，就是要求国家少干涉人们的行动，给予人们“不受干涉”的自由。相应地，国家的积极功能则对应积极自由概念。因为，对人们幸福的关心往往是以某种既定的生活方式为标准的。在洪堡看来，这会从根本上

---

① 洪堡．论国家的作用［M］．林荣远，冯兴元，译．北京：中国社会科学出版社，1998：37.

抑制生存环境的多样性，是对人们消极自由的最大侵害。因此，消极国家的权力应该严格地限定在“安全”界域，而不应对公民的积极福利做任何努力。

消极国家的核心功能就是为人们提供安全。因为，没有安全，就没有自由。在安全问题上可分为外部安全和内部安全，前者要求国家抵御外来的侵略，后者则是要尽力制止人们之间的争斗。对于外部安全的维护，虽说是国家功能必不可少的部分，但洪堡认为，那些为了防范外部侵略而被组织起来的军人，由于个体自由完全被禁锢在机器式的生活当中，人生完全被牺牲了，因此，国家必须尽一切努力避免战争。

除了安全之外，“公共教育”也是通常人们所认为的国家的核心功能之一。这种手段在古代国家中得到广泛应用，并卓有成效。但是，在消极自由概念所主导的消极国家中，公共教育却常常受到质疑。因为公共教育必然会限制教育的多样性。在个人的发展中，个性化的私人教育是不可或缺的，公共教育只会将人们塑造成同样的人，过类似的生活，是对人们自由的极大伤害。因此，在消极国家中，公共教育应完全处于国家作用范围之外。

另外，消极国家还反对政府干涉人们的宗教信仰和生活方式。宗教是涉及人们灵魂内心的事务。在这方面，任何强制都会起到相反的作用。只有通过人们自由的思考和实践，才有可能培养起坚定的信仰，而人们的感受也将更深刻。因此，在自由的环境下，人们不仅不会背离信仰，反而会更加笃定，并由此而自觉自愿地遵循各种社会习俗。在支持消极自由的学者看来，在宗教的问题上，国家权力的应用总是事与愿违，使得人们背弃信仰，逃避法律。

上述是一个消极国家的大致图景，亦即古典自由主义者所主张的“最小国家”：功能仅限于“保护”，最大限度地给予人们“非干涉”的自由。在经济领域，它主张放任自由市场，反对政府对市场进行宏观调控和干涉。与人们生活息息相关的教育、医疗、养老、社会保障等事项，也都交由市场来安排。在这样的国家中，私立教育、私立医院以及各式各样的商业保险——养老保险、医疗保险、失业保险，会主导人们生活的方方面面。同时，它反对政府和国家干预人们的价值观念和生活方式，主张对所有价值观念和生活方式保持中立。因此，在消极国家中，人们的兴趣和志向得到最大限度的宽容，除非与他人的自由发生矛盾。

然而，消极国家的弊端也是显而易见的。市场的运行逻辑总是在不断加大贫富差距——富者越富，穷者越穷。与此同时，由于穷人买不起各种保险以及优质的教育和医疗服务，生活质量大大降低，并且面对更大的风险。更重要的是，由于教育的差距，穷人与富人之间的不平等还会一代代传递下去。社会各阶层之间缺乏流动性，穷人的孩子依然是穷人，没有上升空间。由此看来，消极国家有可能是一种不平等程度高、贫富差距大、穷人与富人之间的矛盾随时会激化的国家形态。另外，由于许多公共设施的建设无法在短期内带来经济回报，所以在消极国家中，人们缺乏相应的动力去推动公共设施的建设。高速公路、铁路、桥梁、电信网络等设施的建设滞后，将成为经济进一步发展的巨大障碍。

消极国家的各种特征根源于消极自由概念。消极自由理论主张最大限度地实现人们的自由，尽量减少“他者干涉”。也就是说，它希望国家管得越少越好——任何国家功能的增加，都会侵犯人们“不受干涉”意义上的自由。这样的自由学说，必然会导致其理想的国家形态是只具有安全保障功能的“最小国家”。任何超出安全保障功能的国家——干预市场的国家、构建社会保障体系的国家、维护分配正义的国家、对价值观念进行引导和管控的国家……都会与消极自由理论不一致。在西方政治思想史上，洛克、洪堡、哈耶克、弗里德曼、诺奇克等思想家，就是这类国家学说的主要代表。

2. 积极国家的两种形态

与简单明了的消极自由概念及其对应的“最小国家”不同，积极自由概念较为丰富，而其对应的国家形态也较为复杂。与消极自由理论相比，积极自由理论有两个显著特征：一是将行为者的“自我”进行二分，并对不同的“自我”进行评价。例如，将自我划分为“较高自我”与“较低自我”、“理性自我”与“欲望自我”、“真实自我”与“虚假自我”等等。二是将两个“自我”中的较好“自我”外化成某种道德或政治权威，并且将对该权威的服从阐释为自由。在积极自由的意义上，一个国家为了使公民实现自由，就应推行相应的价值观，协助人们进行“自我”的划分和评价；同时，国家还应为公民提供更多的实质性机会，协助公民去做他们真正想做的事。

洪堡认为，国家的积极功能在于增进人们的幸福，这与积极自由的理论路径是一致的。在积极自由理论中，自由就是行为者能够做自己真正想做的事，实现自我，获得幸福。为了达到这一目标，一方面，行为者必须持有正确的价值观，这对应于行为者较好的自我；另一方面，行为者还须拥有一定的物质保障和相应的机会。上述两方面，恰恰对应于一个积极国家在推进个人幸福时可能采取的两种方式。

那么，一个国家如何才能增进人们的幸福呢？这基于人们对幸福的不同理解。

其一，积极自由理论认为，如果一个人的价值观念有问题的话，他绝不可能幸福。因而，幸福的实现要求人们持有既定的价值观念。这种观点在政治哲学中被称为“至善主义”（perfectionism），其核心主张是：人们只有在特定的价值体系或者生活方式中，才能实现理想的自我。它“设定某些人是内在地低于其他人的，并认为有些人的生活方式是内在地低于其他方式的”①。这为国家限制某些价值观念及其相应的生活方式提供了理由。

依据至善主义，国家要推进人们的幸福，就必须对人们的价值观念进行干预，可能采取引导和禁止两种手段：一是以主流社会认同的价值观念引导其社会成员。除了公开出版物之外，这种引导有时也通过统一价值观念的公立教育而实现。二是

① 布宁，余纪元. 西方哲学英汉对照辞典［M］. 北京：人民出版社，2001：735. 该辞典将“perfectionism”译为“完美主义”，但中国学术界大多译为“至善主义”。

限制与主流价值观念不同的价值观念的传播。在不同的社会背景下，这些干预措施的程度可能存在差异。在极端情况下，国家会对人们的价值观进行严格管控，禁止一切思想和言论自由，并由此而导向专制主义。但值得注意的是，从现实世界看，政治理论家（如伯林）的推导和预言或许有些危言耸听。因为，国家对价值观念的管控并非一定会导向专制主义——所有国家都对价值观念进行管控——或引导，或限制，因此，都存在着主流价值观念与非主流价值观念的分野。所谓对价值观念保持中立的纯粹的消极国家，不过是理论家们不切实际的空想。

美国政治哲学家罗尔斯试图建构一种对所有价值观念保持中立的纯粹政治的学说。他在《政治自由主义》一书中，将包含价值观念、对世界的根本性看法（例如，基督徒认为上帝存在，上帝创造了万物），以及理想生活的构想等道德哲学内容的学说称为“整全性”（comprehensive）学说。罗尔斯认为，“合理的多元论”（reasonable pluralism）的事实意味着，不同的社会成员持有不同的整全性学说。例如，一个社会中可能会有佛教徒、基督徒、信奉儒家传统的成员、信奉自由主义的成员等等。在这样的情形下，如果一种政治学说是“整全性的”，那么就得不到所有人的认同。所以，他主张将道德哲学与政治哲学截然分离，构建一种纯粹的、“非整全的”政治学说。通过这种学说，持不同价值观念的人们经由“重叠共识”而达成一致，并在此基础上建构稳定的政治秩序。所谓“重叠共识”，是指持有各种“合理的整全性学说”的公民所达成的共识①。

然而，罗尔斯的理想是很难实现的。原因在于，这一“稳定的政治秩序”是不可能跳出价值观念限制的。罗尔斯试图找到独立于各种宗教、形而上学、道德学说的“政治的正义概念”，但为了确定这一概念的内容，又不得不诉诸民主社会的政治文化；而这种政治文化，却不可能像罗尔斯所构想的那样独立于任何价值观念②。例如，民主社会的政治文化将所有社会成员看作是“平等而自由”的，但如何通过政治制度的设计来维护这种所有人都认同的“平等而自由”，就不可避免地将价值观念的纷争引入进来。至少在自由的实现是否需要对行为者的价值观念进行考虑的问题上，持不同自由概念的人们就会争论不休。因此，一种纯粹政治的、独立于任何价值观念的政治学说只能是空中楼阁，并不能如罗尔斯所企盼的那样，带来稳定的政治秩序。由此看来，国家的积极功能——对社会成员之价值观念的干预，在现实的国家中是必不可少的。因为，政治秩序的根基正是某些深入人心的价值观念（如平等、自由、民主、公正、法治、忠诚、和谐等），如果它们不能通过公共讨论、交流、辩驳、修正……并最终得到大部分公民的认同，那么，政治秩序就不会稳定，国家也就不复存在。

其二，在积极自由理论看来，人们的幸福不仅取决于人们的价值观念，还依赖于基本的物质保障。这些保障包括人们“从摇篮到坟墓”的方方面面——生育、医

① RAWLS J. Political liberalism [M]. New York: Columbia University Press, 1993: 144.

② 同①14－15.

疗、教育、养老、失业保险等等。只有保障了人们的基本需求，人们才可能从为了生存而进行的枯燥劳动中解放出来，才有可能做自己真正想做的事情，实现积极意义上的自由。由此，与积极自由概念相对应的国家的积极功能，要求在社会中建构足够好的保障体系。在这一方面，积极自由概念导向了一种福利国家。相应的，自由概念的争论也展现出新的形式：由消极自由与积极自由之争，转变为形式自由（formal freedom）与实质自由（substantial freedom）之争。

在自由的概念史上，消极自由受到的最大的批评就是其"虚伪性"。在经济不平等普遍存在的条件下，穷人事实上拥有的自由少得可怜。由此，一些学者将消极自由称为"形式自由"，而将与其相对的概念称为"实质自由"。实质自由的核心理念与积极自由的一致：将自由理解为行为者能够做自己真正想做的事；并且认为，只有当国家和政府提供了足够的社会保障，行为者才有机会从生存困境中摆脱出来，做自己真正想做的事，实现自由。因此，也可以将实质自由看作是积极自由理论家族中的一个分支。

比利时当代哲学家范·帕里斯（Philippe V. Parijs）在《所有人的真正自由》一书中论述了实质自由概念，并将其称为"真正的自由"（real freedom）。他写道，"实质自由"包括三个组成部分：安全、自我所有①、机会。与之相对，哈耶克、诺奇克等人所支持的形式自由只包含安全、自我所有两个部分，对人们是否真正有机会去做那些自己想做的事是漠不关心的；而"真正的自由"则要求，保障人们拥有达成自己计划的实质性的机会。在支持形式自由的学者看来，社会制度的设置对人们自由的保障只须对人们打开"允许"之门，而无须保障人们拥有相应的能力。帕里斯则认为，人们是否拥有相应的能力，实际上会影响甚至限制人们想要做什么。用时下流行的话来说，就是"贫穷限制了想象力"。对于市场经济中的穷困者来说，其自身的能力和财富限制了他进行各种活动的自由。"一个理想的自由社会，必须表达为所有社会成员的自由最大化的社会，而不仅仅是不干涉人们自由的社会。"②

基于实质自由的概念，为了增进人们的幸福，国家应在允许人们尝试各种合理生活计划的同时，协助培养其实现生活目标的各种能力。由此，国家应建构免费或价格低廉的公共教育体系、医疗保障体系、失业保障体系、养老保障体系等等。在这些社会保障体系的支持下，人们才有可能摆脱为了生存而进行的各种挣扎，获得实现自己理想的实质性机会。阿玛蒂亚·森也是支持实质自由概念的理论家，在实质自由的基础上，他发展出力图保障人们"能力平等"的社会正义学说。

总体而言，由积极自由概念引申出的"积极国家"，其积极功能在于增进人们的幸福，帮助人们实现自己真正想做的事。而人们的幸福，通常又与人们所持的价值观念以及可获取的物质资源相关，所以，积极国家会通过两种手段增进人们的幸

---

① "自我所有"（self-ownership），指行为者对自身及其劳动成果的所有，其核心是私有权。

② PARIJS P V. Real freedom for All [M]. Oxford: Oxford University Press, 1995: 23.

福：一是对社会成员的价值观念进行管控；二是以税收等再分配政策筹集资金，建立涉及医疗、教育、住房、养老、失业等方方面面的社会保障体系。因此，从理论上说，积极国家可能呈现出两种形态：一种是对价值观念进行适当管控，其极端形式是走向专制主义；另一种是全面保障人们基本生活需要，各式各样的福利国家都属于这种类型。但是，在现实政治中，任何基于积极自由概念的积极国家都是上述两种类型的综合，区别在于：是管控多一点还是少一点，是福利多一点还是少一点。

在积极国家中，人们大都能享受免费的公立教育，免费或价格低廉的医疗服务，可靠的住房、失业金、养老保障等等。在这样的国家，穷人和富人的生活质量不会有天壤之别，贫穷的代际传递有可能被阻断，各阶层之间的流动性较强。当然，在积极国家，人们不会拥有毫无限制的言论自由，但只要国家对价值观念的管控没有达致极限，社会成员仍将保有独立思考和建构自己人生理想的空间。

积极国家最容易受到的攻击是对言论自由的限制和再分配政策。这两种攻击都来自消极自由理论。为了管控价值观念，国家必须适当限制人们的言论自由；要为人们提供更好的社会保障，国家必须实行再分配政策，将一些人的钱用于社会保障体系和公共设施的建设。然而，持消极自由概念的人认为，这些措施会侵犯人们的“不受干涉”的自由。

3. 共和主义的自由与国家

由伯林引发的西方学术界对自由概念的争论持续至今，即使美国哲学家麦卡勒姆（G. C. MacCallum，1925—1987）彻底否定了两种自由概念的区分①，也未能平息纷争。在麦卡勒姆之后，对自由概念的讨论又掀起了新的波澜，这就是共和主义的自由理论的复兴。

共和主义的自由理论的复兴同时发生在两个学科领域：（1）在政治思想史研究领域，从20世纪七八十年代开始，剑桥学派的斯金纳、波考克等学者开始发掘西方政治思想史中的共和主义思想。他们通过对马基雅弗利、霍布斯、哈林顿等思想家的重新阐释，重述西方政治思想史中的共和主义传统。在这一思想传统中，“自由”是一个核心概念，从这一概念中可以推导出共和主义的政治理论和国家学说。（2）在政治哲学研究领域，澳大利亚哲学家佩蒂特认为伯林对两种自由的区分并没有穷尽所有的自由概念，他试图在伯林的两种自由概念之间构造出一种新的自由概念。而这种自由概念与剑桥学派思想史家从思想史中发掘出的“共和主义的自由”概念一拍即合。上述两个学科领域的研究成果促成了共和主义的自由概念的重新阐释以及共和主义的自由理论的复兴，其代表性著作有：斯金纳的《自由主义之前的自由》《霍布斯与共和主义自由》，佩蒂特的《共和主义：一种关于自由与政府的理论》等。

如前所述，佩蒂特反对“非干涉”的消极自由概念，将自由理解为“非支配”，即排除他人对行为者的“支配”。那么，“支配”与“干涉”有什么不同呢？区别在

① MACCALLUM G C. Negative and positive freedom [J]. Philosophical review，1976 (76)：312-334.

于，与他人的“干涉”对应的是行为者的“行动”；而与他人的“支配”对应的则是行为者的“意志”。所以，佩蒂特强调的是：自由的实现在于排除他者对行为者“意志”的支配，而不在于排除他者对行为者“行动”的干涉。如此看来，“非支配”的自由特征是：一方面，它与积极自由类似，关注的是行为者能够控制自己的欲望，成为自己意志的主人，但它不对“自我”进行二分，区分出欲望、理性，或者“较高自我”“较低自我”，不将行为者自身的因素算作对其意志的阻碍；另一方面，它又与消极自由类似，将不自由的根源归结为他人对行为者意志的支配。

为了更清晰地说明“非支配的自由”与“非干涉的自由”的区别，佩蒂特以“受宠的奴隶”为例。一个“受宠的奴隶”可能拥有行动不受干涉的自由，但他的行动总是可能受到主人的专断意志的干涉，这使得他时时处处提心吊胆，不得不时刻揣摩主人的想法，即使主人从未发过脾气，也没有限制过他的行动。佩蒂特认为，在这样的情况下，人们可能拥有“非干涉的自由”，但并不拥有“非支配的自由”。换句话说，即使人们行动的自由没有受到实质性限制，但行动自由受到限制的可能性却随时存在。相反，如果是在一个统治权力受到限制的法治国家，人们对自己行动自由的界限非常清楚，并且认同每条法律背后的理由，那么，人们即使行动上受到限制，但意志并不受支配，可以按照自己的意志去适应法律并主导自己的生活。在这样的情况下，人们拥有“非支配的自由”，但并非无限制地拥有“非干涉的自由”。

由此说来，“非支配的自由”的核心在于“意志”不受他人支配。然而，这一自由理想在人类社会中却很难实现。因为，人类社会中充满了各式各样的集体决策，而每一个社会成员都必须服从有可能与自己意志相违背的集体决策。那么，人们如何在集体决策的过程中不受他人意志的支配，获得“非支配的自由”呢？卢梭的政治哲学提供了一个颇具智慧的答案：让自己的意志融入集体的意志中，使自己的意志变成集体意志①。在《山中书简》中，卢梭对自由做了这样的论述：“与其说自由是按自己的意愿做事，不如说，自由是使自己的意志不屈服于他人的意志，也不使他人的意志屈服于自己的意志。”② 简言之，自由即意志不受他人支配。这一含义，与佩蒂特所说的“非支配的自由”完全一致。卢梭认为，在自然状态下，人们之间是相互隔绝的，每个人都是独行侠，每个人的意志都不受他人的支配，拥有自然的自由；然而，当人们进入社会，人们的意志结合在一起，就形成了一个普遍的意志。此时，人们要想自己的意志不受他人的支配，只能是将自己的意志融入这个普遍的意志之中。而要将自己的意志融入普遍的意志之中，唯一可行的制度设

---

① 在伯林的批评中，卢梭被当成了积极自由理论的代表，其“强迫自由的悖论”是伯林重点攻击的对象。然而，卢梭最开始表述的自由概念更像是共和主义的自由概念，只是在推导到最后一步时，才跌入了积极自由的悖论之中。追溯卢梭自由理论的发展脉络可以看到，共和主义的自由概念与积极自由概念仅一步之遥。

② ROUSSEAU J. The collected writings of Rousseau [M]. Hanover and London: University Press of New England, 2001, Vol. 9: 260-261.

计只能是直接的民主参与。正是基于这一推理，卢梭推崇古代的直接民主，而反对代议制形式的间接民主。

除了直接的民主参与外，保护每个人的意志不受他人支配的另一个制度设计是法治——以法律统治国家。在卢梭的人民主权理论中，民主与法治是合二为一的——民主即“人民的统治”（rule of people），法治即“法律的统治”（rule of law）。在卢梭的阐释中，人民的意志就是“公意”，而“公意”就是法律。他通过“公意”这一概念，一方面将民主与法治合二为一，另一方面将服从与自由合二为一。从后者来说，在人们进入社会状态之后，人们服从“公意”就是在服从法律，服从法律就是在服从自己的意志。

佩蒂特重新阐述了“共和主义的自由”概念。他虽然赞同卢梭对自由的最初理解——行为者的意志不受他人支配，却不赞同卢梭自由理论中“公意”所要求的绝对服从。从某种意义上来说，正是个人意志与“公意”完全融合有困难，造成了卢梭自由理论的失败。在制度层面，佩蒂特赞同卢梭的观点，也主张广泛参与的民主和以宪法为基础的法治。他认为，法治是防止人们受到“支配”的最佳手段，而法治包含两个方面的内容：第一，法律是普遍而公开的，对所有人都适用，法律面前人人平等，包括立法者在内。第二，政府部门要依法行政，其自由裁量权要受到限制。对于民主，佩蒂特认为，广泛的参与式民主能够保证政府的行为符合人民的利益和意愿，最大限度地体现人民的意志①。总之，“非支配”的共和主义自由观念为人们描绘的图景是：这是一个人们广泛参与民主决策的国家、一个以代表所有人意志的宪法为基础的法治国家。

综合上述，自伯林提出两种自由概念的区分之后，西方学术界对自由概念展开了激烈的争论。在这些争论中，消极自由、积极自由、共和主义的自由这三种概念导向了不同的政治主张和国家形态。消极自由理论主张，应减少国家对个人行为的干涉，国家对所有价值观念保持中立，最终导向了消极国家，甚至是“最小国家”。积极自由理论主张，国家应对个人的价值观念适当管控，为社会成员提供足够好的教育、医疗、住房等各种社会保障，这一主张在极端情况下有可能导致专制国家，在通常情况下会导向某种形式的福利国家和对价值观念进行适当管控的国家。共和主义的自由理论反对国家和政府对人们意志的控制，在制度层面主张通过参与式民主和以宪法为基础的法治而消除国家的专断权力，这样的政治理论将最终导向共和主义的国家形态。

第三节 新积极自由概念

伯林批评积极自由理论会导致“幸福的奴隶”和“强迫自由”两个悖论，并因

① PETTIT P. Republicanism：a theory of freedom and government [M]. Oxford：Oxford University Press，1999：173-181.

此而充当专制统治的理论工具。为了回应伯林对积极自由理论提出的挑战，本节试图探索一种新的积极自由理论。通过对这种新的积极自由理论的探讨，我们能够更清楚地理解积极自由理论与消极自由理论之间的分歧。新积极自由理论区别于消极自由理论，同时也区别于伯林所批评的传统积极自由理论。新积极自由理论试图在保持传统积极自由理论之核心思想的同时，避免伯林所阐释的积极自由概念的两个悖论，使积极自由理论不再成为专制统治的理论工具。

新的积极自由理论的核心思想是：自由是做自己真正想做的事，是免于他人的干涉和自己内心的干扰。新积极自由理论认为，自由的实现在于内在和外在、源自他人和源自自身的障碍都消失，而不仅仅是传统积极自由理论所主张的——自由是内在障碍的消失。这一区别使得新积极自由理论能够很好地规避“幸福的奴隶”悖论。此外，与传统积极自由理论将“自己真正想做的事”与外在的道德权威联系起来不同，在新积极自由理论中，所谓“自己真正想做的事”是行为者自己的主观判断，而非任何外在的价值观念强加于行为者的规定。这一不同使得新积极自由理论不会遭遇“强迫自由”的悖论。由于在理论上排除了“幸福的奴隶”悖论和“强迫自由”悖论，新积极自由理论在政治实践中不会再沦为专制统治的理论工具。

从古希腊的爱比克泰德到启蒙时代的卢梭、康德、黑格尔，再到当代的查尔斯·泰勒（Charles Margrave Taylor），不同时代的积极自由理论家都阐发了一个核心思想：自由在于做自己真正想做的事，在于“真实自我”的实现。可以说，这就是积极自由理论的核心思想。新积极自由概念在秉承这一思想的基础上，将自由规定为——行为者行动之外在障碍和内在障碍的消失，同时反对“真实自我的外化”。与传统积极自由理论相似，新积极自由理论也是建立在对自我进行划分和评价的基础上的：自由在于否定那个“非理性的”“较低的”“不真实的”自我，实现一个“理性的”“较高的”“真实的”自我。与传统积极自由理论不同的是：一方面，新积极自由理论认为，不仅行为者内心的干扰构成自由的障碍，而且外在的干涉也对自由的实现构成障碍。在这一点上，新积极自由概念不同于爱比克泰德所论述的“内心自由”；后者仅仅将行为者内心的“非理性欲望”当作自由的障碍，并由此推论出行为者应该向内心退缩而不是向外界发展，最终导致“幸福的奴隶”悖论。另一方面，新积极自由理论认为，行为者的“真实自我”并不能外化成理性的权威，“真实自我”始终是自我的一部分。在这一点上，新积极自由概念不同于卢梭所阐述的“强迫自由”，否认任何外在的权威可以“强迫”我去做自己真正想做的事。基于此，新积极自由理论并不会导出“强迫自由”悖论。

1. 自由的障碍

消极自由理论通常认为，自由意味着行为者的某一可能行动免遭他人的干涉。这一自由概念仅将外在的干涉当作自由的障碍，而并不考虑行为者的内心干扰。消极自由概念并非建立在对自我进行“二分”和“评价”的基础上，消极自由理论并不深入行为者的内心，而仅仅关注行为者的行动。举例说明，如果我们说某人有公开发表言论的自由，这意味着如果他公开发表言论，他的行动不会受到任何人的干涉。也许此人一直想发表自己的看法，但是由于自己的羞怯而总是没有实现这一行动；但是，从消极自由的观点来看，我们却不能否认此人拥有发表言论的自由。所以，对于消极自由理论来说，只有外在于行为者的、由他人导致的干涉可以算作对自由的障碍，而来自行为者自身的内在的因素不会对自由造成影响。在消极自由的概念中，障碍的位置（location）是外在于行为者的，障碍的来源（source）是他人。

与消极自由理论不同，传统积极自由理论认为，自由的障碍来自内心而并非来自外界。传统积极自由理论仅将那个“非理性的”“较低的”自我看作对自由的妨碍，而不考虑外界因素对自由的影响。我们可以从爱比克泰德所阐述的“内心自由”的角度来理解“言论自由”的例子，即使在人们不被允许公开发表言论的情况下，爱比克泰德也可能认为，人们可以借助内心的力量而获得自由：人之所以不自由，不是因为人们不被允许公开发表言论，而是因为人们心中有无法实现的公开发表言论的欲望；人们一旦消除了这种欲望，即可获得自由。由此看来，爱比克泰德的积极自由理论并不把任何外在的限制和干涉当作对自由的阻碍，而只将人们内心中那些无法实现的欲望看作自由的障碍。

与消极自由理论和传统积极自由理论不同，新积极自由理论在赞同内在的、由行为者自身引起的障碍对行为者的自由构成妨碍的同时，还认为外在的、由他人引起的障碍也会对自由造成妨碍。新积极自由概念认为行为者自由的障碍有两个来源：他人对行为者行动的干涉、行为者自身的某些因素对实现自己真正想做的事情的干扰。前一种障碍的位置是外在于行为者的，后一种障碍的位置是内在于行为者的。再以“言论自由”为例，新积极自由理论认为，一个人的“言论自由”可能受到两种干扰的威胁——外在的他人的干涉，以及行为者内心的矛盾或怯懦。如果一个人真正想做的事就是在公开场合表达自己的观点，那么，他人对这一行为的干涉会构成对自由的妨碍；同时，行为者自身的怯懦、害羞、社交恐惧等也会对其自由造成妨碍。只有当外在障碍和内在障碍同时消失的时候，在他人没有阻止行为者发表言论，而且行为者自己也勇于发表自己的观点的时候，行为者才有可能做自己真正想做的事，实现“言论自由”。

加拿大哲学家查尔斯·泰勒在《消极自由有什么错》① 一文中提出了“机会概念”（opportunity concept）和“实践概念”（exercise concept），并用这一对概念来区分消极自由和积极自由。泰勒认为，机会概念表达的是一种可能性，而实践概念强调的是切实地实现。消极自由是一种机会概念，它描述的是行为者之行动的可能性。说行为者有多少项消极自由，就像是说有多少扇门正向行为者打开那样，与行为者想通过哪扇门没有关系。而传统的积极自由是一种实践概念，它强调的是行为者切实实现自己真正想做的事。它关心的是行为者是否能选择正确的那扇门的问

① TAYLOR C. What's wrong with negative liberty [C]//MILLER D. Liberty. London: Oxford University Press, 1991: 175-193.

题。新积极自由概念在这一点上与消极自由和传统积极自由理论都不同，它既是机会概念，也是实践概念。这是因为，新积极自由要求行为者之行动的内在、外在障碍同时消失。也就是说，在行为者和自己真正想做的事之间，外部世界的门和内部世界的门都向行为者的意志敞开，都为行为者的自我实现提供可能。实际上，当行为的外在和内在障碍都消失的时候，行为者必然能够实现自己真正想做的事。所以，新积极自由概念同时也是实践概念。用"门"的比喻来说，内在障碍的消失使得行为者能够选择自己真正想通过的门，外在障碍的消失保证了行为者真正想通过的门是向自己敞开的。在这两个条件同时具备的情况下，行为者必然能够实现新积极自由概念所规定的自由。所以说，依据新积极自由理论，内在与外在障碍的消失是自由之实现的充要条件。

新积极自由理论要求行为者行动之内在与外在障碍都消失，这使得新积极自由理论并不会像传统积极自由理论那样，引发"幸福的奴隶"悖论。根据伯林的理解，传统积极自由理论认为，自由的障碍只存在于内心，不自由是行为者自身的因素造成的，这导致了被伯林批判的"个人最终退缩到内心堡垒"的怪现象：在自己行动的目标受阻时，不是积极地与外界抗争，而是退回到自己的内心堡垒，寻求安慰与庇护。不承认他人的干涉构成了自由的障碍，而仅仅通过自己目标体系的调整而消除障碍，这样的思维方式决定了传统积极自由理论必将遭遇"幸福的奴隶"悖论。与传统积极自由理论不同，新积极自由理论认为免遭他人的干涉是实现自由的必要条件（但非充分条件）。换句话说，拥有消极自由——行为者免遭他人对其行动的干涉——是实现积极自由的必要条件（但非充分条件）。当外在的干涉存在时，个人是不可能通过放弃无法实现的欲求而获得自由的。因为，放弃欲求并不能对自由的外在障碍造成任何影响。外在障碍的消除是实现自由的必要条件，积极自由的实现依赖于消极自由的实现。所以，在新积极自由理论看来，"退缩到内心堡垒"的精神胜利法不能成为实现自由的途径。由此，新积极自由理论也就不会导出"幸福的奴隶"悖论。

总之，在内在障碍和外在障碍的问题上，消极自由理论将自由看作"免于外在障碍"，传统积极自由理论将自由看作"免于内在障碍"，而新积极自由理论则将自由看作"同时免于内在障碍和外在障碍"。

2. 自由与道德

新积极自由理论与传统积极自由理论之间的第二个重大区别在于：在"自我二分"和"自我评价"的基础上，新积极自由理论反对将"真实自我"外化成一个外在的道德权威，反对将自由理解成道德权威对行为者的强制。新积极自由理论认为，对于行为者来说，只有行为者自己才最知道自己真正想做的是什么，没有任何外在的权威（诸如父母、老师、集体、社会、国家……）可以借"行为者自己不清楚自己真正想做的是什么"之名，对行为者进行强制。

传统积极自由理论通常认为，所谓某人"真正想做的事"与一个客观的道德秩序相联系。因此，只有当行为者的行为符合某一道德标准时，行为者才是自由的。

换句话说，只有当行为者是道德的，他才是自由的。西方政治思想史上的积极自由理论都鲜明地具有这一理论特征。例如，古希腊的爱比克泰德认为，有道德的人才有自由，而自由的人是幸福而美好的。他论述道："没有一个恶人能够想怎么生活就怎么生活，所以没有一个恶人是自由人。"① 启蒙思想家卢梭认为，个人积极自由的实现在于代表全体利益的"公意"的实现，人们的行为在符合"公意"这一道德权威后才实现了自由，这是一种"道德的自由"。卢梭论述道："唯有道德的自由才使人类真正成为自己的主人；因为仅有嗜欲的冲动便是奴隶状态，而唯有服从人们自己为自己所规定的法律，才是自由。"② 德国启蒙思想家康德也有类似的看法。康德认为，个人自由的实现是"善良意志"（good will）的表达，而这个意志的价值是客观的、绝对的而非主观的、相对的。传统积极自由理论的当代阐释者、加拿大哲学家查尔斯·泰勒则认为，积极自由只关涉那些对社会、集体意义重大的行为，而一些意义很小或是无意义的行为与自由的实现无关。

在理论结构上，反对将"个人真正想做的事"与外在的道德秩序相联系，反对将行为者的"真实自我"外化成道德权威的关键，在于排除"他者猜想"（second-guessing）。所谓"他者猜想"，是指行为者并不知道自己真正想做的是什么，并不知道自己利益的真正所在，并由此而取消行为者作为自己欲望之仲裁者的权威，代之以外在的道德权威。"他者猜想"是传统积极自由理论的一个根本特征。泰勒是支持"他者猜想"的积极自由理论家，他对行为者判断什么是自己真正想做的事情的正确性表示怀疑。泰勒认为，行为者不能被当作什么是自己真正想做的事情的最后裁判者，也不能被当作行为者的"真实自我"以及行为者自己是否自由的最后裁判者。泰勒认为，个人全面自由的实现预先假设了只有一些确定的事值得行为者去追求。而做那些无意义的或者意义不大的事情，将无助于行为者"真实自我"的实现。所以说，当行为者不知道"什么是自己真正想做的事情"时，政府或是其他道德权威就有权利"强迫行为者自由"。在泰勒看来，行为者不能正确判断"什么是自己真正想做的事情"，所以应该被强迫做他们真正想做的事情，也就是"强迫自由"③。可以说，卢梭和泰勒应用不同的术语，从不同的方面论证了同一个悖论性的结论——"强迫他人自由"。

在关于自由的当代讨论中，可以找到三种反对"他者猜想"的论证。这三种论证通过不同的路径证明：没有人能够比行为者自己更清楚地知道他真正想做什么。第一个论证是笛卡儿主义的"优先权路径"（privileged access）。这一论证认为B绝不会比A更知道A想做什么，因为A想做什么是只能被A的反省所发现的内在事件。第二个论证是麦吉尼斯（B. E. McGuinness）在文章《我知道我想做什么》中提出来的。麦吉尼斯认为，B绝不会比A更知道A想做什么，因为A不能想做某

---

① 爱比克泰德. 爱比克泰德论说集［M］. 王文华，译. 北京：商务印书馆，2009：457.

② 卢梭. 社会契约论［M］. 何兆武，译. 北京：商务印书馆，2005：26.

③ TAYLOR C. What's wrong with negative liberty［C］//MILLER D. Liberty. London：Oxford University Press，1991：175-193.

事而不同时知道自己想做某事，所以对于 A 想做什么，B 最多只能与 A 知道得一样多①。第三个论证是图尔明（S. E. Toulmin）在文章《哲学和心理学中的概念构成》中给出的。图尔明认为，绝不该由 B 来说 A 想做什么，因为这是一个该由 A 说的事。原因是“我想 X”意味着“我选择 X”。而在逻辑上，只有我可以做出我的选择。所以说，只有 A 可以做出自己的选择，也只有 A 知道自己想干什么②。

新积极自由理论反对“他者猜想”，认为只有行为者自己才最清楚“自己真正想做的事”。与传统积极自由理论类似，新积极自由理论也将自由定义为：实现自己真正想做的事。但这里的“自己真正想做的事”却不与任何外在的道德秩序相联系，而是“自己认为是自己应该做的事”。简言之，新积极自由理论中的“自己真正想做的事”是一个主观评价（subjective evaluation），而不像传统积极自由理论所要求的，是一个客观评价（objective evaluation）。与传统积极自由理论类似，新积极自由理论也基于“自我二分”和“自我评价”，但是这种评价并非外界道德权威的评价，而是内在的、自我的评价③。行为者的自由在于“较高自我”或“真实自我”的实现；但是，所谓的“较高”或“真实”是行为者自己认为的“较高”或“真实”，并不是道德权威评价下的“较高”或“真实”。

“客观评价”还是“主观评价”的不同，导致了传统积极自由理论与新积极自由理论的一个根本分歧：自由的行为对于传统积极自由理论家来说必定是道德的、正确的行为，因为只有符合道德规范的行为才是自由的行为。与之相反，新积极自由理论则认为，自由与道德是两个相互独立的概念，自由的实现并不意味着道德的实践。行为者实现积极自由，只是做了自己真正想做的事，成为自己真正想成为的人，至于其行为是否道德、是否正确，还需要参照客观的价值体系进行进一步的检查和判断。个人自由的实现，并不意味着个人行为是道德的。例如，对于自我极度膨胀的纳粹头子希特勒，我们可以说他在很大程度上实现了“真实的自我”，却绝对不能说他是道德的，或者他的行为是正确的。

新积极自由理论排除了“他者猜想”，撇清了道德与自由的关系，也就不会像传统积极自由理论那样，遭遇“强迫自由”的悖论。而且，“为专制统治提供理论依据”这样的诘难也不适用于新积极自由理论。新积极自由理论中的“真实自我”是一个主观价值判断，与传统积极自由理论中代表着道德权威的“真实自我”有着本质的区别。在新积极自由理论中，只有行为者自己才最知道自己真正想做的是什么，任何外在权威都不能以帮助个人实现自由为借口，对人们进行强制。

新积极自由概念是区别于消极自由和传统积极自由的一种新的自由概念。其核心思想是：自由是做“自己真正想做的事”，成为自己真正想成为的人，是行为者

---

① MCGUINNESS B F. I know what I want [J]. Aristotelian society proceedings, 1957 (LVII).

② TOULMIN S E. Concept-formation in philosophy and psychology [M]//HOOK. Dimensions of mind. New York: New York University Press, 1960.

③ 具体说来是通过行为者自己的“二阶欲望”进行评价。关于“二阶欲望”的讨论可参见拙作：李石. 意志自由和行动自由：基于人类欲求之等级结构的分析 [J]. 世界哲学，2010 (1)：131-140.

行动之外在障碍和内在障碍的消失。在自由的障碍、自由与道德、机会概念还是实践概念等方面，消极自由概念、传统积极自由概念和新积极自由概念之间存在着根本的分歧，如表 3－1 所示：

表 3－1 消极自由、传统积极自由和新积极自由概念的区别

	定义	自由的障碍	自由与道德	机会概念与实践概念
消极自由	行动免遭他人干涉	外在于行为者，来自他人	自由的行为不一定是道德的	机会概念
传统积极自由	做自己真正想做的事（“真正想做的事”是客观价值判断）	内在于行为者，来自自身	只有按照道德规范行为才能实现自由	实践概念
新积极自由	做自己真正想做的事（“真正想做的事”是主观价值判断）	外在与内在，既来自他人又来自自身	自由的行为不一定是道德的	既是机会概念，又是实践概念

第四节 基本的自由项

与积极自由相比，消极自由与国家的政治制度和法律体系有着更为直接的联系。在建构一个强制性的规范体系时，人们必须首先明确：应该给个人留下多大的私人空间，个人在哪一范围之内可以不受干涉地行动。由此，依据消极自由概念，国家的法律体系赋予人们的、可以不受他人干涉而行动的自由就是人们拥有的基本自由，也就是基本权利，亦即“法无禁止则为自由”。本节将从社会契约论的路径分析人们应该拥有哪些基本自由，第五节则将从功利主义的角度探讨人们自由的界限①。

按照社会契约论对国家的理解，人们在自然状态下，为了保全自身，让渡出一部分自由，并在一致同意的基础上进入国家。那么，在进入国家之后，人们还保留了哪些自由呢？这是一个关系到人们在国家中能合法地拥有哪些基本权利的问题，可以说是整个国家政治制度的基础。对于这个问题，不同的社会契约论者有不同的说法，其中广受诟病的是霍布斯的观点，而影响最大、得各方支持，甚至激发各种政治运动的则是洛克的观点。下面我们来对比一下这两位极其重要的政治思想家在这个问题上的不同看法。

霍布斯认为，人们在缔结社会契约的时候是两两签订契约，相互承诺放弃各自的自由，并将管理自己的权利授予一个中立的个人或者集体。这一授权过程的关键之点在于：被授权者，亦即人们在进入政治共同体之后的主权者并没有参与订约，也

---

① 不论是在社会契约论还是在功利主义中，自由都是一个重要的政治价值，其区别在于在社会契约论中自由是优先满足的政治价值，而在功利主义学说中自由是为了增进社会整体利益才需要关注的政治价值。因此，本节和下一节的讨论分别参照了社会契约论和功利主义对基本自由的论述。

没有做出任何承诺，他（他们）仅仅是权利的被动接收者。基于这一理论设计，霍布斯的社会契约论并没有像其后的社会契约论那样，为公民在政治共同体中所享有的基本自由和权利奠定根基，而是为一个绝对的、无条件的、不能被收回的王权进行了论证。正因为获得共同权力的主权者并没有与任何人签订任何契约，因此，他（他们）不必受其授权者的任何约束，而其所获得的权力却要求臣民的绝对服从。

霍布斯在《利维坦》的“臣民的自由”一章中讨论了在进入政治共同体之后，人们还可能拥有什么样的自由。霍布斯认为，在进入社会状态之后，人们放弃了之前在自然状态下所拥有的不受政治权力管辖的自由，此时，“臣民的自由只有在主权者未对其行为加以规定的事务中才存在，如买卖或其他契约行为的自由，选择自己的住所、饮食、生业，以及按自己认为适宜的方式教育子女的自由等。”① 紧接着，霍布斯规定了主权者与臣民的自由的关系：“我们不能认为生杀予夺的王权由于这种自由而被取消或受到限制。”② 也就是说，在进入政治共同体之后，臣民只有在主权者规定的范围内拥有“不受干涉”的自由，而对于主权所禁止的一切事情都不具有自由。霍布斯认为，即使在某一境况下，臣民被主权者处死，主权者也并没有做什么不对的事。

对于主权者行为的界限，霍布斯认为，人们在转让自己权利的过程中并非转让了自己所有的权利。依据自然法，有一些权利是不能转让的，而这些权利则构成了王权的界限：“每一个臣民对于权利不能根据信约③予以转让的一切事物都具有自由。……不防卫自身身体的信约是无效的。因此：如果主权者命令某人（其判决虽然是合乎正义的）把自己杀死、杀伤、弄成残废或对来攻击他的人不予抵抗，或是命令他绝饮食、断呼吸、摒医药或放弃任何其他不用就活不下去的东西，众人就有自由不服从。”④

总之，霍布斯认为人们在进入政治共同体的过程中，为了保存自身而让渡出了绝大部分权利。因此，在进入社会状态之后，除非主权者命令其臣民自残，否则其臣民仅仅在主权者所规定的范围内才拥有不受干涉地行动的自由。

霍布斯写作《利维坦》的历史背景是1640—1688年的英国资产阶级革命，这次革命也被大多数史学家看作世界现代史的开端。在这些由基督教教派纷争引发的一系列革命事件中，英国国王和议会为了争夺国家的主权而陷入了持续的战乱。在国王和议会的纷争中，霍布斯是一个忠诚的保王党，这直接决定了其政治哲学的宗旨——为绝对的王权辩护。而比霍布斯稍晚一些的洛克则是坚定的议会派政治思想家，他写作《政府论》的直接目的就是为“光荣革命”辩护，其政治理论的目的是限制王权，为公民的基本权利和自由辩护。

---

①② 霍布斯．利维坦［M］．黎思复，黎廷弼，译．杨昌裕，校．北京：商务印书馆，1985：165.

③ 所谓信约是指：立约一方可以将约定之物先自交付，而让对方在往后某一确定时期履行其义务，在此期间先行托管，此时契约在先自交付一方面便称为契约或信约。

④ 同①169.

在自由和权利的问题上，洛克和霍布斯主要存在着三方面的分歧：第一，洛克认为，人们在自然状态下拥有生命、自由和财产三项基本权利；而霍布斯认为自然状态下人们一片混战，任何具体的基本权利都得不到保障。第二，洛克认为，在缔结契约的过程中，人们并非像霍布斯所构想的那样，两两缔约，并将自己的权利让渡给第三方；而是人们基于所有人的同意将共同权力交由社会中的大多数人管理。第三，洛克认为，人们在缔约过程中保留了生命、自由和财产三项基本权利，缔约的目的是更好地保护人们的这三项权利。而霍布斯则认为人们只保留了那些“不可能通过信约转让的权利”，例如拒绝放弃防卫自身身体的权利。

对于自然状态下人们所拥有的权利，洛克认为，人们在自然状态下除了拥有免于“共同权力”的干涉、为保全自身做任何事情的自然权利之外，还拥有“生命、自由和财产”三项基本权利。洛克借助“自然义务”的思想，对这三项基本的自然权利进行了论证：“自然状态有一种为人人所应遵守的自然法对它起着支配作用；而理性，也就是自然法教导着有意遵从理性的全人类：人们既然都是平等和独立的，任何人就不得侵害他人的生命、健康、自由和财产。”① 在洛克看来，人类有理性，能够认识约束世间万事万物的自然法，人类必然也受到自然法的约束。而且，自然法不仅赋予了人们“自保”的权利，还加给人们“保存他人”的义务：“正是因为每个人必须保存自己，不能擅自改变他的地位，所以基于同样的理由，当他保存自身不成问题时，他就应该尽其所能保存其余的人类，而除非为了惩罚一个罪犯，不应该夺去或损害另一个人的生命以及一切有助于保存另一个人的生命、自由、健康、肢体或物品的事物。”② 所以说，在人人肩负的“自然义务”的保障下，人们在自然状态下不仅有不受“共同权力”干涉的自然权利，还拥有生命、自由和财产这三项基本权利。

对于进入社会状态的原因和过程，洛克认为，人们在自然状态下虽然已经拥有生命、自由和财产三项基本权利，但这种享有并不稳定，有可能受到别人的侵犯。因此，人们联合起来，基于所有人的同意，形成共同权力，并把这一权力交给政治共同体中的大多数人管理。洛克认为，人们联合起来形成国家和政府的直接目的是更好地保护人们在自然状态下已经拥有的三项基本权利。为此，人们放弃了两种权力：在自然法许可的范围内，为保存自身而做任何事情的权力，以及处罚违反自然法的罪行的权力。

洛克关于生命、自由和财产神圣不可侵犯的思想还可以从他对“革命的权利”的论证得到佐证。洛克认为，政府的权力是人民委托的，当政府违背人民建立它的目的时，政府就解体了。换言之，如果一个政府不能很好地保护人民的基本权利，甚至有意地侵犯人民的基本权利，那么人民就有权推翻这样的政府。

洛克关于基本权利的思想不仅在自由的观念史上具有重大意义，在西方政治思

---

① 洛克．政府论：下篇［M］．叶启芳，瞿菊农，译．北京：商务印书馆，1964：4.

② 同①4-5.

想史上更是奠定了现代政治制度的根基。在洛克之后，基本自由以及基本权利的思想不断地在不同的政治思想家的著作以及各种重要的政治文献中得到论述。其中，最集中体现洛克基本权利思想的是美国的《独立宣言》(1776)："我们认为下面这些真理是不言而喻的：造物者创造了平等的个人，并赋予他们若干不可剥夺的权利，其中包括生命权、自由权和追求幸福的权利。为了保障这些权利，人们才在他们之间建立政府，而政府之正当权力，则来自被统治者的同意。任何形式的政府，只要破坏上述目的，人民就有权利改变或废除它，并建立新政府；新政府赖以奠基的原则、得以组织权力的方式，都要最大可能地增进民众的安全和幸福。……"

还有法国的《人权宣言》(1789)："第一条，人生来就是而且始终是自由的，在权利方面一律平等。社会差别只能建立在公益基础之上。第二条，一切政治结合均旨在维护人类自然的和不受时效约束的权利。这些权利是自由、财产、安全与反抗压迫。……"

再有，联合国《世界人权宣言》(1948) 则将洛克所论述的政治共同体中人们不可侵犯的基本权利进行了普遍化，使其成为一种作为人就应享有的普适的"人权"："第一条，人人生而自由，在尊严和权利上一律平等。他们富有理性和良心，并应以兄弟关系的精神相对待。第二条，人人有资格享受本宣言所载的一切权利和自由，不分种族、肤色、性别、语言、宗教、政治或其他见解、国籍或社会出身、财产、出生或其他身份等任何区别。并且不得因一人所属的国家或领土的政治的、行政的或者国际的地位之不同而有所区别，无论该领土是独立领土、托管领土、非自治领土或者处于其他任何主权受限制的情况之下。第三条，人人有权享有生命、自由和人身安全。……"

另外，关于基本权利和自由的著名阐述还有二战时期美国总统罗斯福所论述的四大自由——言论自由、信仰自由、免于匮乏的自由和免于恐惧的自由；以及，当代政治哲学家罗尔斯所论述的基本自由，包括：政治上的自由（选举和被选举担任公职的权利）及言论和集会自由，良心的自由和思想的自由，个人的自由和保障个人财产的权利，依法不受任意逮捕和剥夺财产的自由，等等①。与此同时，始于洛克的基本自由的思想还直接推动了美国和法国的革命实践，以及女权运动、普选运动、反种族歧视运动……现代世界许多重大的政治运动，成为现代政治发展的核心动力。

总之，在一系列政治实践以及政治思想史不间断地书写过程中，基本自由神圣不可侵犯的观念深入人心，成为现代政治制度得以确立的基础。

第五节　自由的界限

人们在社会中拥有神圣不可侵犯的自由，但这种自由绝不像人们在自然状态下

① 罗尔斯. 正义论［M］. 何怀宏，何包钢，廖申白，译. 北京：中国社会科学出版社，1988：61.

拥有的自由那样毫无限制。否则，人们就无法进入国家，而只能停留在“所有人对所有人的战争”之中。在一个政治共同体中，人们的日常生活要受到各种各样的约束，这些约束有可能来自身边的人，也有可能来自国家和政府。因此，所谓“行动无障碍”指的是在某个范围内行动无障碍，亦即，自由是指人们在某一范围内可以不受他人干涉地行动。例如，我在自己家的花园里种菜，不会对邻居们造成任何影响，那我就可以按照自己的意愿，想种什么菜就种什么菜。因此，廓清“不受干涉的行动自由”这一概念的关键在于：划清自我与他人之间的界限，以及私人空间和公共领域之间的界限。

英国 19 世纪著名政治思想家、功利主义者约翰·斯图亚特·密尔对自由理论做出了巨大的贡献，他关于自由的重要著作是《论自由》。这本书的核心目的就是要为人们在政治社会中的行动自由划定界限，并在此基础上为思想自由、言论自由、新闻出版自由等各种基本自由进行论证和框定。值得一提的是，早在 1903 年，被誉为中国自由主义之父的严复先生就将密尔的《论自由》翻译成中文，并冠以《群己权界论》的标题。严复先生的“自作主张”恰恰体现了密尔这本著作的宗旨：划定私人与公共之间的界限，为人们行动自由的领域划定范围。

密尔作为一个功利主义者，其政治思想的出发点是考虑某一行动是否会增加或有损某人的功利。在密尔的功利主义学说中，功利指的是快乐的增加或痛苦的减少。由此，功利主义学说的核心主张是：任何行为、政策、制度或者法律，只要能增进人们的快乐，或者减少人们的痛苦，那么它就是好的、善的、正当的、应该的；反之，则是坏的、恶的、不正当的、不应该的。因此，密尔在考虑人们自由行动之界限时关注的是，每个人的自由行动是否会给其他人或者是整个社会带来伤害。如果不会，那么社会就应该允许这样的行动自由，如果会带来伤害，就应该限制这样的行动自由。

密尔将自己为行动自由所施加的限制称为“伤害原则”：“第一，个人的行动只要不涉及自身以外什么人的利害，个人就不必向社会负责。他人若为着自己的好处而认为有必要时，可以对他进行忠告、指教、劝说以致远而避之，这些就是社会要对他的行为表示不喜或非难时所能采取的正当步骤。第二，关于对他人利益有害的行动，个人则应当负责交代，并且还应当承受或是社会的或是法律的惩罚，假如社会的意见认为需要用这种或那种惩罚来保护它自己的话。”①

站在功利主义的立场，密尔认为，如果一个行为没有对别人造成伤害，那我们就不能说这一行为在道德上是不正当的，也就没有很好的理由限制这样的行为。而对于行为者自己来说，只有行为者最清楚自己的利益所在，也只有行为者自己才能充当某一行为是有利于自己，还是对自己造成伤害的最终裁判。所以，如果一个行为没有对他人造成伤害，就不应当被限制。至于这一行为是否对行为者自己造成伤害，这应该是由行为者自己决定的事。在密尔所阐述的“伤害原则”中，最富有争

---

① 密尔．论自由［M］．许宝骙，译．北京：商务印书馆，2007：112.

议的地方在于，密尔认为，即使社会或他人认为个人的行为是在对自己造成伤害，也不应对其行为进行强制性的干涉，而应以警告的方式进行劝诫。为了廓清这一论点，密尔举例说："如果看见有人要走上一座已经确知不保安全的桥梁，而又来不及警告他这个危险，他们可以将他抓回，这不算真侵犯了他的自由；因为自由在于一个人做他所要做的事，而这个人并不想要掉进河里。可是，有时一个祸患还没有确实性而只有危险性，除本人外便没有人能够判断他的动机是否足够促使他冒险一试，在这种事情中，我想人们对他只应发出危险警告，而不应当以强力阻止他去涉险。"①

值得注意的是，在密尔所阐述的"伤害原则"中，所谓"伤害"指的是有形的（physical）伤害，并不包括心理上的伤害。密尔认为，"对于个人的趣味嗜好和只关己身的事情，公众是无须干涉的"②。这与禁止小偷偷盗钱包是完全不同的事件。偷盗造成的是财产的损失，是有形的伤害；而"吃猪肉"对回族人造成的是无形的、心理上的伤害。

在自由与伤害的问题上，密尔廓清了自由理论中一个悖论性的问题：人们是否有"卖身为奴"的自由，即一次性地出卖自己所有的自由？密尔认为，"卖身为奴"这样的行为与给予人们自由的目的恰恰相反，这一自由的实践要求人们一次性地放弃自己所有的自由。因此，这种悖论性的自由是不能成立的。密尔论述道："在我国和大多数其他文明国家里，一个自己卖身为奴或者允许他人出卖己身为奴的定约在法律上是无效的、作废的，无论法律或舆论都不强其施行。……自由原则不能要求一个人有不要自由的自由。一个人被允许割让他的自由，这不叫自由。"③

密尔认为，人们的自由存在于广泛的领域，包括许多内容。其中三个重要的领域是：第一，意识的自由，即广泛的良心的自由。包括在思想和感情方面，在实践的和理论的方面，在科学、道德、神学和信仰等问题上的自由，发表和表达意见的自由。第二，个人志趣的自由，即自由制订个人生活计划，以顺应自己的性格。有自由照自己所喜欢的去做，实现个性的充分发展。第三，个人之间联合的自由，如在经济、贸易、生产、生活各方面自愿联合、缔结契约，组成社团的自由，等等。在这三个领域中，密尔认为对于人们来说最重要的是思想的自由。

对于思想自由的重要性，密尔有极为精彩的论述："假定全人类统一持有一种意见，而仅仅一人持有相反的意见，这时，人类要使那一人沉默并不比那一人（假如他有权力的话）要使人类沉默较可算为正当。……迫使一个意见不能发表的特殊罪恶那是他对整个人类的掠夺，对后代和对现存的一代都是一样，对不同意于那个意见的人比对抱持那个意见的人甚至更甚。"④ 密尔极其推崇思想和言论自由的原因在于，密尔认为，任何意见都不可能保证"不可错误性"（infallibility）；所以，

① 密尔．论自由［M］．许宝骙，译．北京：商务印书馆，2007：115.
② 同①102.
③ 同①122-123.
④ 同①19.

需要开放言论，让尽量多的意见被人们听到。在不断地对话、批评、反驳以及达成共识的过程中，真理才能越辩越明。当然，对于思想和言论自由密尔也给出了具体的限制："一切意见应当允许其自由发表，但条件是在方式上需有节制，不要越出公开讨论的界限。那种产生直接煽动社会祸害结果的言论应受到惩罚。"① 按照密尔的说法，如果在电影院里大家都在聚精会神地看电影，突然有人在没有确切证据的情况下大喊"失火了"，并造成恐慌和踩踏；那么，这样的言论就应该受到限制，做出这种事情的人就应该受到惩罚。

对于发展个人志趣、实现个人生活计划的自由，密尔讨论了一些极富争议的案例。密尔认为，个人应该被允许发展一些可能伤害自身的志趣，如酗酒、赌博、嫖妓等等。但是，我们是否可以就此推论说，社会中应该允许"蓄妓的老鸨""赌场""卖酒的店铺"存在？这是一个很难有确定答案的问题。对于这些有碍公共利益的职业和场所，支持和反对的双方可以给出充分的理由。密尔指出，如果我们禁止"赌场"和"妓院"，却不去惩罚"赌徒"和"嫖客"，这不过是惩罚了"辅助的罪犯"而让"主要的罪犯"逍遥法外。因此，为了更好地将个人志趣的发展与公共利益结合起来，政府和国家应该采用间接的干预手段（例如：增加相关行业的税收，减少相关店铺的数量，增加开设的难度，等等），而不是直接禁止这些职业和场所的存在。

对于贸易自由，密尔认为，应该赋予生产者、销售者和购买者完全的自由，这样才是实现"价廉物美"最有效的办法。密尔论述道："对贸易的限制以及对以贸易为目的的生产的限制诚然都是拘束，而凡是拘束，正因它是拘束，就必是罪恶。"② 关于市场交换中"出售毒药"的问题，密尔认为，人们不应该禁止毒药的市场交换，对这种自由的限制应仅限于在出售此种药品时贴上标签，说明该药品的相关性质即可。与之相关，密尔认为在出售适于做犯罪工具的物品的问题上可以采用边沁所说的"预设的证据"，例如要求当事人签名盖章、见证人的证实等，以保证购买物品的用途。其作用是对该物品的使用事先以契约的形式进行限制。在贸易自由的问题上，密尔认为"禁酒法""禁止出售毒药"，都涉及了对贸易自由的侵犯。密尔论述道："一些干涉贸易的问题在本质上就是自由问题，像上文提到的禁酒法，像禁止出售毒药，总之，凡目标在于使人们不可能得到或难于得到某一货物的干涉都属于这一类。这类干涉可以反对之处，不在它们侵犯了生产者或销售者的自由，而在它们侵犯了购买者的自由。"③ 以"侵犯了购买者的自由"为由，密尔谴责政府对毒品交易进行干涉。由此，旨在增进人类社会最大多数人的最大幸福的功利主义者密尔，为英国向中国输入鸦片、打开中国市场进行了理论辩护。由此，我们也可以看到，过分扩大自由的界限，甚至为毒品交易打开大门，这样的自由理

① 密尔. 论自由［M］. 许宝骙，译. 北京：商务印书馆，2007：62.
② 同①113.
③ 同①114.

论可能会得出十分荒谬的结论。

密尔的《论自由》一书，引发了现代社会关于各种具体自由的广泛争论。下面我们以“无被害人的犯罪”（victimless crimes）、“私人持枪自由”、“安乐死”（euthanasia）的合法化、“网络言论自由”等为例来深入分析当代有关“自由之界限”的争论。

第一，我们从密尔的“伤害原则”可以推导出一个重要的结论：所有“无被害人的犯罪”如果没有侵犯他人的自由，就应该被允许。在特定文化和宗教背景下的人类社会中，我们能见到许多“无被害人的犯罪”，例如亵渎罪、吸毒、在公共场合裸露身体等等。这类“犯罪”被称为“无被害人的犯罪”，其含义是：这些“犯罪”并没有直接伤害任何人，没有直接的受害人。例如，“吸毒”只对吸毒者自身造成伤害，并没有对其他人造成实质性的伤害。所以，根据密尔的“伤害原则”，这类行为应该被允许，不构成犯罪，不能强行制止，或施以惩罚。当代许多自由主义者（例如罗尔斯和诺奇克）都赞同密尔的“伤害原则”，认为不应该存在任何“无被害人的犯罪”。然而，在特定的宗教文化背景下，这样的自由却存在很大的争议。例如，在基督教文化中，同性恋行为就可能因冒犯许多人而被看作罪大恶极。又如，在世界大多数国家的文化中，在公众场合裸露身体会被看作“流氓行为”，受到相应的惩罚。所以说，“无被害人的犯罪”所涉及的“自由之界限”并没有确定的答案。在这个问题上，人们自由的界限因不同文化背景和人们观念的改变而不同。

第二，在当代关于“自由之界限”的讨论中，人们是否拥有持枪的自由，是一个极富争议的问题。如本书第一章第三节所述，英国政治思想家洛克认为，人们有“革命的权利”，在某些情况下可以暴力推翻专制政府。洛克所阐述的“革命的权利”成为美国独立战争的理论武器，并且被写进了美国的《独立宣言》和《宪法》。洛克的政治思想为美国人民拥有持枪自由提供了某种理由。然而，这种私人持枪的自由却给美国人民带来了一次又一次的悲剧。目前，美国人民是否应该拥有持枪自由，仍然是引发各方争论的焦点。

第三，“安乐死”也是在当代西方引发巨大争议的“自由之界限”问题。安乐死指的是对无法救治的病人停止治疗或使用药物，让病人无痛苦地死去。关于“安乐死”，争议最大的问题就是：临终患者是否有权利放弃治疗，以“安乐死”的方式结束自己的生命？从功利主义者的角度来说，如果人们生命的延续仅仅是在增加痛苦，而得不到一丝的快乐，这样的生命延续是没有意义的。因此，一些功利主义者（如休谟）认为人们应该拥有“安乐死”的权利。但另一些自由主义者则认为，人们不能主动地放弃“生命权”，这与自由的目的是相违背的，因此并不主张人们可以“安乐死”。更有甚者，坚定的天主教信徒们认为，人的生命源于上帝，所以人没有结束自己生命的权利。与此同时，“安乐死”合法化在具体的实施过程中还可能出现很多棘手的问题，例如实施“安乐死”的条件和时机，实施的具体方式，实施过程中可能出现的谋杀、欺骗、操之过急……，这些情况都牵扯到复杂的法律和伦理问题。因此，当今世界，除了极少数国家和地区（例如荷兰、比利时、卢森堡、瑞士和美国的部分州）外，“安乐死”并没有合法化。1997 年，美国当代最具影响力的几位政治哲学家：罗尔斯、诺奇克（又译为诺齐克）、德沃金、斯坎伦（T. M. Scanlon）、内格尔（Thomas Nagel）和汤姆森（Judith Jarvis Thomson）共同上书美国联邦最高法院，要求保障宪法赋予人们自决的基本权利，允许“安乐死”合法化。他们认为，自由民主社会最根本的价值在于“个人自主”（personal autonomy）：“每个个人都有权利做出那些关乎个体尊严及自主的最切身而个人的选择。这种权利包括行使某些对一个人的死亡方式及时间的支配的权利。”①

第四，在当今世界新技术层出不穷的背景下，密尔讨论的思想和言论的自由，正以全新的形式凸显出来，这就是——网络言论自由。人们表达方式的转变导致在表达自由的问题上出现了一些密尔没有考虑到的情况。例如网络言论是否应该“实名”，“人肉搜索”的问题，“网络水军”的问题，“网络谣言”的问题，等等。这些关于“表达自由”的新问题正在成为今天人们讨论思想和言论自由时重点关注的伦理道德问题。

第五，科学研究的最新发展也在拷问人类自由的界限。例如：科学家有没有克隆人的自由，有没有基因编辑婴儿的自由②，有没有将“人兽嵌合体”③ 用于临床实验的自由，有没有研制某些对人类影响并不清楚的药物的自由，有没有研究和种植转基因农作物的自由，有没有无限制地发展人工智能的自由，有没有在人类大脑中植入芯片的自由，等等。这些新的问题都在不断地更新人类自由的界限。

时至今日，对于与自由相关的种种问题，研究者们仍然在不停地追问。自由是什么？人们应该被允许拥有哪些具体的自由？社会中人们自由的界限到底应该如何划定？伯林的两种自由概念为人们思考自由的含义提供了一个基本的框架。洛克提出的生命、自由和财产三项基本权利奠定了人们在政治秩序中所享有的基本自由项。密尔站在功利主义的立场，依据人类社会的进步这一目标，为人们的自由划定了界限。自由是一个迷人而复杂的概念，对于与自由相关的问题，随着人类社会的发展和进步，人们将在不断的实践和反思中继续给出新的答案。

人的自由全面发展是马克思主义的根本命题，追求人的自由全面发展是共产党人的最高理想。马克思在《经济学手稿（1857—1858 年）》中论述了对个人自由发展的理解：“人的依赖关系（起初完全是自然发生的），是最初的社会形式，……以物的依赖性为基础的人的独立性，是第二大形式……建立在个人全面发展和他们共同的、社会的生产能力成为从属于他们的社会财富这一基础上的自由个性，是第三

① Assisted suicid：the philosophers' brief [N]. New York review of books，1997-03-27.

② 对于这一问题的详细讨论可参见拙作：李石. 论“基因编辑”技术的伦理界限 [J]. 伦理学研究，2019 (2).

③ “人兽嵌合体”的相关研究指的是：生物科学家借助基因移植和干细胞技术，融合人类与动物的生物材料，创造出各种各样人兽的嵌合体，如“人耳鼠”“人脑鼠”等，并将其用于对人类疾病的发病机理研究，或者作为供人体使用的异种器官移植资源。

个阶段。"[①] 在中国特色社会主义新时代，我们的制度建设秉承一切为了人的自由全面发展，为了一切人的自由全面发展的宗旨，通过民主、法治、社会分配等制度构建，全面保证每个人发展自身能力的自由。

与此同时，个人的自由发展和国家建设、民族复兴之间是协调统一的关系：一方面，国家的进步能够为个人发展提供制度保障和物质条件，另一方面，个人的自由发展最终又为国家建设贡献力量。2012 年 11 月 29 日，习近平总书记参观《复兴之路》展览时谈道："实现中华民族伟大复兴，就是中华民族近代以来最伟大的梦想。"2013 年，习近平总书记在同各界优秀青年代表座谈时指出："中国梦是历史的、现实的，也是未来的。中国梦凝结着无数仁人志士的不懈努力，承载着全体中华儿女的共同向往，昭示着国家富强、民族振兴、人民幸福的美好前景。"[②]所以说，个人自由与民族命运息息相关，中国梦不仅是中华民族的复兴之梦，也包含了每个人的自由发展。

《 阅读与思考 》

一、阅读

1. 伯林. 自由及其背叛［M］. 赵国新，译. 南京：译林出版社，2005.
2. 密尔. 论自由［M］. 许宝骙，译. 北京：商务印书馆，2007.
3. MILLER D. Liberty. London：Oxford University Press，1991.

二、思考

1. 积极自由概念是否包含悖论？如果包含的话，其悖论是否能够解决？
2. "古代人的自由"是否具有现实意义？
2. 网络言论自由的限制是什么？
3. 科学研究的自由是否应该受到限制？

① 马克思，恩格斯. 马克思恩格斯全集：第 30 卷［M］. 2 版. 北京：人民出版社，1995：107-108.
② 习近平. 在同各界优秀青年代表座谈时的讲话［N］. 人民日报，2013-05-05（1）.

第四章
平　等

如果说自由是每个人追求自己梦想的起点，那么，平等就是人类社会想要实现的目标。什么样的平等应该成为人类社会发展的目标？人类社会的历程，从古代到现代，是朝着越来越平等的方向发展，还是朝着更加不平等的方向发展？平等，作为评价社会制度的重要价值之一，其理论结构错综复杂、困难重重。而所有困难的起点就在于“人人平等”的论证困境。本章将首先讨论平等理论的论证基础，接着介绍不同种类的平等理论，最后，结合第三章所讨论的自由概念，分析自由和平等之间错综复杂的关系。

第一节　平等的基础

“人人生而平等”，在现代社会，人们对此深信不疑。然而，这并不是一个自明的判断。也就是说，这是一个需要证明的命题，而对这一命题的证明曾困扰过许多哲学家。

“平等”这一概念，虽然早在 2 000 多年前就已经被古希腊的哲学家意识到，并且，在希腊化时期的斯多葛学派的理论中得到了深入的阐述，但是，“平等”观念具有重要的政治意义，并对政治运动产生巨大的推动作用，是从启蒙时代开始的。在启蒙时代，“人人生而平等”这一命题源自社会契约论者对于自然状态的设定。如本书第一章第一节所述，为了契约式论证的有效性，社会契约论者不约而同地将自然状态设定为“平等而自由”的状态。在社会契约论中，人们在自然状态下是平等的，这种前政治状态的平等为人们在政治共同体中的平等奠定了基础。

“人人生而平等”的政治信念集中体现在法国大革命的口号中：自由、平等、博爱。平等也由此成为激发现代社会绝大多数政治运动的根本动力。在追求平等的过程中，人们不仅推翻了专制权力，掀起了各领域的民主化运动，还发动了女性解放运动、反种族隔离运动、争取同性恋权利运动等一系列政治运动。

对“人人生而平等”的证明，在哲学上就是对“平等的基础”进行探究。阿玛蒂亚·森在《不平等之再考察》一书中总结了政治哲学中关于平等的两大问题：“为什么平等”以及“关于什么的平等”①。“平等的基础”的问题是关于人们“为什么平等”的问题，是第一个问题。对于这个问题的回答，启蒙时代哲学家们最初的回答是，因为人们的天赋才能大致相近。霍布斯和洛克在最初讨论自然状态时，就持这一观点。同时，相似的能力使人们拥有了相同的目的，而相同的目的和有限的资源又使人们陷入争斗。所以，在契约式的论证中，人们“平等的基础”在于“能力”。如洛克所言：“极为明显，同种和同等的人们既毫无差别地生来就享有自然的一切同样的有利条件，能够运用相同的身心能力……”②

然而，霍布斯和洛克所说的人们的天赋才能大致相同与人类的现实并不符合。人们通常看到的情形是：一些人天生聪慧，一些人天生愚钝；一些人貌美如花，一些人丑陋无比；一些人身体健硕，一些人天生残疾。千差万别的人类个体无时无刻不在向我们表明，人们在天赋能力上并没有什么一致性。将天赋才能的“一致”作为人们“平等的基础”，难免牵强。

启蒙时代是人类重新发现“理性”的时代，这个时代的哲学家们认为人类区别于其他生物的最重要特征就是人类拥有理性。“理性能力”是所有人共有的，是人类与其他生物的根本区别。人类正是因为拥有了理性，才获得了高于其他一切生命形式的尊严。由此，康德等一批启蒙哲学家将理性作为人人“平等的基础”。在他们看来，作为“理性的存在”，人人都应获得平等的尊严和权利。所以，人们虽然在天赋才能上各有千秋；但是在“理性能力”上却是“人人平等”的，“理性”似乎确实能充当人们“平等的基础”。

初看起来，启蒙思想家将“理性”作为人与动物的根本区别，确实有一定道理。对于人类与其他物种的根本区别，历来有一些似是而非的说法。例如，有些人认为，只有人类会使用工具，其他动物都不会使用工具。然而，猴子会用小棍掏食蚂蚁，海里的鱼会借助珊瑚礁击打贝壳。有些人认为，只有人类能建立组织严密的社会。但是，蜜蜂和蚂蚁在复杂分工基础上建立起来的昆虫王国足以与人类社会媲美。还有些人认为，只有人类会耕种③，其实蚂蚁也会在自己的巢穴里培养真菌，当作蚂蚁宝宝的食物；而砗磲这种巨大的贝类也是靠附着在其身上的藻类获得营养的。总之，我们很难找出一种具体的技能，是只有人类拥有，而其他生物不具备

① 森. 论经济不平等 不平等之再考察［M］. 王利文，于占杰，译. 北京：社会科学文献出版社，2006.
② 洛克. 政府论：下篇［M］. 叶启芳，瞿菊农，译. 北京：商务印书馆，1964：3.
③ 在英文里，cultivate（耕种）和 civilization（文明）是同一词根，说明人类文明的起源与耕种相关。

的。也许只有理性，这种建立在逻辑推导和数学计算上的思考能力，才可以被人类自豪地宣称是自己独有的。

然而，这一点也并不尽然。比如狗和海豚，通过不断地训练，也能具备简单的计算能力。而且，将“理性”作为“平等的基础”的另一个麻烦是：一些人的理性能力很强，时时刻刻都能对各种问题做出严密的思考和推断，而另一些人则糊里糊涂，做事完全凭感觉。当然，这还取决于人们怎么定义理性，而对理性之定义的争论又将引出更多的麻烦。总之，启蒙哲学家将“理性”作为人人“平等的基础”。他们宣称人人拥有理性，所以人人生而平等，在政治共同体中应该拥有平等的权利。但是，人们的理性程度却是不同的。我们不得不问，这些程度或高或低的理性能够充当人人“平等的基础”吗？或者，我们是否可以说，那些更为理性的人应该比其他人“更平等”呢？

为了解决上述难题，当代政治哲学家罗尔斯提出了一个新的概念“范围特性”，其含义是，只要人们的理性都处于某一范围之内，那么他们就拥有被赋予平等权利的资格。换句话说，理性水平在某一范围内的所有生命，都是平等的。我们可以通过如下的思想实验来理解罗尔斯的理论：假设狗的理性值是 3，海豚的理性值是 5，而最不理性的正常人的理性值是 60，最理性的正常人的理性值是 100。如果我们将范围划定为 60～100，也就是说，凡是理性值在 60～100 之间的生命都是平等的，那么我们就可以说，所有人都是平等的。这就是罗尔斯的“范围特性”理论对“平等的基础”问题的解答。然而，这一回答也有问题。无可否定，世界上有许多人的理性程度甚至不及狗和海豚。例如刚出生的婴儿、智力障碍人士、植物人等等，他们的理性有可能在划定的范围之外，那么难道这些人与其他人并不平等吗？难道我们可以剥夺婴儿、智力障碍人士或者植物人的平等权利吗？至于婴儿，罗尔斯的解释是：他所说的“范围特性”指的是人们获得某种水平之理性能力的潜能。而婴儿是有获得一定水平理性之潜能的，所以能够享有平等的权利。但是，对于植物人、智力障碍人士这类没有相应潜能的人来说，又怎么解释呢？由此看来，罗尔斯的“范围特性”也没有彻底解决“平等的基础”的问题。

在生物技术飞速发展的背景下，美国当代学者墨菲（James Bernard Murphy）认为自己重新找到了人人“平等的基础”，这就是基因。墨菲认为，我们可以从人类的基因组角度来对人类和其他生物做出根本性的区分。因此，可以将人类基因组作为人人“平等的基础”。换句话说，只要具有人类基因组的生命，就与其他人是平等的，人类基因组可以充当人人“平等的基础”。在笔者看来，这一证明方案存在两个问题：第一，如果克隆人（如果被造出来的话）拥有人类的基因组，那么克隆人是否也应该拥有与其他人同样的权利呢？笔者曾有幸与墨菲教授当面讨论这一问题，墨菲教授回答说：“是的，应该。”如果是这样的话，当克隆人被造出来的时候，人类将面对许多新的伦理困境，例如：克隆人能不能拥有选举权和被选举权？能不能做领导？能不能结婚？等等。第二，男性、女性以及不同种族的人之间的基因组是有区别的。而这种区别与其他动物的基因组和人类基因组的区别相比，是否具有根本性的不同呢？例如，男性与女性的基因组只有0.3%的差别，而黑猩猩与人类的基因组也只有1%的差别。我们很难根据这两个都是很微小的差别武断地得出结论：男人和女人是平等的，而黑猩猩与人类是不平等的。另外，今天的生物学家为了临床医学的需要，还造出一种人与动物的结合体——人兽嵌合体。根据基因的比例，可以调节人兽嵌合体与人的相似度。例如，含有30%人类基因和含有70%绵羊基因的人兽嵌合体，含有99%人类基因的人兽嵌合体……如果人们将"基因"作为人类"平等的基础"，那么，我们应该如何对待人兽嵌合体呢？当基因比例达到多少的时候，人兽嵌合体才能拥有与人类平等的权利呢？

总之，人类的道德直觉告诉我们，人与人之间是平等的——不论出身贵贱、性别种族、能力高低、财富多寡、权力大小……每个人的生命都同等重要。人们在政治共同体中应该被同等地对待，拥有平等的权利。然而，人与人之间为什么平等，人人"平等的基础"是什么，这还是哲学家们远未解释清楚的谜题。

第二节　关于什么的平等？

阿玛蒂亚·森在《不平等之再考察》中总结了政治哲学中关于平等的两大问题："为什么平等"以及"关于什么的平等"。上一节中我们讨论了关于平等的第一个问题，亦即"平等的基础"的问题，下面我们来看看关于平等的第二个问题："关于什么的平等"。

在人类历史进入现代之后，"平等"日益成为各派政治思想的共识。康德的道德哲学为平等主义的政治主张奠定了基础。康德认为，所有的人都是目的王国的合法成员，"你的行动，要把你自己人身中的人性，和其他人身中的人性，在任何时候都同样看作目的，永远不能只看作手段"①。这就是著名的"把所有人当作目的"的道德命令。在当代讨论中，平等主义理论在康德提出的"把所有人当作目的"这一命题的基础上，主张一切政治制度和国家权力要平等地将所有政治共同体成员当作"目的"来对待。由此，"平等待人"成为当代各派平等理论的出发点。然而，持不同政治立场的学者却很难在平等问题上达成一致。其根本原因就是，人们所理解的平等之具体内容是不同的。这些由不同的平等理论支持而进行平均分配的东西，被政治理论家称为"平等项"（equalizanda）。权利、福利、机会、能力……都可能成为平等理论的"平等项"。下面，我们就从"平等项"的角度，对不同的平等理论进行讨论。

1. 权利平等

在现代政治学中，人们最耳熟能详的"平等项"就是权利，其含义是：不受干

---

① 康德. 道德形而上学原理［M］. 苗力田，译. 上海：上海人民出版社，2012：37.

涉地做某事的自由，与消极自由的含义大致相同。将权利作为“平等项”的平等理论主张人人拥有平等的权利。例如，获得基本生活资料的权利、受教育的权利、在公众讨论中发表言论的权利、迁徙的权利、使用和支配自己所拥有的物品的权利等等。虽然不同的政治理论家对于人们应当拥有的具体权利有不同的看法，但对于人人平等地拥有基本权利这一点是确定不疑的。罗尔斯在《正义论》中将这种平等的基本权利称作“平等的自由”，是人们应该平等地拥有的各项基本自由。在西方现代政治理论中，尤其是在契约论传统的政治理论中，平等权利是整个政治理论大厦的根基，也是国家和社会其他制度的合法性基础，同时还是政治共同体的最终目标。如果不能保障政治共同体中人们的各项平等权利，那么国家和社会的所有制度、政策和法规都将失去合法性。

然而，将权利作为“平等项”似乎并不能很好地体现人与人之间的平等，或者说仅有平等权利是远远不够的。举例来说，在所有人拥有平等权利的社会中，穷人虽然和富人一样，拥有到世界各地旅游的权利，却缺乏实现这一权利的各种条件和手段。对于一些赤贫者来说，他们真正有条件实现的权利仅限于维持温饱和接受最廉价的教育和医疗。许多平等主义者认为，平等权利赋予人们的平等是远远不够的，甚至是虚伪而空洞的。由此，一些左派政治理论家认为，应该以福利为“平等项”，使人们能够平等地拥有令人满意的生活。

2. 福利平等

福利平等思想的理论渊源是功利主义，福利概念与功利概念的含义相同，指的是人们理性欲望的实现。福利平等的理想要求在人们中间分配或转移资源，直到再也无法使他们在福利方面更平等。“福利平等”理论将福利作为“平等项”，旨在推进人们平等地实现某种意义上的满意生活。

“福利平等”理论依据福利概念的不同含义可大致分为主观和客观两大类，其中主观的“福利平等”理论又可分为“福利即成功理论”（success theory of welfare）和“感觉状态理论”（conscious-state theory）两类。“福利即成功理论”认为，所谓福利指的是某人在实现其偏好、目标和抱负上的成功。由此，基于“福利即成功”的福利平等就是要达到人们在实现偏好、目标和抱负上的平等。而“感觉状态理论”将福利理解为人们在生活中的各种感受。边沁等早期的功利主义者将“快乐和避免痛苦”当作福利，但这样的理解过于狭隘，无法涵盖人类所能经历的各种复杂感受。当代的“福利平等”理论将“享受”和“不满足”用来概括所有支持福利平等者所涉及的称心和不称心的感觉状态或情绪。由此，福利平等的理想就是要追求人们在“享受”和“不满足”方面的平等。

客观的“福利平等”理论依据福利的含义不同存在着不同的解释。如果我们以财富来定义福利，那么福利平等的理想就等同于“经济相同性”，也就是将“收入和财富”作为需要进行平等化的“平等项”。萨托利（Giovanni Sartori，1924—2017）在其给出的平等理论谱系中讨论了“经济相同性”的平等理想。萨托利认为，有两种办法可以达到经济相同的平等理想：要么平均分配所有的财富，要么使所有财富国有化。然而，这两个目标既不可求，也实现不了①。一方面，平均分配所有的财富必然会抹杀人们的主观能动性和人们进行创造和劳作的积极性，大大降低一个社会的效率；另一方面，如果使所有财富国有化，则会遭遇“公地悲剧”②，使资源遭到无情的掠夺。

无论是客观的“福利平等”理论还是主观的“福利平等”理论，追求的都是结果的平等。结果平等理论的最大弊病就是忽视个人的选择和努力在社会竞争中的作用。正如德沃金对主观“福利平等”理论的批评：如果一个人热衷于各种奢侈品，那么根据“福利平等”理论，社会就应将更多的资源分配给他，以满足其奢侈偏好，从而达到“欲望满足”的平等，或者“享受”的平等。同时，让其他社会成员为那些拥有奢侈偏好的人买单③。这样的社会分配显然不符合人们对于公平正义的道德直觉。为了挽救“福利平等”理论，回应德沃金的批评，理查德·阿尼森（Richard Arneson）对“福利平等”理论进行了重大的修正，他发展出一种福利机会平等理论。这一理论的意图是想要在“福利平等”理论中加入对“选择”和“责任”的考虑，将追求结果平等的理论转变为追求机会平等的理论。阿尼森借用“决策树”的概念来阐释福利机会平等理论：“我们构建一个决策树来给出个人可能的完备的生活历史。然后我们把每个可能的生活历史的偏好④满足期望相加。这样做时，我们将把每个人在决策时遇到的特定选项的那些偏好纳入考虑范围。当所有人面临等价的决策树时，福利机会是平等的——每个人选项的最优的、次优的……第N优的选择的期望值是相同的。”这就像A和B两个人，他们在成年的某一时刻有同等的机会到北京上大学，有同等的机会发展自己在某方面的兴趣，有同等的机会去国外旅游……那么，他们的福利机会是平等的。此后，如果由于他们不同的选择而最终导向了福利水平完全不同的生活，那将由他们自己负责，没有理由向政府或社会要求任何补助。阿尼森所建构的福利机会平等理论很好地在“福利平等”理论中融入了“责任”这一因素。阿尼森认为，当人们拥有了责任能力之后（例如在18岁之后），在福利机会平等的情况下，应该为自己的选择负责。

与“福利平等”理论不同，为了突出个人努力的因素，一些理论家主张直接将“机会”而不是分配的“结果”作为“平等项”，这就是与“福利平等”理论相对的“机会平等”理论。“机会平等”理论要求，赋予人们平等竞争社会中各种资源和较优地位的“机会”，而不是保证竞争“结果”的平等。

---

① 萨托利. 民主新论［M］. 冯克利，阎克文，译. 上海：上海人民出版社，2009：378.

② “公地悲剧”指的是，由于所有人共有资源，所以对于每一个人来说，尽量多地掠夺资源就是理性的选择，并且没有人会为了公共利益去保护资源，其结果必然使得人们所共有的资源过早地消耗殆尽。

③ 德沃金. 至上的美德［M］. 冯克利，译. 南京：江苏人民出版社，2007：44.

④ 阿尼森对于何谓“偏好”进行了严格的规定：“有充分相关的信息，在平静的心态下思考非常清楚并且没有犯任何推理上的错误，对偏好进行了彻底的审思。我们也可以称这些理想的深思熟虑的偏好为‘理性（rational）偏好’。”（ARNESON R. Equality and equal opportunity for welfare［J］. Philosophical studies，1989（56）：77-93）

3. 机会平等

“机会平等”是当代平等理论中最为重要的概念，“机会平等”理论将“机会”作为平等理论的“平等项”。然而，“机会平等”理论层次极为复杂，各派平等主义者对“机会平等”的解释各不相同，下面笔者将深入讨论三种层次的“机会平等”理论。

首先，“前途向才能开放的机会平等”指的是给予具有相同才能的人同等的机会，在分配资源和各种教育与职业的机会时，不考虑人们的出身、种族、裙带关系、经济条件、性别、相貌等与才能无关的因素，这也被称作形式上的机会平等（formal equality of opportunity）。这种机会平等的基本特征是“反歧视”，是一种最低限度的“机会平等”理论。这种关于机会平等的观念在 2 000 多年前的古希腊雅典城邦就已经得到了阐述，伯里克利在其著名的葬礼演讲中论述道：“让一个人优先于他人担任公职的时候，所考虑的不是某一个特殊阶级的成员，而是他具有真正的才能。”① 18 世纪末，在法国大革命中，“前途向才能开放的机会平等”成为人们反抗贵族特权的革命口号，体现了人们要求公平竞争社会资源的革命理想。

然而，在当代的平等主义讨论中，越来越多的理论家逐渐认识到“前途向才能开放的机会平等”还远远达不到“平等待人”的政治目标。例如，罗尔斯认为，这种形式上的机会平等虽然保证每一个拥有相应才能或做出同等功绩的人都有同等的机会，但是却没有考虑到人们获得相应才能或做出同等功绩的能力是受社会境况和自然禀赋等因素影响的，而后者在罗尔斯看来都是道德上任意的因素，是不应得的。所以，为了达到“平等待人”的目标，一个社会的基本制度就应该通过相应的政策消除社会境况和自然禀赋对人们在社会中的竞争结果的影响。

为了说明罗尔斯对“前途向才能开放的机会平等”的批评，我们以升学考试为例说明：考试是对教育资源进行分配的正当程序，体现了“机会平等”的原则。为了获得较好的教育机会，所有学生都要参加升学考试（不论其社会境况如何，也不论其自然禀赋的高低），划出统一的分数线，择优录取。这种录取方式满足了形式上的机会平等，但并没有考虑到因社会境况不同或自然禀赋不同而造成的应试者最终成绩的不同。在这种考试制度中，来自边远地区的学生或者是智商较差的考生就有可能会觉得不公平，因为他们要付出比别人更多的努力以获得理想的考试成绩，或者他们根本就不可能获得某种理想的考试成绩。在这一例子中我们看到，最终影响每个人考试成绩的原因有三类：社会境况、自然禀赋、个人的努力和选择。然而，“前途向才能开放的机会平等”对所有这些因素都没有做出反应，而仅仅是考察相互竞争的人们之间才能的高低。正是出于这一原因，罗尔斯和德沃金等自由主义左派的思想家建构了更深层次的“机会平等”理论。

其次，“补足社会境况的机会平等”指的是应通过社会分配的调整确保社会中处于不同社会境况中的人们拥有获得相应才能的同等机会，是一种试图“补足”较低社会境况的平等理想。其中，“社会境况”指的是每个人所处的文化背景、经济

---

① 修昔底德. 伯罗奔尼撒战争史：第二卷［M］. 谢德风，译. 北京：商务印书馆，1960：第四章.

状况、社会地位等非自然的因素，这些因素都有可能对人们在社会中所取得的竞争结果造成影响。例如，出生于富裕家庭的子弟与寒门子弟相比就有可能获得更好的早期教育，而最终在社会竞争中取得较优的结果。罗尔斯在《正义论》中所阐述的“公平机会的平等”（equality of fair opportunity）原则就集中体现了“补足社会境况的机会平等”理想。“公平机会的平等”原则是罗尔斯第二条正义原则中的第二部分，其表述是：“在社会的所有部分，对每个具有相似动机和禀赋的人来说，都应当有大致平等的教育和成就前景。那些具有同样能力和志向的人的期望，不应当受到他们的社会出身的影响。”①

我们再回到升学考试的例子，按照“补足社会境况的机会平等”的理想，在划定统一的分数线时，还应考虑经济落后、教育资源匮乏地区的具体情况，并制定相应的“优待”政策或“补贴”措施。例如：降低贫困地区的录取分数线、增加录取人数，或者是对这些地区的教育事业进行财政补贴，等等。总之，“补足社会境况的机会平等”对于影响人们在社会竞争中所处位置的三个因素——社会境况、自然禀赋、个人的努力和选择中的第一个因素不敏感，其目的是让处于不同社会背景的人能够站在同一起跑线上，凭着自己的自然才能，通过个人的努力和选择而参与竞争。

当然，人们自出生起，其社会境况的许多方面就已经确定，例如家庭的经济状况、文化背景、社会地位等，不可能人为地改变这些社会现实以“补足”每个人的社会境况。因此，所谓的“补足”社会境况，只能以某种“优待”或“补贴”的方式帮助那些处于较差社会境况中的人，以使他们获得与他人平等的起点。然而“优待”与“补贴”需要使用资源，这就意味着在这一过程中一些人的社会境况会变坏。基于这一点，“补足社会境况的机会平等”理论受到了诺奇克等自由主义右派学者的批评。诺奇克认为，如果说人们对于机会平等有一种“权利”，那么“这些‘权利’需要事物、物资和行为作为其基础，而别人可能对它们拥有权利和资格。任何人对这样的东西都不拥有权利，即它的实现需要利用别人已经对之拥有权利和资格的事物和行为”②。简言之，在诺奇克看来，国家或政府采取“再分配”的手段以“补足”人们的社会境况，必然会侵犯某些人的权利，会对人们所拥有的平等权利和自由造成威胁。正是从这里开始，自由与平等之间产生了最初的矛盾。

最后，“补足社会境况与自然禀赋的机会平等”是程度最深的“机会平等”理论。这一理论认为，人们在社会竞争中的最终结果，不仅不应该受到每个人所处的社会境况的影响，同时也不应该受其自然天赋的影响。坚持这一平等理想的学者被称为运气平等主义者（luck egalitarians）③，他们的基本观点是：一个人在社会竞争

---

① 罗尔斯. 正义论［M］. 何怀宏，何包钢，廖申白，译. 北京：中国社会科学出版社，1988：73.

② 诺奇克. 无政府、国家和乌托邦［M］. 姚大志，译. 北京：中国社会科学出版社，2008：286.

③ 运气平等主义这个术语是由伊丽莎白·安德森（Elizabeth S. Anderson）首先提出来的，根据安德森的归纳，运气平等主义的代表主要包括理查德·阿尼森、G. A. 科恩、罗纳德·德沃金、托马斯·内格尔、埃里克·拉科夫斯基（Eri Rakowski）、约翰·罗默（John E. Roemer）以及菲利普·范·帕里斯（Philippe Van Parijs）等人。参见：ANDERSON E S. What is the point of equality?［J］. Ethics，1999，109（2）：287-337.

中的结果受到大自然赋予每个人的运气的影响（例如每个人的天赋才能、健康、幸运等等），一种正义的社会制度必须以某种方式补偿那些运气不好的社会成员，例如残疾人、天生愚钝的人、遭遇大病的人等等。这一平等理想被总结为“敏于志向，钝于禀赋”，亦即，社会分配应该对人们的志向和努力敏感，对人们的自然禀赋和社会禀赋不敏感。

德沃金是运气平等主义的开创者①，他的资源平等理论对“补足社会境况与自然禀赋的机会平等”进行了细致深入的探讨。德沃金设想通过假想的拍卖和虚拟保险的方式力图保证人们在进入社会竞争之前②拥有平等的资源。这些资源包括每个人的社会境况和自然禀赋，但不包括一个人的嗜好、抱负和个性。在德沃金看来，嗜好、抱负和个性是每个人应为其负责的部分，不应让社会、国家或者周围的人们为其买单。在运气平等主义的讨论中，德沃金第一次对“无情的运气”（brute luck）和“选择的运气”（option luck）进行了区分，这两种运气之间的根本区别在于，选择的运气是可以经过概率计算而预测的，就像是一种赌博，而无情的运气则是不可预测的。以患癌症为例，如果一个人大量吸烟而患上了癌症，那这就像是一场倒霉的赌博（他本可以选择不吸烟，而不进行这场赌博）。但是，如果此人并没有不良的生活习惯，也不知道为什么患上了癌症，则是交了无情的运气。无情的运气和选择的运气的区分实际上是突显了“人”和“环境”的区分。“选择的运气”是可以预测的，应该由个人去负责；“无情的运气”则是无法预测的。就像有些人先天残疾，这不是源自他自己的选择，他周围的人们有义务去补助他所遭受的不幸。

再回到升学考试的例子中，“补足社会境况和自然禀赋的机会平等”要求排除社会境况和自然禀赋这两个因素对于考试结果的影响。在现实制度层面，这一平等理想要求在实施统一的升学考试制度的同时，不仅要对那些经济条件较差和教育水平较低的考生进行补助或优待，还要对天赋较差或天生残疾的考生进行优待，例如为他们提供特殊的教育服务，增加录取名额，等等。

然而，运气平等主义所主张的“机会平等”理论却引发了尖锐的批评。伊丽莎白·安德森在《平等的意义何在?》③一文中指出，运气平等主义在进行平等化的资源再分配之前试图弄清行为者是否应对自己所处的较差境况负责，这一方面对那些因个人过失而落入较差境况的社会成员过于严厉；另一方面，又可能在道德上贬低原生运气较差的社会成员。例如，一名司机因自己的疏忽导致了车祸，生命垂危，而他又没有购买医疗保险；那么，运气平等主义者会认为其窘境是由他自己造

---

① 德沃金并不认为自己是运气平等主义的一员，虽然在他的批评者眼中，他是这一派的开创者。德沃金认为自己的资源平等理论的核心是“作为公平保险的正义”，即每个人都曾经有购买保险而化解风险的机会。如果某些人没有购买保险，那么风险就应该由他自己承担。但是，德沃金构想的保险是虚拟的，在现实的社会制度中转变为强制性的再分配。

② 德沃金将人们进入社会竞争之前的状态称为“前市场状态”。如第一章所述，这一概念对应于社会契约论中的自然状态，是一个假想的状态。

③ ANDERSON E S. What is the point of equality? [J]. Ethics, 1999, 109 (2): 287-337.

成的，不应对其提供救助。再如，对于一些生活在贫困之中的社会成员，他们必须证明自己的贫困不是由于自己不努力而是由于自己的自然禀赋较差或者出生时的家庭环境较差才能得到救助。这不仅威胁到被救助者的隐私，而且从道德上贬低了被救助者的自然资质或社会境况。因此，安德森认为，运气平等主义者“敏于志向，钝于禀赋”的分配目标不仅不能实现平等，反而破坏了人们之间的平等关系，将人分成三六九等，羞辱了那些处于困境中的社会成员。由此，安德森反对运气平等主义理论而捍卫另一种平等理论——能力平等。

4. 能力平等

如前所述，“权利平等”理论保证的是起点平等，“福利平等”理论追求的是结果平等，而不同层次的“机会平等”理论则处在起点平等和结果平等之间。“机会平等”理论虽然是当代西方平等理论的核心内容，但并不是处于权利和福利之间的唯一可能的“平等项”。阿玛蒂亚·森在提出“平等项”这一重要概念的同时，还提出了自己独特的“平等项”——“可行能力”（capability）。与“机会”类似，“可行能力”同样是介于权利和福利之间的一个折中方案。

森为了调和平等与自由以及起点平等与结果平等之间的矛盾，创新性地提出了自己的一组概念——功能与能力，并且认为，这一组新的概念与过去学者们所讨论过的概念，例如基本善、资源、收入、福利等，有着本质的差别，因为这组概念不再关注实现自由的手段，而是关注自由本身。森论述道，“‘功能’（functioning）的概念（很明显它源自亚里士多德），反映了一个人认为值得去做或达到的多种多样的事情或状态”①。简单来说，功能就是人们所处的状态和可以做的事情（beings and doings）。森所理解的功能包括许多内容，从较初级的“保持良好的营养”“身着体面的服装”“接受义务教育”等，到较复杂的“在世界顶级的音乐厅欣赏交响乐”“实现环球旅行的计划”“成为候选人竞选总统”等，都可以被称作“功能”。“可行能力”概念与“功能”概念直接相关，指的是“某人有可能实现的、各种可能的功能的组合”。在森看来，“可行能力”是一个集合，它包括了一个人可能实现的所有的功能。在构建了“功能”和“能力”两个概念之后，森的平等主义主张就很好理解了：在社会分配领域，要努力实现人们在“可行能力”上的平等，也就是每个人“可能实现的功能集合”的平等。

在森提出“能力平等”理论之后，能力主义学说得到长足的发展。玛莎·努斯鲍姆和伊丽莎白·安德森对能力学说进行了发展。但是，她们并不认为所有人在所有能力方面都应保持一致，而是主张对于某些“核心能力”来说，所有社会成员都应达到某一最低限度，亦即“门槛值”。努斯鲍姆给出了具体的能力清单。她采用“客观清单路径”（object-list route）列出了十种“核心人类能力”：（1）生命（能活到正常人类寿命的尽头）；（2）身体健康（良好的健康状况、营养充足，有足以容身的居所）；（3）身体的完整性（能抵御攻击，包括性侵犯、儿童性虐待以及家庭

① 森. 以自由看待发展［M］. 任赜，于真，译. 北京：中国人民大学出版社，2013：62-63.

暴力)；(4) 感知、想象和思考（能够想象、思考和说理，获得充分的教育，包括识字、基础的数学训练和科学训练)；(5) 情感（能够去爱，去悲伤，去体验渴望、感恩和合理的愤怒)；(6) 实践理性（能够形成一种善观念，能够对自己的人生计划予以批判性反思)；(7) 依附（能够与他人亲密生活在一起，并拥有自尊和不受羞辱的社会基础)；(8) 其他物种（能够关怀动物、植物和整个自然界)；(9) 玩耍（能够欢笑、玩耍、享受娱乐活动)；(10) 控制自身所处的环境（包括政治环境和物质环境，能够有效参与主宰个人生活的政治决策，能够有实质性的机会拥有财产，拥有与他人同等的财产权、择业权，以及免于无正当理由的搜查和扣押的自由)①。

安德森反对像努斯鲍姆那样直接给出能力的清单，她采用的路径被称为“准则路径”(criteria route)。亦即以“成为民主社会中的平等成员”为准则，并据此而确定人们的哪些“可行能力”与正义相关。安德森认为，我们应该“考虑可行能力的三个方面：作为一个人，作为生产合作体系中的一个参与者，作为一个民主国家的公民”②。在安德森看来，上述三方面的功能应该是有效可及的（effectively accessible)。第一，作为一个人而行使的功能要求对维持生物体存在的手段——食物、住所、衣服和医疗服务——是有效可及的；对人类能动性的基本条件——对个人环境和选择的知识储备、对手段和目的进行权衡与慎思的能力、自主的心理条件（包括对自己自信的思考与判断、思想与迁徙自由）——是有效可及的。第二，能够作为合作生产体系中的平等参与者，要求对生产手段、发展个人才能所必需的教育、职业选择的自由、同他人签订契约和进行合作性协议的权利以及对一个人的劳动得到公平价值的权利是有效可及的。第三，能够作为民主国家的一员而行使政治参与的权利，这要求人们对社会的善与关系是有效可及的。其中包括：言论自由与选举权、结社自由、可及的公共空间（道路、公园、公共设施、邮局服务、电信等）以及没有羞耻感和恐惧感地出现在公众面前、不被归于被驱逐的地位等等③。安德森认为，所有这些功能都应该是有效可及的，这是一个“门槛值”，所有社会成员平等地向社会提出上述这些要求，残障者也包括在内。

综上所述，在“人人平等”的理论基础上，不同的平等理论提出了不同的“平等项”，并发展出不同的平等理论。权利平等、福利平等、机会平等、能力平等、资源平等、福利机会平等……都是当代政治哲学研究中为构建平等的政治秩序做出了重要贡献的平等理论。这些不同的平等理论在权利层面以及在比平等权利更深入的经济和社会领域提出了各式各样的平等要求。我们可以从社会竞争的角度将这些不同的平等理论进行排序，如图 4－1 所示，越靠右边的平等理论越强调保证人们在竞争起点上的平等，而越靠左边的平等理论越倾向于要求人们在竞争结果上的平

① 努斯鲍姆. 女性与人类发展：能力进路的研究［M］. 左稀，译. 北京：中国人民大学出版社，2020：64.

②③ ANDERSON E S. What is the point of equality?［J］. Ethics，1999，109 (2)：287-337.

等。偏向机会平等和起点平等的平等理论是不主张过多应用再分配手段干预市场的，是偏右的政治主张；而偏向结果平等的平等理论则大多主张“劫富济贫”，是偏左的政治主张。

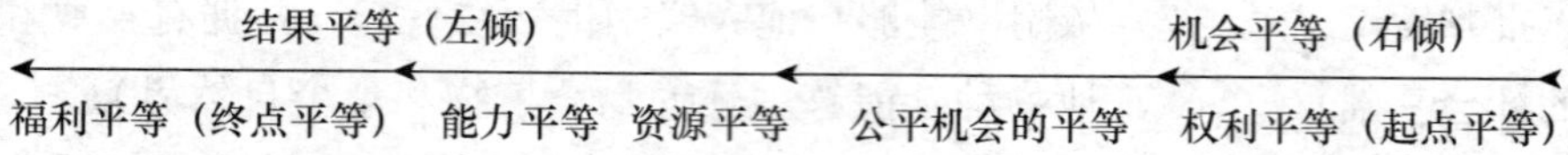

图 4－1　平等理论的政治光谱

平等是社会主义的基本特征。在中国特色社会主义新时代，人们之间的平等在许多方面都得到了系统的推进：第一，政治平等。《中华人民共和国宪法》保障了人民的平等权利。习近平总书记曾多次强调法律面前人人平等，谁都没有超越法律的特权。他在首都各界纪念现行宪法公布施行 30 周年大会上再次强调：“任何组织或者个人，都不得有超越宪法和法律的特权。一切违反宪法和法律的行为，都必须予以追究。”① 第二，经济平等。在我国的经济领域，存在着多种所有制经济。对于不同经济体之间是否拥有平等的权利，党的十八届三中全会明确提出：“国家保护各种所有制经济产权和合法利益，保证各种所有制经济依法平等使用生产要素、公开公平公正参与市场竞争、同等受到法律保护，依法监管各种所有制经济。”②习近平总书记指出“公有制经济和非公有制经济都是社会主义市场经济的重要组成部分，都是我国经济社会发展的重要基础”③。因此，无论是公有制企业还是非公有制企业，在法律面前都是平等的，都同样受到法律的保护。第三，城乡平等。中国是一个农业大国，城市居民和农村居民如何平等地享有权利和资源，是一个长久存在的问题。习近平总书记于 2015 年 4 月在主持中共中央政治局第二十二次集体学习时强调，要努力破除城乡二元结构，加快健全城乡发展一体化体制机制。要将工业和农业、城市和乡村作为一个整体统筹规划，“通过建立城乡融合的体制机制，形成以工促农、以城带乡、工农互惠、城乡一体的新型工农城乡关系，目标是逐步实现城乡居民基本权益平等化、城乡公共服务均等化、城乡居民收入均衡化、城乡要素配置合理化，以及城乡产业发展融合化”④。增进农村地区的公共文化服务以及提升农村地区的教育质量，是增进城乡平等的重要措施。为此，习近平总书记提出，要“推动基本公共文化服务标准化、均等化发展，引导文化资源向城乡基层倾斜，创新公共文化服务方式，保障人民基本文化权益”⑤。在农村基础教育方面，习近平总书记特别强调国家教育经费要继续向贫困地区倾斜，保障每个孩子都能享有公平而有质量的教育，都能平等享有人生出彩的机会。第四，党的纪律面前人人

---

① 习近平．在首都各界纪念现行宪法公布施行 30 周年大会上的讲话［M］．北京：人民出版社，2012：6.

② 中共中央关于全面深化改革若干重大问题的决定［M］．北京：人民出版社，2013：10.

③ 习近平．习近平谈治国理政［M］．北京：外文出版社，2014：79.

④ 中共中央文献研究室．习近平关于社会主义经济建设论述摘编［M］．北京：中央文献出版社，2017：188-189.

⑤ 中共中央宣传部．习近平总书记系列重要讲话读本（2016 年版）［M］．北京：人民出版社，2016：207.

平等。对于党员干部，党中央提出一视同仁、从严治党的要求。习近平总书记指出，“党的规矩，党组织和党员、干部必须遵照执行，不能搞特殊、有例外”①，“所有共产党员都不得谋求任何私利和特权”②。第五，男女平等。在中国特色社会主义新时代，女性地位也得到了增进，逐步取得与男性同等的待遇。2013 年，习近平总书记在同全国妇联新一届领导班子成员集体谈话时强调了妇女的“三个平等”战略目标，并将其上升到男女平等的基本国策和中国特色社会主义妇女发展道路的核心内容，即“要坚定不移走中国特色社会主义妇女发展道路，这是实现妇女平等依法行使民主权利、平等参与经济社会发展、平等享有改革发展成果的正确道路”③。总之，在新的历史时期，随着生产水平的提高，中国人民的平等权利和平等地位在各方面得到了系统保障，男女之间、城乡之间、各阶层人民之间的平等关系得到了维护。

第三节 自由与平等

如第二节所述，不同的平等理论应用不同的“平等项”，主张人们之间不同程度的平等。这些平等理论之间存在着诸多分歧，分歧的关键原因就在于：平等与另一重要的政治价值——自由之间的复杂关系。自由与平等这两种重要的政治价值是和谐一致还是水火不容？下面我们将对这一问题进行讨论。

选择自由与价值多元是英国政治思想家以赛亚·伯林留给当代政治哲学的两大遗产。伯林认为，平等、自由、公平、效率……各种不同的价值之间有可能存在着不可解决的根本性矛盾。伯林论述道：“在大多数时候，人性总是准备着为了一些目标而牺牲另一些目标：安全、地位、繁荣、权力、美德、来世的回报；或者是正义、平等、博爱以及许多其他的价值；这些价值整体上或者部分地与个人自由的最大实现不相容，而且它们的实现显然不需要将个人自由作为先决条件。”④ 言下之意，正义、平等、博爱等价值与自由并不一定是协调一致的。

自由与平等是现代政治学中两个重要的核心概念，也是评判现代政治制度之优劣的两个重要价值标准。然而，这两个重要的政治价值之间是什么关系？是具有不相容性，还是相互协调、相互促进？

自由与平等的关系之所以错综复杂，其根本原因在于自由与平等这两个概念本身就相当复杂。在西方政治思想史上，每一位对自由或平等有所论述的政治思想家都有着自己对它们独特的见解。下面笔者将以概念的澄清为切入点，具体分析积极

① 中共中央文献研究室. 习近平关于党的群众路线教育活动论述摘编［M］. 北京：党建读物出版社，2014：74.

② 习近平. 习近平谈治国理政［M］. 北京：外文出版社，2014：388.

③ 习近平. 坚持男女平等基本国策 发挥我国妇女伟大作用［J］. 妇女研究论丛，2014（1）：5-6.

④ BERLIN I. Four essays on liberty［M］. Oxford：Oxford University Press，2002：207.

自由和消极自由两种自由概念与将权利、福利、机会、能力作为“平等项”的各种平等理论之间的复杂关系。

1. 消极自由与平等

如本书第三章第一节所述，消极自由致力于在私人领域和公共领域之间划分界限，主张每个人在私人领域中不受干涉，而这种“不受干涉”的自由从一开始提出就是每个人平等拥有的。在现代政治思想中，消极自由概念和权利概念都始自霍布斯，霍布斯用消极自由概念来定义权利概念，而权利概念又天然地和平等概念联系在一起，构成人们在法律-政治领域的平等。

第一，我们可以从社会契约论的论证结构当中去探寻平等与自由之间的这种天然的联系。根据社会契约论，在国家之中人们之所以要服从主权者、遵守法律，是因为主权者产生于每个人自愿订立的契约，每个人自愿向其代理人授权。所以，人们要遵守诺言就必须服从主权者以及体现其意志的法律。然而，这一论证必须在一个重要的前提下：订立契约时人们必须是自由而平等的。如果没有这一前提，人们所订立的契约就是一项“不平等条约”，或者并非出于自愿。所以，自由与平等，只要缺少其中之一，人们就没有理由受到这一契约的约束。由此看来，为了论证国家的合法性，社会契约论者必须假定在自然状态下，人们是平等而自由的。也正是出于这一原因，在社会契约论者最初提出权利论的国家学说时，总是将自由与平等联系在一起，自由与平等之间并不存在冲突。因此，消极自由与“平等权利”之间并不存在矛盾，它们是完全一致的。正是因为人作为理性的存在拥有自由和尊严，所以一切人都是平等的生命存在；而作为平等的存在，每个人就应该拥有平等的权利，亦即拥有平等的“不受干涉”的自由。这些平等权利包括良心自由、言论自由、私有权、结社的自由、迁徙的自由、不受任意逮捕的权利等等。正是基于这一理解，罗尔斯将其正义理论中的第一条原则称作“平等的自由”原则：“每个人对与其他人所拥有的最广泛的基本自由体系相容的类似自由体系都应有一种平等的权利。”[①] 这一原则所规定的就是每个人平等拥有的基本自由。

第二，“福利平等”理论要求在人们之间进行资源转移，直至所有人在“福利水平”上达到一致。因此，无论是“主观福利平等理论”还是“客观福利平等理论”都要在市场的初次分配之后进行资源的再分配。而这种再分配与自由主义中的“自由至上主义者”（libertarian）所理解的私有权产生矛盾。自由至上主义者依据洛克对于所有权的论证认为，每个人对自己的人身（person）拥有完全的所有权，而人们对于自己的身体通过劳动所取得的东西也拥有不容侵犯的所有权。所以，在为了平等的目的进行资源的再分配时，实际上侵犯了人们的所有权。在这种意义上，“福利平等”理论通过再分配的手段以达到平等的目的，剥夺强者的资源以补助弱者，这必然会触及财产权这项基本权利，也就会与消极自由发生矛盾。正是基于这一原因，那些坚持自由至上的理论家，如哈耶克、诺奇克，才会强烈反对为了达到平等的

---

① 罗尔斯. 正义论［M］. 何怀宏，何包钢，廖申白，译. 北京：中国社会科学出版社，1988：60-61.

目的而侵犯人们的自由，而自由与平等的矛盾也正是从这里开始的。

第三，如前所述，“机会平等”理论可以分为三个层次。首先，消极自由与第一种“机会平等”理论——“前途向才能开放的机会平等”之间并不存在矛盾，因为这一机会平等的诉求并不要求在穷人与富人之间进行再分配，并不会触及人们的财产权。但是，消极自由与第二种和第三种“机会平等”之间是存在矛盾的。因为，“补足社会境况的机会平等”和“补足社会境况和自然禀赋的机会平等”要求对资源进行再分配，而这将与“权利平等”中的“私有权”存在矛盾。

第四，同样，阿玛蒂亚·森提出的“能力平等”理论也要求对资源进行某种形式的再分配，以保证所有社会成员拥有大致相同的“可行能力”。因此，消极自由与“能力平等”理论也存在矛盾。

总之，决定消极自由与平等理论之关系的关键在于，平等理论是否要求对资源进行再分配。要求进行再分配的平等理论与消极自由是矛盾的，而不要求对资源进行再分配的平等理论与消极自由概念不会产生矛盾。在西方政治思想的争论中，要不要进行再分配，是自由更重要还是平等更重要，正是政治光谱中的左派和右派的根本分歧。简单来说，左派支持再分配，认为平等更重要；而右派反对再分配，认为自由更重要。

2. 积极自由与平等

如前所述，积极自由概念在西方政治思想史中发展出多种不同的理论形式。伯林在批评积极自由理论时提到了三种积极自由概念：第一，“自由即分享主权”，这一自由概念对应于“古代人的自由”；第二，“自由即消除欲望”，这是斯多葛学派的自由概念，会导致“幸福的奴隶”悖论；第三，“自由即服从权威”，这是卢梭的自由概念，会导致“强迫自由”悖论。

在本节的讨论中，笔者将重点讨论摒弃悖论的新积极自由概念（见本书第三章第二节）与平等的关系。新积极自由概念将积极自由理解为“做自己真正想做的事”。这一自由概念要求行为者实现“真实的自我”，所以也可简称为“自我实现的自由”。与传统积极自由概念类似，新积极自由概念仍然是在“自我二分”和“自我评价”的基础上形成的。其中，“自己真正想做的事”来自行为者自己的评价，与外在的道德判断无关；同时，新积极自由概念不仅要求内在障碍（怯懦、愚昧、非理性等）的消失，同时也要求外在障碍（来自他人的干涉）的消失。

第一，新积极自由概念不会与“平等权利”发生矛盾。因为“自我实现”的理想必然肯定每一个人都要“自我实现”，而不仅仅是我一个人要“自我实现”。所以，“自我实现”的自由并不会排斥“权利平等”，因为对于“自我实现”来说，权利就是一种罗尔斯意义上的“基本善”（primary good）[①]，如果人们的基本权利得

---

① 这里借用罗尔斯的术语“基本善”。罗尔斯将“基本善”定义为：不论一个人的合理生活计划是什么，都对其有用的东西。参见：罗尔斯. 正义论［M］. 何怀宏，何包钢，廖申白，译. 北京：中国社会科学出版社，1988：62.

不到保障的话，是无从达到“自我实现”的。当然，如果我们采用积极自由的第三种概念“自由即服从权威”，那么自由就很有可能与“权利平等”产生矛盾。因为，绝对服从权威的要求可能会通过强迫来实现，如此一来自由的要求就会侵犯人们的基本权利，就必然会破坏人们在法律-政治领域的平等。正是基于这一点，伯林对积极自由理论进行了深刻的批评。

第二，“自我实现”的新积极自由概念必然与任何意义上的“福利平等”理论产生矛盾。因为客观和主观的“福利平等”理论都有一个共同的特征，就是对于人和他的环境不进行区分，忽视“个人的努力和选择”在每个人的竞争结果中所起的作用。而“自我实现”的积极自由理论恰恰是一种强调“自我选择”之重要性的自由理论。“自我实现”的积极自由理论强调：自由在于做那些自己真正想做的事而不受非理性的欲望和情感的影响。因此，如果有一种分配政策纵容了我那些非理性的欲望，并且取消了我为自己的选择、性情和生活计划负责的资格，那这种平等主义的诉求就必然和“自我实现”的自由理论相矛盾。正如德沃金所说，个人的嗜好、个性和抱负是自己经过思考之后的选择，每个人都应该为自己的选择负责，而不是让他周围的人去帮忙买单。我将成为一个什么样的人，我将拥有什么样的爱好、兴趣和生活计划，这些都事关我的自由的实现。如果一种社会制度忽略了我对自己的责任，那么这种社会制度就必然扼杀了我的自由。即便“福利即成功”的“福利平等”理想要求的是所有人都达到“自我实现”，这一平等主义诉求也与“自我实现”的自由理论相矛盾。因为，前者通过调节社会分配以达到所有人的“自我实现”，而后者则要求每个人凭借个人的努力和选择以达到“自我实现”。因此，纯粹追求结果平等的“福利平等”理论必然会与“自我实现”的积极自由理论相矛盾。

第三，对于不同层次的“机会平等”理论，首先，“自我实现”的积极自由不会与“前途向才能开放的机会平等”产生矛盾。因为，前途向才能开放、保证最低限度的公平，也正是“自我实现”的一项基本保证，有助于我能够做我真正想做的事情。其次，类似地，“自我实现”的积极自由也不会与“补足社会境况的机会平等”和“补足社会境况和自然禀赋的机会平等”产生矛盾，因为这些“优待”政策正好可以排除“自我实现”过程中不利的外界因素，更加有助于每个人的“自我实现”。

第四，“自我实现”的积极自由与“能力平等”之间也不会产生矛盾。实际上，在一些政治思想家看来，森的“能力平等”理论就是一种积极自由理论。因为，森主张的自由概念是“实质自由”，而不是仅仅保证做某事之可能性的“形式自由”。森的“能力平等”理论主张通过资源的再分配使得每个政治共同体成员都拥有实现自我的平等的能力。而“自我实现”积极自由并不排除再分配。因此，自我实现的积极自由与“能力平等”理论并没有根本性的冲突和矛盾。

综上所述，在自由与平等的关系中，第一，“不受干涉”的消极自由概念与“权利平等”“前途向才能开放的机会平等”相一致；与要求再分配的平等理论——

“福利平等”“补足社会境况的机会平等”“补足社会境况和自然禀赋的机会平等”及“能力平等”存在矛盾。第二，“自我实现”的积极自由与“平等权利”、三种机会平等理论以及“能力平等”理论相一致；与忽视个人努力的“福利平等”理论相矛盾。第三，“自由即服从权威”的积极自由理论与“平等权利”相矛盾。

阅读与思考

一、阅读

1. 德沃金. 至上的美德［M］. 冯克利，译. 南京：江苏人民出版社，2007.

2. 森. 论经济不平等　不平等之再考察［M］. 王利文，于占杰，译. 北京：社会科学文献出版社，2006.

3. 李石. 平等理论的谱系［M］. 北京：中国社会科学出版社，2018.

二、思考

1. 人们为什么生而平等？

2. 有哪些不同的“平等项”？哪一种“平等项”是恰当的？

3. 自由与平等之间是什么关系？

第三编

民主与法治

民主是人民的统治，而法治则是法律的统治。民主理念强调的是人民是主权者，是国家的主人；而法治理念则强调法律凌驾于任何个人之上，高于任何个人或团体的权力。在一个民主国家中，法律就是人民的意志。人民的意志高于一切，民主与法治相辅相成。与此同时，人民作为主权者，其权力也不能凌驾于法律之上，这似乎又揭示了民主与法治之间的内在张力。民主与法治是现代政治制度的两个核心理念，也是最主要的政治制度。本编内容包括第五章“民主制度及其反对者”和第六章“法治思想及其理论困境”，全面介绍民主理论和法治思想，并在此基础上讨论二者之间的紧密联系。

第五章
民主制度及其反对者

民主制度是天然具有合法性的政治制度，因为它以人人平等为基础，平等地对待每一个人，尊重他们对于公共事务的意见。然而，从古希腊城邦的直接民主到当今世界大部分国家所采用的代议制民主，民主理论和制度安排不断受到各种挑战，本章将首先回顾民主制度从直接民主到间接民主的发展历程，简述代议制民主的具体安排，并回应民主制度的反对者们提出的三种挑战。

第一节　直接民主与间接民主

古代人的自由在于以集体的方式直接行使完整主权的若干部分，诸如在广场协商战争与和平问题，与外国政府缔结联盟，投票表决法律并做出判决，审查执政官的财务、法案及管理，宣召执政官出席人民的集会，对其指责、谴责或豁免……

——贡斯当《古代人的自由与现代人的自由》

1. 直接民主

曾经，法国政治思想家贡斯当所描绘的场景，成为许多人向往的民主政治之理想图景。这就是古希腊雅典城邦中的民主，这种民主最主要的特征就是面对面。拥有公民权利的人们面对面地在广场上讨论国家大事：有人演讲，有人质疑，有人辩护……最后在协商和讨论之后，大家一起投票。一人一票，多数决定。这被称为直接民主。

伯里克利在其著名的《在阵亡将士葬礼上的演说》中自豪地称赞希腊城邦的民主制度，并道出了何谓民主的真谛："我们的制度之所以被称为民主政治，是因为政权在全体公民手中，而不是在少数人手中。”[①] 从字面意思来说，所谓民主（democracy）就是人民（demo-）的统治（-cracy）。民主不是个别人的统治，而是所有人的统治，所有人共同享有国家主权。在伯里克利的演说中，民主制度是以人人平等为基础的，这包括法律面前人人平等和最低限度的机会平等：“解决私人争执的时候，每个人在法律上都是平等的；让一个人优先于他人担任公职的时候，所考虑的不是某一个特殊阶级的成员，而是他具有真正的才能。”[②] 正是从人人平等的基本预设出发，在决定集体事务时，每个人的意见都应得到同等的重视。所以，集体事务必须采用一人一票、多数决定的原则，这就是民主制度的内在逻辑。

雅典城邦的民主制度先后经历了三次民主化改革，逐渐走向成熟和完善。第一次民主化改革是在公元前 594 年。古希腊著名的“七贤”之一梭伦担任雅典的执政官，对雅典的政治制度进行了全面的改革，奠定了雅典的民主制度。梭伦规定所有公民都有参加公民大会选举官员的权利，公民大会成为最高权力机关；梭伦建立了公民陪审法庭，所有公民都有出席陪审法庭监督官员的权利；梭伦还根据财产的多寡将人民分成四个等级，财产越多者权利越大；同时，梭伦还建立了四百人会议，规定前三个等级都可以参加。

雅典城邦的第二次民主化改革是在公元前 508 年僭主被推翻之后，执政官克利斯提尼联合平民通过公民大会推行了一系列重大改革：设立 10 个地区部落，取代原来的 4 个氏族部落；建立五百人会议，代替原来的四百人会议，成员由抽签产生，向所有等级公民开放，在公民大会闭幕期间处理城邦政务；制定了贝壳（陶片）放逐法，以防僭主再起。

雅典城邦的第三次民主化改革是在公元前 5 世纪，即伯里克利担任首席将军期间。这一时期是雅典民主的“黄金时代”。伯里克利进一步扩大了五百人会议的职能，继续推行“抽签民主”，以抽签方式给予所有成年男性公民担任一切公职的机会；伯里克利还推行津贴制，向担任公职和参加政治活动的公民发放工资，以鼓励公民积极参政。

在一系列的民主化改革中，雅典城邦的民主制度形成了三个重要的机构：一是公民大会，这是雅典城邦国家的最高权力机构，负责审议并决定一切国家大事；二是五百人会议，负责政体的日常运作；三是民众陪审法庭。另外，还形成了一些重要的具体运行机制，例如轮流坐庄、抽签选举、陶片放逐法、津贴制等等。作为民主的雏形，雅典城邦的民主充分体现了人人平等以及主权在民的政治思想。

雅典城邦的直接民主制度能够良好地运行，而这种制度为什么在现代国家就不再适用？这其中有许多原因。贡斯当在讨论自由概念的变迁时，谈到了古代世界向现代世界转变的三个原因：第一，国家规模的扩大导致每一个人分享的政治重要性相应降低。第二，奴隶制的废除剥夺了自由民因奴隶从事大部分劳动而造成的所有闲暇。第三，现代社会的商业不同于古代世界中的战争，它不给人们的生活留下一

---

①② 修昔底德. 伯罗奔尼撒战争史：第二卷［M］. 谢德风，译. 北京：商务印书馆，1960：第四章.

段无所事事的间歇。

事实上，贡斯当所提及的这些原因所涉及的各项条件正是“直接民主”能够运行良好的先决条件：第一，小国寡民。古希腊各城邦领土面积在数十平方公里左右，居民人口一般为数千人，达到数万人的并不多。作为希腊最大的城邦，雅典是一个特例，它的总人口为 30 万～40 万，其中成年男性公民人口在公元前 5 世纪时约为 4.5 万。同时，并不是城邦的所有人都有权参与公共事务。城邦由三个身份的团体组成：奴隶、无公民权的自由人（妇女和自由的外邦人）和自由公民，而只有公民才有权参与民主政治。由于只有父母双方都是希腊自由人的成年男子才能获得公民权，所以雅典的民主是直接民主，同时也是少数人的民主。正如美国民主理论家罗伯特·达尔（Robert A. Dahl，1915—2014）所言：“实际上，公民资格成为一种建立在原始家族纽带基础之上的世袭特权。”① 第二，普遍的奴隶制使公民有大量闲暇时光和精力参与民主政治。第三，人们在终极问题上达成某种程度的共识，用政治哲学的术语来说，就是分享共同的“善观念”，或者说“价值观”。古希腊的政治共同体，并不是现代人所理解的因共同利益而结合在一起的合作冒险体系，而是在“共同善”（也就是共同的价值观）基础上的一种共同生活。这种共同生活基于共同的伦理基础和道德理想，只有在“共同善”的支撑之下，不同立场的人们才有可能在面对面的辩论和质询中最终达成共识，做出集体决定，创造城邦的繁荣。

2. 间接民主

在国家规模扩大、奴隶制被废除、商业逐步在社会中占据重要位置的背景下，民主制度的形式也发生了根本性的转变：由面对面的直接民主转变为由人民的代表代为行使主权的间接民主。间接民主制度的核心特征是通过选举代表的方式实现人民对主权的分享，所以也被称为代议制。在代议制中，人们不能面对面地讨论国家大事并做出决议，而只能通过选举代表，由代表代为表达每个人的意见并做出决议。

代议制起源于 13 世纪的英国，其标志是英国议会的形成。议会，英文“parliament”，来自法文的“parlement”，是“讨论”的意思。英国议会最早可以追溯到盎格鲁-撒克逊时期的贤人会议和诺曼底时期的大会议。但是，在 13 世纪之前，无论是贤人会议还是大会议，都只是贵族、教士、宫廷官员、大地主等参加的一个咨询机构，并没有平民代表，其功能是协助国王处理政事。这一局面在亨利三世统治时期被国王的妹夫西蒙·德·蒙福尔（Simon de Montfort）打破。1258 年，蒙福尔率领军队闯入皇宫，强迫国王签订了限制王权的《牛津条例》，承认议会独立于国王，并确定了召开议会的法定日期。1265 年 1 月，蒙福尔以国王的名义在伦敦召开新的议会，参加者有天主教高级教士、世俗贵族、骑士（每郡两位代表）和市民（每个自治市两位代表）。这一事件标志着平民代表第一次进入英国议会，成为

① 达尔. 民主及其批评者［M］. 曹海军，佟德志，译. 长春：吉林人民出版社，2006：16.

国家统治阶层的成员。英国议会形成之后，最初只讨论国王征收赋税的问题，后来讨论的范围扩大至“立法”等与主权直接相关的政治问题。通过议会，民选代表得以真正地分享国家主权。

真正意义上的“议会”正是以民选代表的加入为标志的。从英国议会的形成过程中我们看到，在国王和贵族之间一系列激烈的政治斗争中，平民作为大贵族反对国王的武器，偶然地进入国家权力的核心机构之中，成为议会的一员。这一看似偶然的历史事件却指明了历史发展的必然方向。从此，平民代表越来越多地参与到国家的统治之中。随着世袭特权的削弱，民选代表最终成为具有政治合法性的议会代表①，而“议会”则成为民选代表参与政治、做出决策的代议机构。正是由于民选代表的产生，代议制延续了民主的核心内涵——人民的统治，成为一种新形式的民主制度。代议制民主在英国革命、美国革命以及法国革命的过程中逐渐发展成熟。第二次世界大战后，代议制逐渐被现代大多数国家广泛采纳。

与古希腊城邦的直接民主相比，代议制民主在三个方面很好地适应了现代国家的规模和结构：第一，代议制民主很好地解决了大众与精英之间的相互制约关系。一方面，为了遵循人人平等的政治原则，政治共同体必须设计一种制度让所有成员能平等地分享国家主权。另一方面，与全体政治共同体成员相关的政治事务毕竟是需要具有专业知识和技能才可以很好地处理的事务，这就要求政治精英掌握并应用国家权力。而代议制很好地满足了这两方面的要求，通过由所有公民平等地选出代表，代议制一方面维护了每一个公民的平等政治权利，另一方面保证了国家权力的应用掌握在少数具有专业知识和经验的精英手中。第二，国家规模的扩大、人口的增加以及奴隶制的废除使得只有在小国寡民条件下才能实行的直接民主无法实行。第三，代议制还能很好地排除“暴民政治”的危险。古希腊城邦的思想家们，例如苏格拉底、柏拉图和亚里士多德对当时的民主制度颇有微词，其中最大的原因就是害怕民主制会退化成“暴民制”。人数众多的民主过程往往使得激情战胜理性。正如美国联邦党人所言：“在所有人数众多的议会里，不管是由什么人组成，感情必定会夺取理智的至高权威。如果每个雅典公民都是苏格拉底，每次雅典议会都是乌合之众。”② 事实上，苏格拉底正是被这样的暴民政治断送了性命。在代议制民主中，民意通过代表代为表达，在相对理性的条件下商议集体事务。在代议制的各项具体制度设计中民意被层层过滤，最终理性的意见成为做出决策的基础。尤其是在实行两院制的国家，两个议院的结构不同，人员来源不同，任期不同，职能不同，更加有利于不同意见的表达和协商，促进理性思考，避免人们为激情所左右。也正是在这个意义上，代议制民主能更好地避免民主制度所固有的弊端——“多数人的暴政”。

---

① 目前，世界各国的议会成员大多由民选代表组成。英国议会的上议院在传统上是贵族院，但也于1999年取消了世袭贵族在上议院的议员资格。

② 汉密尔顿，杰伊，麦迪逊. 联邦党人文集［M］. 程逢如，在汉，舒逊，译. 北京：商务印书馆，2007：283.

“多数人的暴政”指的是多数人的意见对少数人自由的侵犯，这是民主政治难以逃脱的悖论。民主政治的出发点是每个人的表达自由和平等地位，这一出发点决定了在集体事务中，必须采用一人一票、多数决定的原则。然而，“多数决定”原则却不可避免地会对少数人的自由和平等造成伤害。由此，民主从最开始对平等与自由的维护走向了平等与自由的反面。代议制民主虽然也不能完全去除“多数人的暴政”，但却可能更理性、更全面地考虑问题，照顾到少数人的权益，最大限度地保护所有人的自由和平等。

与古希腊的直接民主相比，现代的代议制民主的另一大特征在于：代议制民主与宪制相结合。这一特征也使得代议制能够更好地杜绝“多数人的暴政”。在现代政治制度中，宪法是保卫公民基本自由的最后一道防线。宪法的最终目的是保障每一个人的自由。宪法是国家法律中的最高法，是判断所有其他法律、法令、法规以及政策的最终标准，任何与宪法相违背的法律法规都得不到实施。因此，当多数人的意见与宪法相违背的时候，即使被制定成了法律也得不到施行。这样就有效地防止了“多数人的暴政”，为公民的基本自由提供了有效的保障。我们可以这样来设想，苏格拉底如果生活在代议制民主中，就很可能不会被处死。因为，即使民主投票中大多数人认为苏格拉底应该被处死，但由于苏格拉底的罪状（不敬神和败坏青年）并没有构成死罪，而其生命权和自由权受到宪法保护；所以，苏格拉底不会被处死。由此看来，相比于直接民主，代议制民主与宪制相结合，能更好地保护人们的权利和自由。

自启蒙时代开始，代议制民主逐步在西方社会盛行，大部分政治思想家都对代议制大加赞赏，例如洛克、孟德斯鸠、密尔等。法国思想家卢梭却反其道而行之，对代议制民主进行了激烈的批评。卢梭论述道：“英国人自以为是自由的，他们是大错特错了。他们只有在选举国会议员期间，才是自由的。议员一旦选出之后，他们就是奴隶，他们就等于零了。”① 卢梭的话一针见血地点明了代议制民主的缺憾。在代议制中，人们通过授权代表的形式参与民主决策。然而，代表一旦被选出，就不再受到选民们的实际控制。其言行和主张无法完全符合选民们复杂的意见，也很难保证维护选民们的实际利益。人们的意见与代表的政治主张之间的偏差，是代议制民主无法治愈的硬伤。

卢梭的政治理想是要在一个像日内瓦这样的小国中实现古希腊城邦式的直接民主制度，为此他还特地为日内瓦写了一部宪法，自称是“一位日内瓦公民”。然而，日内瓦不仅没有采纳卢梭的宪法，还决定要逮捕他并焚烧他的作品。也许，正如贡斯当所言，卢梭终究是一个不合时宜的人：在现代国家中无法实现古代人的自由，而民主的历程也不可能从现代国家的代议制民主退回到古希腊城邦的直接民主。

当然，在现代国家的代议制民主中，仍然保留着一些直接民主的形式。这其中

① 卢梭. 社会契约论［M］. 何兆武，译. 北京：商务印书馆，2005：121.

包括：全民公投（referendum）、公民创议（initiative）和罢免（recall）民选公职人员。全民公投是公民对已经提出的议案或现行法律进行投票表决。公民创议可视为全民公投的一种特殊形式，它由公民提出议案，如果签名支持该议案的公民达到法定数量，政府就需要对该议案进行全民投票。罢免是选民或选民单位依法撤销他们所选出的人员职务。

与此同时，新技术的发展也为某些场合下的直接民主提供了有利的条件。自 1974 年以来，电子投票（televoting）、电子市政会议（electronic town meeting）问世，新技术正在扩大和重新定义直接民主。长期以来，采用代议制民主而不是直接民主的一个重要根据在于：直接民主在技术上无法操作，费用过于高昂。但是，随着信息技术的进步，公众参与式民主的实施困难将逐步被克服。公民普遍参与的民主依赖两个条件：第一，人的信息化程度的提高；第二，社会信息通信网络性能的提高和使用范围的普及。目前，这两个条件正在逐步成熟。可以预见，一个公民广泛参与的参与式民主时代正在到来。

第二节　代议制的具体安排

在当今世界，代议制民主是大多数国家广泛采用的政治制度。那么，这种政治制度是不是一种好的政治制度？代议机关应该发挥什么功能？哪些人应该拥有选举权和被选举权？如何进行投票？……英国政治思想家约翰·斯图亚特·密尔在《代议制政府》一书中详细分析了上述问题。

1. 代议制民主是较为理想的政治制度

第一，密尔讨论了人与制度的关系，确立了人在面对制度时所具有的自主性。人在制度面前是主动的还是被动的？政府是人类发明创造的事物，还是自然长成的事物？如果政府及其制度是人发明的，那么人就可以不断地研究和改进制度；但是，如果制度像植物一样是从某种风土人情中自然长成的，这是否就意味着人在制度面前是被动的，人受到制度的制约，而无法依据自己的意愿主导制度发展的方向？密尔认为，即使制度确实是在特定的历史文化中长成的，也并不意味着人在制度面前是无所作为的。密尔论述道："我们不能使河水倒流；但我们并不因此就说水车'不是做成的而是长成的'。在政治学上，和在机械学上一样，发动引擎的力量必须于机器以外求之。"① 政治制度的根源有赖于人的意志；政治机器并不自行运转，须由人，甚至由普通人去操作。

第二，密尔讨论了一种制度能够成功的条件。密尔认为，一种制度要成功，它必须为人民所乐意接受，而且人们还必须愿意并能够做那些维护制度的事情。举例来说，交通规则是人类社会最普遍的一种制度。这种制度是为了保证人们的安全和

---

① 密尔. 代议制政府 [M]. 汪瑄，译. 北京：商务印书馆，2007：13.

快速通行。显然，大部分人都是乐意接受这一制度并承担这一制度施加给人们的负担的。这一负担就是：遇到红灯的时候须停下来等待，车辆遇到人行横道须减速慢行，等等。然而，一些投机取巧的社会成员却不愿意承担制度所施加的这种负担，总是闯红灯。如果这样的人多了，那么这一制度就失败了。所以，在密尔看来，一种制度成功的关键在于人们是否愿意付出时间、精力和金钱来维护它。对于代议制民主也是这样，代议制民主在选举、投票等过程中要花费人们许多精力和金钱。人们是否愿意付出这笔代价，以换取对主权权力的分享？想要获取权力的人是否愿意通过游说民众、参与耗时耗力的选举而获得权力？这是代议制民主能否成功的关键。在密尔看来，一个国家采取何种制度形式，最终是由社会力量决定的，而不是由个人意志决定的。所谓“社会力量”，并非单纯的武力，可能是财富或智慧，而其中最重要的就是“组织”。只有组织起来的财富、智慧、信念和武力才能产生巨大的社会力量，并最终决定一个国家的制度形式。

第三，密尔讨论了判断好制度的标准。如前所述，密尔是重要的功利主义者，所以他自然地将社会利益的总和作为检验制度优劣的标准：能够促进社会利益增长的制度就是好的制度，不能促进社会利益增长的制度就是坏的制度。密尔将这一功利主义的总则细化为“秩序”和“进步”两个方面。所谓“秩序”指的是制度的有效施行，也就是制度的成功。一个成功的制度一定是一种稳定的制度，它带来的是井井有条的社会生活，每个人都按照制度所要求的去做，并得到可预期的回报。当然，“秩序”仅仅是好制度的一个底线要求。一种稳定的制度有可能并不能增进公共利益，还有可能侵犯个人自由，例如一种稳定的奴隶制。所以“秩序”只是好制度的必要条件，而非充分条件。在密尔看来，好制度的第二个条件是“进步”。所谓“进步”指的是促进公共利益增长，推动人类社会的发展。这条标准体现了密尔的功利主义主张，将公共利益——社会中所有个人利益的总和——作为人类社会发展的终极目标。

除此之外，密尔还注意到了好政府与公民美德的关系。密尔认为，在带来“秩序”和“进步”的好制度中，人们自然会形成相应的公民美德。密尔甚至认为，能促进公民美德是好制度的一个标志，“可以把政府在增加被统治者（集体地和各个地）的好品质的总和方面所能达到的程度，看作区别政府好坏的一个标准”[①]。好制度为什么能促进人们的美德？究其原因，是因为好制度能促进公共利益增长。好制度能促进公共利益增长，就一定能很好地协调公共利益和人们的“私心”之间的关系。在这样的制度中，人们在遵循制度的安排时不需要违背自己的私利，不会产生过重的道德负担。举例来说，市场经济就是一种能够很好地协调个人利益和公共利益的制度。每个人在自由市场上追逐自己的个人利益，客观上却使资源得到最好的配置。人们在推进个人利益的同时推进了公共利益。换句话说，人们在追逐私利时不会损坏公共利益，不需要付出道德的代价。相反，平均主义“大锅饭”却不是

---

① 密尔. 代议制政府 [M]. 汪瑄，译. 北京：商务印书馆，2007：27.

一种好制度。因为，在这样的制度形式中，人们干多干少一个样，干好干坏一个样，如果想要增进自己的利益就只有偷懒、少干活。在这样的制度中，人们为了追逐私利就只能做违背道德原则事情。坏制度让公民堕落，好制度培养公民的美德和智慧，就是这个道理。

第四，基于上述讨论，密尔认为代议制民主就是最好的制度，他论述道："理想上最好的政府形式就是主权或作为最后手段的最高支配权力属于社会整个机体的那种政府；每个公民不仅对该最终的主权的行使有发言权，而且被要求实际上参加政府，亲自担任某种地方的或一般的公共职务。"① 在密尔看来，每个人的权利和利益只能由其本人捍卫，这是赋予每个人参与统治之权利的根本原因。而且，参与公职有利于公民从不同角度考虑利益问题，不会时刻关注自己的一己私利。通过代议制民主，人们能够真切地感受到自己是政治共同体的一分子，意识到自己负有对他人的义务，而不再是被动地服从法律。密尔还谈到公民的两种性格：消极性格和积极性格。具有消极性格的公民习惯于忍受邪恶，而具有积极性格的公民则愿意同邪恶做斗争。在密尔看来，"消极被动的性格类型是独夫的统治或少数几个人的统治所爱的，而积极自主的性格类型则是多数人的统治所喜爱的"②。总之，代议制民主鼓励公民同邪恶做斗争，赋予公民捍卫自己利益的权利，能够很好地协调公私利益，有助于培养公民美德，是一种完善的理想制度。当然，密尔也意识到，一种理想的制度并不一定适合于所有社会。那些处于蒙昧之中的社会是不适合实施代议制民主的。这涉及人民的政治能力（political competence）问题。在密尔看来，如果在一些地区人民不具备理性地讨论公共事务的能力，甚至还生活在封闭野蛮的部落之中，那么这样的人民就不适合实施代议制民主。

2. 代议机关的职能

在代议制民主中，全体人民或一大部分人民通过由他们定期选出的代表行使最后的控制权。国家的实际最高权归于人民的代表团体——议会。密尔认为，任何一个团体，除非组织起来并有人统率，是不适于行动的。所以，人数众多的代议机关其职能并不是管理国家事务，而应该是提出意见、进行监督。这就像一个公司，人民的代表组成的代议机关充当的是董事会的角色，而不是总经理的角色。总经理及其管理团队需要的是命令的上传下达、快速的反应和果断的行动。人数众多的代议机关擅长的则是意见的交锋、集思广益、重大决策之前的充分讨论等等。因此，代议机关的职责在于给出意见，而不在于发布命令或执行政策。从这个意义上来说，代议机关不适于管理行政，也不适于对行政管理者发号施令。

代议机关的主要职能在于立法。在立法、司法、行政三种权力中，立法权是一个国家主权权力的核心。代议机关拥有立法权，体现了人民拥有国家的主权权力，是国家真正的主人。在民主国家中，法律就是人民的意志。代议机关做出的

① 密尔．代议制政府［M］．汪瑄，译．北京：商务印书馆，2007：43.

② 同①52.

决议是人民的代表的意志，也就代表了人民的意志。当然，立法需要专业的法学知识，并不是所有议会成员都精通这方面的知识。密尔认为，在议会中通常会有一个由具备法学知识的人员组成的立法委员会，由他们负责制定法律。但是，立法委员会并非能够独立决定法律的内容，他们须时时听取并回应议会其他成员的意见。在立法的问题上，立法委员会体现的是创立法律方面的智慧，而代议机关则代表了人民的意志。立法委员会仅是借助其专业知识帮助代议机关表达人民的意志。

代议机关的第二项重要职能是监督。如上所述，代议机关不适合于行政，但这并不意味着代议机关对政府的所作所为毫不过问。恰恰相反，代议机关须时时监督政府的行动，将行政权控制在法律的范围之内。密尔认为，政府的行为应该公开透明，尤其是对于人们认为有问题的行为应做出充分的说明和解释。代议机关作为人民的代表，有权监督政府人员对公权力的应用，并对滥用职权的行为提出质询。在监督政府行为方面，代议机关不仅拥有立法权，也部分地拥有司法权。当政府部门的首脑有滥用职权的嫌疑时，代议机关可以提起诉讼并做出裁决。例如，美国《宪法》第 2 条第 4 款规定，总统、副总统和合众国的所有文职官员，凡受叛国、贿赂或其他重罪轻罪的弹劾并被判定有罪时，应被免职。如果有足够多的议员投票认同总统犯有“叛国、受贿或其他重罪与轻罪”，国会可以罢免总统。2021 年 1 月，在攻占国会山事件发生之后，美国总统特朗普遭到美国国会的弹劾。这就是代议机关通过行使司法权监督政府行为的典型案例。

在密尔看来，代议机关是国民的“诉苦委员会”。不仅人民中的大多数的意见应该被表达出来，而且所有人的意见都应该被表达出来。如果不让所有人的意见都得到表达，那么代议制民主很可能出现“多数人的暴政”。密尔重点讨论了两种“多数人的暴政”：一是愚蠢的多数人统治聪明的少数人。在密尔看来，多数人的意见很可能是社会中智力偏低的人所持的流俗观点。如果真的是这样的话，代议制民主就成了愚蠢的多数统治聪明的少数的制度，这岂不是很荒谬?！二是由同一阶级的人构成的多数人实行阶级立法。密尔认为，社会中的多数人还有可能是同属于某一阶级的人，他们有着共同的利益。那么让代表多数人的代议机关来为所有人立法，就很难不是一种阶级立法。这样的代议机关无法权衡各阶层人民的利益，无助于公共利益的推进。

在密尔看来，比例代表制是解决“多数人的暴政”的一剂良药。密尔所构想的“比例代表制”指的是，任何有足够人数的团体都能产生自己的代表。举例说明，假设在一个国家中，50 万人产生一名代表，那么无论这 50 万人身处这个国家的哪个行政区域，他们都能有自己的代表。50 万个支持男女平等的选民可以有自己的代表；50 万个少数族群可以有自己的代表；50 万个爱狗人士可以有自己的代表；等等。密尔的这一思想对于少数派意见的表达有着重要意义。举例说明，假设 A 区有 30 万个爱狗人士选民，而 B 区有 20 万个爱狗人士选民，如果 A 区和 B 区分别选出自己的代表，那就不可能出现一个爱狗人士的代表。但是，如果不受选区限制，严格采用密尔所设想的比例代表制，就可能出现一个爱狗人士的代表。由此，比例代表制的严格实行有可能解决民主制的痼疾——“多数人的暴政”，使得代议机关成为一个各种意见相互碰撞、协商融合的平等舞台。正如密尔所说：“在一个真正的民主制国家，每个部分或任何部分的人都会有自己的代表”①，而比例代表制则是实现这一目标的最好的制度。

3. **选举权**

什么样的人可以拥有参与政治决策的权利？密尔认为，参与公共事务、分享统治权力，这要求人们具备一定的知识。但是，密尔所说的“知识”并不是苏格拉底和柏拉图所强调的统治者应该具备的专门的统治知识，而是一种底线的、最基本的知识。这些知识包括有关读、写、算术、地理构造、地理的自然区分和政治区分、世界历史及本国历史和制度的初步知识等等。密尔所给出的知识的门槛足够低，能将大部分社会成员囊括在内。否则，如果像苏格拉底和柏拉图所认为的那样，统治国家是一种很高深的学问，需要精通专门的知识，就会将大部分社会成员排除在统治阶层之外。除了知识的要求，密尔还认为，有一些人是没有资格分享国家的统治权力的。众所周知，立法收税是一项重要的国家权力。然而，社会中有一些人从未贡献过税金，甚至还靠着别人的救济生活。密尔认为，这些人没有资格要求分享处置他人之财富的权力，应被排除在选举权之外。密尔建议对选举资格做出下述规定：选民登记前五年之内，申请登记者不作为教区救济者载入教区救济名册；得到过破产法好处的人应取消选举资格，直到他还清了债务；长期不交税的人应被取消选举资格；等等。

在选举权的问题上，密尔还特别强调应给予女性选举权。在密尔看来，性的差异和身高或头发颜色的差别一样，同政治权利毫不相干。而且，相对于男性来说，女性更需要一个好政府，一个关心她们利益和权利的政府。因为，相比于男性，女性的身体较弱，所以她们更加依赖法律和社会的保护。人们通常认为，自然界的法则是弱肉强食、适者生存，而人类社会的法则却是相反的。在许多情况下，人们之所以组成社会和国家，就是为了扶助弱小，以集体之力救助那些无法独自生存下去的人。因此，政府应该是为弱者而设立的政府，而不是强者统治弱者的工具。女性在身体上的弱势并不能否定其平等的政治权利，她们有资格表达自己的政治意见，并塑造一个对女性更为友好的政府。在密尔看来，女性应该接受更好的教育，妇女应该思考、写作和做教师。在女性获得了基本的知识和技能之后，就没有理由取消她们参与政治的资格了。

密尔对女性选举权的论述极大地推动了西方世界的女权运动。除了《代议制政府》之外，密尔还撰写了《妇女的屈从地位》一书，分析了女性在社会中处于屈从地位的原因，并阐发了女性取得平等权利的社会理想。在密尔之后，女性解放运动在欧美国家风起云涌，女性逐步获得了平等的政治权利。1848 年，首届女权大会

① 密尔．代议制政府［M］．汪瑄，译．北京：商务印书馆，2007：102.

在纽约州的塞尼卡福尔斯城举行；1890 年，美国怀俄明州允许妇女在当地选举中有选举权；1893 年，新西兰成为世界上第一个妇女享有选举权的国家；……英国、美国、德国、法国等西方国家相继在 20 世纪中叶之前赋予女性选举权。如今，世界上绝大多数国家都赋予了女性选举权。我国《宪法》第 34 条规定了妇女享有选举权。除了女性之外，在争取选举权的斗争中还有其他一些少数群体，这其中最重要的就是非裔美国人。他们为取得平等的政治权利做出了艰苦卓绝的斗争。直至 1964 年，美国最终通过了《民权法案》，扫除了非裔美国人获得选举权的法律障碍。

4. 投票的相关规定

在如何投票的问题上，密尔挑战了民主制度通常采用的一人一票制，提出了复票制。民主制度的道德基础是人人平等，每个人的意见同等重要，无论这个人是否为某方面的专家。正是基于这一点，一人一票制具有天然的合法性。当今世界上任何国家的民主制度都采用一人一票制。但是，密尔却表达了不同的观点。他认为，尽管每个人都应当有发言权，但这并不意味着每个人都应当有同等的发言权。那些较聪明、较有道德的人，有权主张其意见占有较大的分量。至于如何确定社会中哪些人是较聪明、较有道德的，密尔也给出了具体的方案：连续担任较高职务（银行家、商人、制造业者）三年者；大学毕业生、持有某些大学（牛津、剑桥）颁发的讲授合格证书的人；被看作更聪明、更道德的人。密尔认为，他们应该拥有两票或两票以上的投票权。同时，密尔还强调意见的正确与否与个人拥有金钱的多少没有直接关系，复票制应向最穷苦的人开放。密尔提出的复票制历来受到民主理论家们的批评。因为，复票制很容易导致特权阶级的形成，并最终瓦解民主制度。复票制从根本上颠覆了民主制度的根基，即使人们能够找到测定聪明程度和道德水平的客观标准（这一点非常可疑，而这种测量标准也极易被金钱和权力所扭曲），那也是以智商的高低、道德的优劣为标准将人分为三六九等，否定人们对于公共事务的平等的发言权。所以说，即使一人一票制有诸多弊端（例如，有可能做出短视的、不明智的决定），但它给予每个人平等的尊重，是唯一具有合法性的投票制度。

在投票的具体方法上，密尔讨论了投票应该"秘密"还是"公开"的问题。首先，密尔认为，如果人们采用无记名投票制的话，这就意味着选举权是人们享有的权利，而不是对公众的一种责任。既然是一种权利、一种自由，公民当然就没有义务向其他人说明自己的选择。然而，如果投票单纯地是一种权利，那么人们是否可以将这种权利转让给其他人呢？密尔论述道："我们有什么理由能责怪他将选票卖掉，或者利用它来博得他人的欢心呢？"这样的话，贿选岂不就变成合法的了？可见，投票并非单纯的权利，它同时也是一种责任。密尔认为，公民有责任按照他对公共利益的最好的理解和出自良心的意见投票。也就是说，公民在投票时，考虑的不应该是自己的一己私利，而应该是如何才能更好地推进公共利益。密尔的这一观点与卢梭对投票的看法是类似的。卢梭认为，民主投票是在对什么是"公意"做出表决，通过投票的过程，“公意”得以显现①。由此，密尔支持一种公开的投票，认为人们投票的义务和其他的公共职务一样，必须在公众的眼皮底下履行并接受公众的批评。然而，密尔也指出了在某些情况下公开投票的弊端。例如，在少数支配多数的有害权力正在增长的时候，人们害怕自己的投票会受到报复，所以无记名投票最具说服力。目前，世界上绝大部分民主国家的投票程序都是无记名投票。这是因为，相对于权力部门来说，每一个选民的力量是极其弱小的。以公开形式投票的话，普通公民的权利和自由会受到极大的威胁。除此之外，密尔还提到，投票过程不应收取任何费用，全部由公费开支，并且允许邮寄选票。

总之，密尔认为代议制民主是能够带来“秩序”和“进步”的理想制度，在代议制民主中，公民的美德得到培养，公民精神得以凝聚，公共利益也将得到最大限度的推进。

第三节　民主制度的反对者

自民主制度在古希腊城邦中产生以来，反对的声音就不绝于耳。反对者们从是否可能、是否可欲、是否可行等各方面向民主制度提出挑战。下面，笔者将结合美国政治思想家罗伯特·达尔的观点，从王政之学、寡头铁律以及不完善的程序正义三个方面阐述反对者们对民主制度的批评，并进行回应。

1. 王政之学

在西方政治思想史上，从 2 000 多年前的苏格拉底、柏拉图开始，就一直有一种支持精英统治的声音，这被达尔称为“护卫者统治”。其核心观点是：统治国家是一门专门的学问，只有掌握专门知识的人才适合成为统治者。这样的统治者在柏拉图笔下被称为“哲学王”。在柏拉图看来，哲学家有理性，能够认识事物的理念并获得知识②。尤其是，哲学家能认识如太阳的光辉一般的“善的理念”，这是治理好一个国家的真谛。因此，只有哲学家才适合作为国家的统治者。柏拉图在《理想国》一书中以苏格拉底之口说出的“船喻”是人们最耳熟能详的、对于民主制度的批评。在这一隐喻中，国家就像一艘大船，如何驾驶船只需要许多专业知识。苏格拉底说：“船上水手们都争吵着要替代他做船长，都说自己有权掌舵，虽然他们从没学过航海术，……而且，他们还断言，航海术是根本无法教的，谁要是说可以教，他们就准备把他碎尸万段。……真正的航海家必须注意年、季节、天空、星

---

① 卢梭. 社会契约论［M］. 何兆武，译. 北京：商务印书馆，2005：136.

② 柏拉图理念论的基本原理是：世界分为现象和理念两个部分，现象是多变而虚幻的，理念是恒定不变的。普通人通过感官只能认识现象，得到的是意见；而哲学家通过理性却能认识理念，获得知识。在《理想国》一书中，柏拉图将理念论和国家的政治安排结合起来，论证了“哲学王”的思想。柏拉图认为，哲学家能够运用理性，能够认识理念世界，获得关于善的知识，所以哲学家才是最恰当的统治者。

辰、风云，以及一切与航海有关的事情，如果他要成为船只的真正当权者的话。”①苏格拉底的这段论述淋漓尽致地展现了一群不学无术之徒争权夺利的丑态。在许多反对者眼中，民主制正是这样一种糟糕的政治制度。

从苏格拉底和柏拉图的论述来看，支持“护卫者统治”而反对民主制的根本理由在于否定普通人的政治能力（political competence）。如果事情真像柏拉图和苏格拉底说的那样，参与公共事务、分享国家的统治权力需要专门的知识，而这种专门知识不是每一个普通人都能够获取的，那么国家的统治权力确实不应该平等地分配给每一个公民。国家的统治权力应该赋予那些精通王政之学（royal science）的精英。由此我们看到，双方争论的焦点就是统治国家、处理公共事务到底需要什么样的知识，以及普通人是否能够获得这样的知识。对于这个问题，达尔进行了深入的分析。

达尔认为，“王政之学”只可能是两种类型的知识，它要不就是一种“道德知识”，要不就是一种“工具性知识”。对于道德知识，人们很难提出任何具有绝对正确性的客观道德真理，而最多只能提出一种主体间有效的道德判断。例如，“人不能撒谎”这一道德律令就并非在所有情境中都绝对正确。在被敌人逼问自己同志的藏身之处时，或许就应该撒谎。在道德领域，人们几乎不可能找到像“万有引力”这样的客观规律，也就很难将道德知识当作绝对客观的知识。由此，人们也很难设计出一套评分标准以确定人们是否掌握了相应的道德知识，尤其是统治国家所需的道德知识。这就给确定和任命统治者造成了根本性的困难，而如何将那些不具备特定道德知识的社会成员排除在统治阶层之外，也就变得含混不清。

同时，我们也可以将“王政之学”看作一种工具性知识，一种可验证的经验性知识，也就是科学知识。无论是心理学、经济学、人类学、考古学等社会科学，还是化学、材料学、实验物理等自然科学，这些知识都是可以通过事实而得到验证的，都是具有客观性的知识。自16—17世纪的科学革命以来，科学技术飞速发展，这使得国家做许多重大决策（例如是否应登陆火星）越来越多地需要参考科学家们的意见。由此，许多人将统治国家的知识当作科学知识，科学家们责无旁贷地成了“护卫者”的候选主人。达尔论述道：“有些人认为，护卫者应该按照科学家、工程师、技术人员、公共管理专家、有经验的公务员或者其他被认为是拥有专门经验性知识人员的等级加以遴选。”② 然而，达尔否定了这种看法。因为，统治国家、做出公共决策的知识永远都不可能纯粹是工具性的，它一定还包含对决策之目的、国家之目的、人类社会发展之目的等问题的考量。达尔以是否应发动核战争的决策为例指出，在做出这种重大决策时科学家们的意见是远远不够的。对于是否应发动核战争，能否对敌方的重要城市发起攻击，打击的目标是平民还是军事设施……这些问题的答案远远超出了实验科学能告诉人们的信息范围。同时，由于并不存在绝对

① 柏拉图. 理想国［M］. 郭斌和，张竹明，译. 北京：商务印书馆，1986：235.

② 达尔. 民主及其批评者［M］. 曹海军，佟德志，译. 长春：吉林人民出版社，2006：83.

客观的道德知识，所以对于这些与“目的”相关的问题，也并非某个道德学家可以说了算的。唯一具有合法性的决策只能在平等的制度框架下，由不同背景的人们共同商议而达成。而后一种方式正是民主制度所主张的。

2. 少数统治不可避免

“少数统治不可避免”是经常被人们津津乐道的一条“客观规律”。米歇尔斯（Robert Michels，1876—1936）、加埃塔诺·莫斯卡（Gaetano Mosca，1858—1941）、帕累托（Vilfredo Pareto，1848—1923）、葛兰西（Antonio Gramsci，1891—1937）等几位在20世纪颇具影响力的意大利学者都对这一规律有过深入论述。这里我们可以参照莫斯卡的论述：“在所有社会中——从那些得以简单发展的、刚刚出现文明曙光的社会，直到最发达、最有实力的社会——都会出现两个阶级——一个是统治阶级，另一个是被统治阶级。前一个阶级总是人数较少，行使所有社会职能、垄断权力并且享受权利带来的利益。而另一个阶级，也就是人数更多的阶级，被第一个阶级以多少是合法的，又多少是专断和强暴的方式所领导和控制。”① 在莫斯卡看来，无论一个社会采取什么政治制度，最终都无法避免少数统治的结局。米歇尔斯也对这一规律深信不疑，将其总结为“寡头铁律”（iron law of oligarchy）②。

如果少数统治无法避免，那么还要民主干什么呢？这是否意味着民主制注定是失败的，或者根本就不可能？达尔对这个问题的回应是，“寡头铁律”中所描述的少数人相对于多数人的权力及影响是很难度量的，所以“少数统治不可避免”的结论是含混不清的。达尔论述道：“少数统治的理论在概念上并不具有清晰和准确的特点。……如何具体地说明概念的含义，并将概念运用到经验中去，这些相关的术语包括权力、影响、控制、统治、霸权、强制等等。像这些概念是非常难以解释和将其严格运用于经验当中的。”③ 可见，达尔对“少数统治不可避免”的回应是非常弱的，并没有从根本上解决这个问题。少数统治往往与人们的经验相契合。人们总是看到少数人在发号施令，多数人在服从和执行。无论在民主制国家还是在非民主制国家都是这样。这一规律并不因描述它的概念的难以量化而不为人们所感知。那么，站在民主制度的立场上，我们应该如何回应这批意大利学者对民主制提出的挑战呢？

实际上，对于任何能够组织起来行动的团体来说，其权力结构都必然是等级式的，而不是均等、平面化的。在一个群体中，如果每个人拥有的“权力”是均等的，那么人们就回到了自然状态，无法团结起来一致行动。因为，任何人都不会屈从于其他人，每个人都凭着自己的意志和蛮力而争取自己的利益，这就是没有共同权威的自然状态。我们可以参照洛克对自然状态的描述：“那是一种完备

---

① 莫斯卡. 统治阶级［M］. 贾鹤鹏，译. 南京：译林出版社，2002：97.

② 米歇尔斯. 寡头统治铁律［M］. 任军锋，等译. 天津：天津人民出版社，2003：351.

③ 同②383.

无缺的自由状态，他们在自然法的范围内，按照他们认为合适的办法，决定他们的行动和处理他们的财产和人身，而无须得到任何人的许可或听命于任何人的意志。”① 洛克所说的、人们在自然状态下“无须得到任何人的许可或听命于任何人的意志”之根本原因正是人们拥有均等的“权力”。所谓“权力”指的是“迫使他人按照自己的目的去行动的能力。政治权力是使人们服从明确的或不言而喻的命令的能力”②。所以说，如果所有人拥有“均等”的权力，那么就没有任何人需要听命于任何人，而当人们之间发生争端时就极有可能陷入“所有人对所有人的战争”。

从以上论述来看，任何成功的政治制度都必须产生一种等级化的权力结构，这样才能将个体组织起来，并形成共同意志以推进公共利益。在这一点上，民主制与其他有效的政治制度是一致的。如果无法形成一种上行下效、政令畅达的权力等级结构，实际上就没有形成一个所有人都必须服从的共同权力，也就没有形成国家，人们就还是一盘散沙。在权力的等级结构中，权力越大的等级必然人数越少，整个结构呈金字塔状。如果权力较大等级的成员多于权力较小等级的成员，那么权力较小等级的成员就不知道该听命于谁，出现“一仆二主”的局面。如果在具体的权力节点上，政令不能畅达，那么整个权力结构就不稳定，政治制度就可能失败。比如，一个大学有一个校长、十几个院长、三十几个系主任、七八十个教研室主任，教研室主任听命于系主任，系主任听命于院长，院长听命于校长……如此一来才可能形成稳定的权力结构和制度形式。如果反过来，有十几个校长，而只有一个院长，那么这个院长必然是不知所措了。所以说，在任何稳定的权力结构中，自然出现“少数统治”的形式。这是因为，只有这样的权力结构才是稳定的。

如果“少数统治”是必然现象，那么民主制是否注定是失败的呢？答案是否定的。因为，民主制与金字塔式的权力结构并不矛盾。民主制最终也要形成金字塔式的权力结构。民主是人们做出集体决策的合法程序，其意义并不在于“分散”而在于“集中”，即权力与意志的集中。民主制的最终目的是形成共同权力和共同意志。具体到代议制民主，选举是人们放弃自己原初的平等权力而将其授予其代表的过程。通过这种“授权”，人们放弃了自己统治国家的平等权力，而将其授予人民的代表，使得代表拥有了高于大多数人的“权力”。在代议制民主中，代表当然是国家中的“少数”。因此，从形式上来看，民主制是人民的代表的统治，似乎是“少数统治”。但实际上，人民的代表是代替每一个选民在行使权力，是少数人代表多数人进行统治。这种形式上的“少数统治”实质上仍然是“多数人的统治”，或者是所有人的统治。所以，从根本上来说，民主制与形式上的“少数统治”并不矛盾，与金字塔式的权力结构并不矛盾。

---

① 密尔. 论自由［M］. 许宝骙，译. 北京：商务印书馆，2007：3.

② 布宁，余纪元. 西方哲学英汉对照辞典［M］. 北京：人民出版社，2001：784.

然而，与君主制、贵族制等其他制度形式相比，民主制仍然有着根本区别。这就是：其权力的来源是“人民”。也就是说，民主制即使从表面上来看是一种“少数统治”，但这些拥有权力和权威的“少数”，其权力的来源却是每一个选民，是广大的人民群众。“权力来自人民”这在民主制中并不是仅具有象征意义的，而是被融入具体的制度设计之中。在这一点上，君主制和贵族制与民主制有着根本区别。对于君主制和贵族制来说，无论是君主拥有统治权力还是贵族拥有统治权力，或者二者分享，他们的权力并非人民赋予的，而是通过世袭或武力获取的。在君主制和贵族制中，人民并没有制度性的途径可以限制和控制国家的最高权力。由于权力的来源不同，以及相应的制度设计不同，在代议制民主中，少数人在行使统治权时须时时考虑人民的意见和利益，以免自己在下一次选举时被人民赶下台；而在君主制或贵族制中，君主或贵族在统治时就很少考虑到人民的利益，除非受到革命的威胁。正是由于最高权力的来源不同，民主制、贵族制和君主制虽然形式上都是“少数统治”，但民主制实质上却是所有人的统治，而君主制和贵族制是真正的“少数统治”。

3. 不完善的程序正义

许多人反对民主制还有一个重要原因，这就是民主程序经常让人们做出错误的决策。从 2 000 多年前雅典城邦投票判处苏格拉底死刑，到 2016 年英国全民公投决定退出欧盟，在民主制度的发展历程中，人民通过民主程序做出了多少引发争议的决策?！这些决策或者损害了公共利益，或者侵犯了某些少数公民的基本权利，给国家和社会造成了糟糕的影响。从根本上来说，民主制度为人们提供了一种从个人意见到集体决策的程序。这一程序以人们平等的道德地位为基础，给予所有人的意见以平等的尊重，最终遵循多数原则做出集体决策，具有程序正义的特征。然而，这一程序是否能够保证其结果的正义，是否能保证最终的集体决策最大限度地推进公共利益的增长，却很难说。从大量的史实来看，也似乎并非如此。

早在 18 世纪，孔多塞（Jean-Antoine Condorcet，1743—1794）就已经证明了由选举程序导致的“投票悖论”，亦即在个人偏好给定的情况下，加总这些偏好所获得的结果可能会使得选举不停地循环下去。美国经济学家肯尼斯·阿罗（Kenneth Joseph Arrow，1921—2017）以严密的数学推理证明了这一点。简述如下：假设有甲、乙、丙三个人对 a、b、c 三位候选人进行投票。甲的偏好是 a>b>c；乙的偏好是 b>c>a；丙的偏好是 c>a>b。那么，a 与 b 对决，则 a 取胜；b 与 c 对决，则 b 取胜；a 与 c 对决，则 c 取胜。这样一来就产生了多数票循环。甲、乙、丙三人的投票无法在 a、b、c 三位候选人中选出最终当选者。这一发现被称为阿罗不可能定理（Arrow's impossibility theorem），它向人们展示了采用多数原则的民主程序存在着结构性缺陷，在某些情况下根本无法得出任何理性的投票结果。

更有甚者，还可能通过民主程序，走向民主的反面——独裁。著名学者卡尔·波普尔（Karl Popper，1902—1994）将其称为“民主的悖论”，亦即通过民主制度人们有可能选出一个独裁者，并最终否定民主①。对这一说法最有力的证明就是希特勒的上台。希特勒是通过民主程序取得权力的，但他却最终成为罪大恶极的独裁者，彻底否定了民主制度。这似乎印证了“民主的悖论”：民主会走向自己的反面，处在民主制度中的人们有可能出卖自己的自由。

为什么民主制度会如此不可靠？如此不可靠的制度形式能否实现实质正义？我们先来回答第一个问题。民主制度之所以不可靠，是因为它是一种不完善的程序正义。如前所述，民主制度平等地对待每一个人的意见，具有程序正义的特征。美国政治哲学家罗尔斯对程序正义进行了深入的讨论，区分了三种程序正义：完善的程序正义、不完善的程序正义和纯粹程序正义②。所谓“完善的程序正义”指的是，人们对结果是否正义存在着独立于程序的判断标准，而且能够设计出一个程序以实现结果正义。“分蛋糕”是完善的程序正义的经典例子：两个女孩分蛋糕，假设平均分配是一种正义的分配结果，那么“谁分蛋糕谁就最后拿蛋糕”的程序就是一个完善的程序正义，因为这一程序足以保证一个平均分配的结果（假定每个人都想要更大块儿的蛋糕）。然而，在社会现实中，完善的程序正义的例子并不多见。出于各种各样的原因，人们时常无法设计出一种程序以保证结果的正义。罗尔斯将这种情况称作“不完善的程序正义”，亦即存在着独立于程序的判断结果是否正义的标准，但无法设计出一种能保证结果正义的程序。在罗尔斯看来，民主制度正是一种不完善的程序正义。因为，“真理往往在少数人手中”，民主制度所采用的多数决定的原则并不能保证其结果的正义。第三种程序正义是纯粹程序正义，其含义是：不存在独立于程序的判断结果是否正义的标准，只存在一种正确的程序，如这一程序被严格地遵循，那么其结果不论是什么都应该被接受。换句话说，如果将某种程序当作纯粹程序正义，那即是主张程序正义本身就能保证其结果的正义。罗尔斯将“赌博”作为纯粹程序正义的例子：“愿赌服输”，只要参与者自愿进入该程序，而且程序的相关规则得到严格的执行，其结果就是参与赌博的人们必须接受的。

从罗尔斯对程序正义的分类来看，民主制度是一种不完善的程序正义；亦即程序自身无法保证程序之结果的正义，这也是民主制度总可能出错的根本原因。因此，罗尔斯认为，以民主程序为基础的各种立法程序必须严格遵循宪法的规定，不能简单地将多数人的意见作为绝对正确的意见。多数人的意见要受到宪法的限制，宪法对多数人的意见提出一种否定性的（negative）底线要求，这也是代议制民主优于直接民主的原因之一。之所以要对民主决策做出这种限制，究其原因，正是因为民主程序本身并不能保证其结果的正义。而宪法是依据“社会契约”制定的，社会契约是全体一致同意的，理应高于多数人的意见。

现在我们来回答第二个问题。如果说民主作为一种做出集体决策的程序，并不

---

① 波普尔．猜想与反驳：科学知识的增长［M］．傅季重，纪树立，周昌忠，等译．上海：上海译文出版社，2015：491.

② 罗尔斯．正义论［M］．何怀宏，何包钢，廖申白，译．修订版．北京：中国社会科学出版社，2009：65-69.

能保证决策本身的正义；那么，是否可以说民主只能保证形式正义而无法保证实质正义呢？[①] 达尔对这一观点进行了批驳。在达尔看来，民主制度虽然不能保证决策结果的正义；但是，为了达到程序正义的要求（例如：平等地尊重每一个人的意见），民主制度已经在诸多方面实现了实质正义。达尔论述道："民主过程的权利不'仅仅是形式上的'，因为，为了行使这一权利，所有他所必需的资源和制度都必须存在；如果这些必需之物缺乏的话，民主过程本身就不存在了。"[②] 也就是说，为了保障每个公民平等的选举权和被选举权，在实行民主制度的国家中一定会有较好的义务教育，人人平等的法律制度，以及为个人发展提供平等机会的其他制度保障。因此，即使由于选民和决策者知识的有限性，通过民主制度人们最终没有做出最佳的选择，没有能够最大限度地推进公共利益增长，但社会其他方面的实质正义也已经得到了实现。通过民主的制度安排，人们获得了广泛的权利、自由和资源。所以，从这个意义上来说，民主制度不仅保证了形式正义，也实现了实质正义。

综上所述，民主制度是源自 2 000 多年前古希腊的政治制度。在这种政治制度中所有公民平等地分享国家的统治权力。现代民主演变为代议制民主，人们通过选举选出代表，代表代替普通选民做出政治决策。代议制民主与宪制相结合，在很大程度上避免了直接民主可能导向的"多数人的暴政"的弊端。时至今日，民主制度并非完美的政治制度，通过民主程序人们不一定能做出最佳的政治选择。但是，民主制度具有程序正义的特征，是天然具有合法性的制度形式。民主制度的施行在诸多方面推进了人类社会的平等。民主制度的进一步完善将更好地推进人类社会的实质正义。

在我国，人们的民主权利通过人民代表大会制度、中国共产党领导的多党合作和政治协商制度、基层群众自治制度等得到有力保障。在中国特色社会主义新时代，在中国共产党的领导下，中国人民的民主权利得到了进一步的扩大。2012 年，习近平总书记立足于《中华人民共和国宪法》，指出了扩大民主的道路与方向："改革开放以来，我们党团结带领人民在发展社会主义民主政治方面取得了重大进展，成功开辟和坚持了中国特色社会主义政治发展道路，为实现最广泛的人民民主确立了正确方向。这一政治发展道路的核心思想、主体内容、基本要求，都在宪法中得到了确认和体现，其精神实质是紧密联系、相互贯通、相互促进的。国家的根本制度和根本任务，国家的领导核心和指导思想，工人阶级领导的、以工农联盟为基础的人民民主专政的国体，人民代表大会制度的政体，中国共产党领导的多党合作和政治协商制度、民族区域自治制度以及基层群众自治制度，爱国统一战线，社会主义法制原则，民主集中制原则，尊重和保障人权原则，等等，这些宪法确立的制度和原则，我们必须长期坚持、全面贯彻、不断发展。"[③] 另外，在党的十九大报告

---

① 关于形式正义与实质正义的区别可参见：李石，杨刚. 程序正义与形式正义之辨：以罗尔斯《正义论》为中心的考察［J］. 天津社会科学，2021，3（3）：59-63.

② 达尔. 民主及其批评者［M］. 曹海军，佟德志，译. 长春：吉林人民出版社，2006：238.

③ 习近平. 在首都各界纪念现行宪法公布施行 30 周年大会上的讲话［M］. 北京：人民出版社，2012：6-7.

中，习近平总书记又指出："我国社会主义民主是维护人民根本利益的最广泛、最真实、最管用的民主。发展社会主义民主政治就是要体现人民意志、保障人民权益、激发人民创造活力，用制度体系保证人民当家作主。"①

《 阅读与思考 》

一、阅读

1. 贡斯当. 古代人的自由与现代人的自由 [M]. 阎克文，刘满贵，译. 上海：上海人民出版社，2005.

2. 密尔. 代议制政府 [M]. 汪瑄，译. 北京：商务印书馆，2007.

3. 达尔. 民主及其批评者 [M]. 曹海军，佟德志，译. 长春：吉林人民出版社，2006.

二、思考

1. 直接民主和间接民主，孰优孰劣？

2. 在代议制民主中，保障公民基本自由的根本制度是什么？

3. "寡头铁律"是否证明民主制度注定会失败？

① 习近平. 决胜全面建成小康社会　夺取新时代中国特色社会主义伟大胜利：在中国共产党第十九次全国代表大会上的报告 [M]. 北京：人民出版社，2017：35-36.

第六章

法治思想及其理论困境

法治思想的核心理念是良法得到普遍的遵循，任何个人或团体的权力都不能凌驾于法律之上，都要受到法律的约束。在法治理论中，宪法具有至高无上的地位。宪法是规范国家权力应用的根本大法，权力的应用必须以宪法为依据。本章内容将在介绍宪法、法治的基本知识的基础上，分析法治理论的困境以及法治与民主之间的复杂关系，并介绍作为限权之制度设计的分权制衡理论。

第一节　宪法与法治

宪法是一个国家的根本大法。宪法与国家中其他法律的区别不仅仅在于宪法是最高法、具有比其他法律更高的权威，还在于宪法规定了其他法律产生的方式和程序。宪法对国家的权力结构以及立法程序做出了最终规定。从这个意义上来说，宪法是法律之母。没有宪法，其他法律就无法被制定出来，即使被制定出来也不成其为法律，不具有合法性。从古代到现代，宪法的含义发生了根本性的转变，古代宪法和现代宪法有很大区别。下面，我们首先考察一下宪法的古今差异。

1. 古今宪法

宪法（constitution）这一概念在 2 000 多年前的古希腊就已经出现了。亚里士多德的《雅典政制》（*Constitution of Athens*）一书的标题就用了这个词。这本书的中文译本并没有将“constitution”翻译成“宪法”。这是因为，“constitution”这个词的古代含义与现代含义有很大的区别。在《雅典政制》《政治学》《尼各马可伦理学》等著作中，亚里士多德考察了包括雅典、斯巴达、迦太基等城邦在内的古希腊 158 个城邦的基本政治制度。“宪法”一词在古希腊，其含义是对于城邦基本政治制度的一种通称，并没有对政治制度进行具体的规定。亚里士多德将其理解为“政体中各种官职的安排”。亚里士多德在应用“宪法”概念时，试图将“宪法”与其他法律区分开来，凸显其“最高法”的地位。但是，古代的“宪法”还不具备现代宪法所具有的“限权”“保护个人权利”等具体含义。

依据美国宪法学家 C. H. 麦基文的考证，宪法的含义在古罗马时期有了根本性的转变。罗马人对法律的一项巨大贡献就是对公法和私法进行了区分。麦基文论述道：“他们对公法（jus publicum）和私法（jus privatum）做了最明确的（与其前人相比）区分。该区分构成‘保障个人权利反对政府侵犯’的全部历史的基础，今天依然如此。”在罗马人看来，公法是所有人的协议，是整个国家的人民共同承担的责任，而私法则是人们之间关于个人事务的约定。公法地位的确立为个人权利的保护提供了最终保障，而这正是现代宪法的基本特征之一。由此，许多宪法学家将现代宪法的根本精神追溯到古罗马，追溯到从亚里士多德到西塞罗法律学说的转变。

然而，现代宪法产生的标志性事件仍然是英国《大宪章》（The Great Charter）的签订。1215 年，英国无地王约翰（John Lackland，1167—1216）被迫签署《大宪章》。英王约翰是英格兰最不得人心的国王之一。他穷兵黩武，却屡战屡败。为了补充军费，他不得不横征暴敛，不断增加新税，加剧对贵族和百姓的盘剥。这些做法最终激怒了英国贵族阶层，愤怒的贵族们联合起来武装围攻英王约翰。在万般无奈之下，英王约翰于 1215 年 6 月 15 日在泰晤士河边的一个草坪上，与 25 个贵族代表进行谈判，并最终签订了《大宪章》。可是，第一次发布的《大宪章》只维持了几个星期。在英王约翰死后，迫于贵族的压力，《大宪章》又多次被重新发布。自此之后，每当贵族们感到国王在滥用权力，超出了一定的界限，例如危及贵族们的权益或者是危及国民自由时，就会援引《大宪章》；或者迫使国王重新发布《大宪章》，并要求国王以《大宪章》约束自己的权力。可以说，1215 年的英国《大宪章》成为此后西方人限制王权、保护公民权利的最根本的依据。由此，《大宪章》也当之无愧地成为现代宪法以及以宪法为基础的政治制度的第一块基石。

《大宪章》的签订以及之后被多次重新发布，使如下观念在西方文明中深入人心，这就是：国家权力必须受到法律的限制。值得注意的是，虽然现代宪法理论在其形成之初强调的是对君主权力的限制，但在不断发展的过程中，现代宪法中的“限权”却并不仅仅是对君主权力的限制。更准确地说，所谓“限权”，是对“主权权力”的限制。简单来说，如果是君主制国家，君主拥有主权，那么宪法就对君主的权力进行限制；如果是贵族制国家，贵族拥有主权，那么宪法就对贵族的权力进行限制；如果是民主制国家，人民拥有主权，那么宪法就对人民的权力进行限制。总而言之，宪法的核心在于“限权”，是以法律形式对主权权力进行制度性的限制，而这种限制的依据和目的则是保护“个人权利”。对个人权利的保护，是主权权力合法性的来源，也是主权权力的目的，并为其应用划定界限。

2. 法治思想的源流

宪法是规范国家权力应用的最高法律，而法治（the rule of law）则是以这一最高法律统治国家，两者有着密不可分的关系。

法治思想起源于2 000多年前的古希腊。晚年的柏拉图在实践理想国的努力屡次失败之后，在《法律篇》中构想了一种由法律而非哲学王统治的国家。亚里士多德是柏拉图的学生，他继承和发展了柏拉图的法治思想，为西方政治思想中的法治主义传统奠定了基础。亚里士多德将"法治"定义为："良法得到普遍的遵循"。亚里士多德论述道："法治应包含两重意义：已成立的法律获得普遍的服从，而大家所服从的法律又应该本身是制定得良好的法律。"① 这一定义有两个要点：一是"良法"；二是"普遍服从"。下面的讨论将聚焦"普遍服从"的问题②。

依据亚里士多德的阐释，法治要求所有人对法律的服从。这其中既包括城邦中的普通公民也包括城邦中的统治者。所以，在城邦的政治结构中，一个受法律约束的君主就是法治国家所要求的。基于此，亚里士多德区分了两种君主："依法为政的君主"③ 和"全权君主"。前者是受法律约束的君主，而后者则是"用个人智虑执行一切公务"④ 的君主，亦即不受法律约束的君主。亚里士多德对两种君主的区分实际上就是对"法治"与"人治"的区分。如果在一个城邦中，统治者是"依法为政"的，其权力受到法律的约束，那么，这个城邦真正的统治者就是法律；相反，如果一个城邦的统治者凭借自身的思虑就可以决定一切事务，其权力不受法律的约束，那么这个城邦真正的统治者就是君主，就是人。

在"法治"和"人治"的对比中，亚里士多德更多地支持"法治"。他认为，即使人们支持"人治"的城邦，也是因为统治者的心中存在着通则。"而且，凡是不凭感情因素治事的统治者总比感情用事的人们较为优良。法律恰正是全没有感情的；人类的本性（灵魂）便谁都难免有感情。"⑤ 古希腊人通常认为"理智"属于神灵，"激情"和"欲望"属于野兽，人则是神灵和野兽的混合⑥。所以，亚里士多德总结道："谁说应该由法律执行其统治，这就犹如说，唯独神祇和理智可以行使统治；至于谁说应该让一个人来统治，这就在政治中混入了兽性的因素。"⑦

亚里士多德的法治国家观念在17世纪的英国资产阶级革命时期得到了进一步深化和发展，甚至影响了英国政治制度的变革。约翰·弥尔顿（John Milton，1608—1674）和哈林顿（James Harrington，1611—1677）等政治思想家重新阐述

---

① 亚里士多德. 政治学［M］. 吴寿彭，译. 北京：商务印书馆，1965：202.

② 在如何判断什么样的法律是"良法"的问题上，通常的回答是依据自然法，亦即符合自然法的法律就是良法，不符合自然法的法律就是恶法。但是，像边沁这样的功利主义者并不承认具有形而上特征的自然法，所以会将是否有利于增进社会整体利益作为判断何为"良法"的标准。

③ 在亚里士多德的《政治学》第170页注释①中"依法为政的君主"也译为"有限君主"或"立宪君主"，其含义是受法律约束的君主。

④⑤ 同①170.

⑥ 同①172注释②.

⑦ 同①173.

柏拉图、亚里士多德的法治国家思想，强调“王在法下”，为英国君主立宪制度的确立奠定了基础。然而，英国革命时期的另一位政治思想家、被誉为现代政治学之父的托马斯·霍布斯，却强烈反对亚里士多德的法治思想。那么，霍布斯反对法治国家理论的理由是什么呢？如果我们暂且搁置霍布斯在 17 世纪英国资产阶级革命中的保王派立场，是否能从其契约论的国家学说中找到其反对法治观念的理由呢？

第二节　法治的悖论

自从《大宪章》签订之后，一直困扰英国法学家和政治思想家的一个重大理论问题就是“王在法上”还是“王在法下”。国王作为主权者，其权力是否应受到《大宪章》的约束？如果不受到约束的话，国王就可以为所欲为，整个国家将导向专制统治；如果国王权力受到法律约束的话，法律又来自哪里呢？在君主制国家，国王作为主权者，其意志就是法律。国王怎么可能受到自己意志的束缚呢？法治理论的内在困境不仅存在于理论层面，也在现实层面引发了一系列的政治斗争甚至是革命。在 1640 年爆发的英国资产阶级革命中，议会派认为，国王的权力一定要受到法律的约束，而保王派则认为，国王的权力是法律的源泉，不可能受到任何其他权力或者是法律的约束。霍布斯是一个保王派，他的法学思想清楚地展示了法治理论的内在困境。

1. “王在法上” vs. “王在法下”

霍布斯是社会契约论的鼻祖。依据其国家学说，霍布斯强烈反对源自柏拉图、亚里士多德的法治国家观念，认为人们对法律的服从，实质上是对人的服从。在霍布斯的契约论框架内，人们通过自愿地同意授权给主权者，主权者拥有通过授权而产生的共同权力。这一权力的形成标志着利维坦（国家）的诞生，也标志着政治秩序的确立。在现实生活中，这一政治秩序的表现形式就是法律。因此，在霍布斯看来，法律就是主权者的意志。主权者不仅是立法者而且还拥有对法律的最终解释权，主权者所拥有的共同权力及其相应的暴力机关是法律之强制性的基础。

霍布斯论述道：“构成法律的便不是法官的慎虑或低级法官的智慧，而是我们这位人造的人——国家的理性和命令。”[①] “在所有国家中，不论主权者像君主国家中那样是一个人，还是像民主与贵族国家中那样是多数人组成的会议，都唯有主权者能充当立法者。……同样的道理，已订立的法律除开主权者以外便没有人能废除，因为一种法律非用另一种法律禁止其执行，否则就无法废除。”[②] “（法官）的判决之所以成为权威的解释，并不因为这是他个人的判决，而是因为他是根据主权

---

① 霍布斯. 利维坦［M］. 黎思复，黎廷弼，译. 杨昌裕，校. 北京：商务印书馆，1985：210.

② 同①206-207.

者的权力下判决的；这样一来，这一判决就成了主权者的判决，而主权者的判决在当时对于诉讼双方来说就是法律。”① 主权者是否受法律的约束？这正是霍布斯必须面对的悖论。一方面，如果回答“是”，那么，主权者怎么可能制定约束自身的法律呢？一个手握公共权力的主权者怎么可能作茧自缚，用自己订立的法律拴住自己的手脚？再者，如果主权者的权力是受到限制的，他又怎么可能成为立法者，成为一切法律的源泉呢？无怪乎霍布斯在《贝希摩斯》中嘲笑法学家：“至于那些精于法律的人，他们没能认识到本国的法律是国王制定的，是用于约束他的臣民以维持和平和正义的，而不是用于约束制定法律的国王本人：这是理解力不强的标志。”②

另一方面，如果我们对上述问题的回答是“否”，认为主权者不受法律的约束，那么，一个不受法律约束的主权者将变成一个专断的权力拥有者，这类似于亚里士多德批评的“全权的君主”。在许多支持法治的政治思想家看来，一个专断的主权者只会将国家导向专制主义。霍布斯正是坚持这样的观点。他在《利维坦》中论述道：“国家的主权者不论是个人还是议会，都不服从国法。因为主权者既有权立法废法，所以便可以在高兴时废除妨碍自己的法律并制定新法，使自己不受那种服从关系的约束；这样说来，他原先就是不受约束的。因为愿意不受约束就可以不受约束的人便是不受约束的。”③ 霍布斯从契约论的国家学说中，推导出一个完全不受法律约束的主权者，这一方面是逻辑的必然，另一方面也是他在思想史上被称为绝对主义者、受到众多诟病的根本原因。

在英国革命的历史中，霍布斯法律思想中的这一悖论延伸出去即是“王在法上”还是“王在法下”的问题，就是“人治”还是“法治”的问题。值得注意的是，“人治”绝不意味着没有法律，而是说法律是统治者的专断意志，体现为统治者权力的应用，而统治者自身却不受法律约束。所以说，“法治的悖论”并不仅仅是法的权威和人的权威之间孰高孰低的问题，而是涉及法之权威的来源问题。法律作为一种规范体系，其与道德、礼仪等其他规范体系之间的根本区别在于其“强制性”。那么，这种强制性的来源是什么？其来源只能是主权者所拥有的强制性“共同权力”。霍布斯正是清楚地看到了这一点，所以才认为，法的力量和权威在于“人和武力”，而不在于法本身。当然，法的内容有可能根源于道德，例如，根源于自然法。霍布斯认为，人们在进入国家之后，自然法就转变为国家的法律。但是，法律效力的来源并不是任何意义上的道德自律，作为一种“他律”，法律之所以有效，其力量的来源只能是主权者所拥有的强制性权力。

我们可以这样来理解“法治的悖论”：在一个国家，主权者的意志就是法律；法治要求所有人都受到法律的约束。那么，主权者也必须受到法律的约束，也就是

① 霍布斯. 利维坦 [M]. 黎思复，黎廷弼，译. 杨昌裕，校. 北京：商务印书馆，1985：215.
② 霍布斯. 贝希摩斯 [M]. 李石，译. 北京：北京大学出版社，2019：185.
③ 同①207.

受到自己意志的约束。所谓“悖论”之处就在于，我们是否可以说“一个人受到自己意志的约束”？因为，如果一个人只受到他自己的意志的约束，这个人实际上可以为所欲为，那么我们通常会认为他不受任何约束。当我们说主权者受到自己意志（法律）的约束时，他到底有没有受到约束呢？这就是限权宪法思想产生以来法学家们一直在争论的问题。下面，笔者将结合美国宪法学家麦基文、德国历史学家恩斯特·坎托罗维奇（Ernst Kantorowicz，1895—1963）以及英国法理学家哈特（H. L. A. Hart，1907—1992）的论述讨论解决这一悖论的三种方案。

2. 三种解决方案

事实上，法治的悖论这一问题自从《大宪章》签订以来就一直存在。美国宪法学家麦基文以中世纪法学家布雷克顿（Henry de Bracton，121? —1268）的法学理论为例讨论了这一问题。布雷克顿是13世纪英格兰的重要法学家，其著作《关于英国的法和习惯》对中世纪英格兰宪法的基本原则做出了清晰的阐释。然而，在麦基文看来，布雷克顿却做出了一些自相矛盾的论述，这被麦基文称为“布雷克顿困境”。例如，布雷克顿强调，国王不在任何人之下，即使他在上帝和法律之下。依据这一论断，我们很难判断国王的行为是否受到约束。麦基文认为，布雷克顿的论述存有明显的矛盾。这后来导致了两个传统，一个是宪法的，另一个是专制的。如果说国王的权力不受任何约束，那就是专制主义的；如果说国王的权力要受到约束，那就是立宪主义的。而布雷克顿到底是专制主义者还是立宪主义者，则是历史学家们一直说不清楚的。

对于“布雷克顿困境”的解决，麦基文从布雷克顿的论述中找到了一种“分权”的方案。依据布雷克顿的论述，国王手中握有两种权力：“治理权”和“审判权”。国王手中拥有治理国家的权力，这一权力只属于国王一人，在该领域没有人与他有同样的资格，更没有人高于其上。因此，从治理国家的意义上来说，国王（主权者）的权力是不受限制的。麦基文论述道：在该领域，他的任何行为都不可能是违法的，因为在该领域，他的专断权是正当的、完全的和独占的。与此同时，国王还拥有审判权，但是这种权力必须依据法律的规定而予以应用。由此，麦基文认为，布雷克顿所代表的中世纪立宪主义的重要特征就是将国王的“治理权”和“审判权”分开，国王在行使治理权时不受约束，但在行使审判权时则要受到法律的约束。这就相当于说，国王，作为主权者，其权力既受法律约束又不受法律约束。当他行使“治理权”时其权力不受约束；当他行使“审判权”时其权力要受到法律的约束。然而，在坚持法治精神的学者看来，这种分权方案并没有很好地解决法治的悖论问题。因为，即使是国王在行使治理权的时候，也应该受到法律的约束。否则，一个为所欲为的国王在治理过程中一定会侵犯到人们的自由和权利。如果国王认为，对于治理国家来说很重的赋税是必要的，而且他收取赋税的权力不受任何约束，其命令的颁布不需要征得任何人的同意；那么，他就可能横征暴敛，而这将对人们的权利和自由造成极大威胁。

对于王权是否应该受到法律约束的问题，一些英国近代法学家以“君之两体论”来解释。德国历史学家恩斯特·坎托罗维奇在1957年出版的《国王的两个身体》一书中阐述了一种始自中世纪的政治神学理论。这种学说借鉴基督教神学中对于基督的两体之分①，塑造出国王的两个身体：自然之体与政治之体。“君之两体论”的核心思想是将国王的政治身份和自然之躯分离开来，这为以法律约束国王的权力打开了大门。依据“君之两体论”，一方面，国王的自然之身与普通人没有两样，他可能有贪欲，可能有怯懦，可能有生老病死，也可能犯错。所以，人们就有充分的理由，可以用纯粹出自理性的法律来约束这个现实生活中活生生的国王。另一方面，由于国王的政治之体超脱出其肉身之外，所以当人们用法律来约束其肉身时，并不会损伤其政治之体的权威。同时，也就不会损伤法律作为一种绝对的、强制性秩序的权威。可以说，“君之两体论”巧妙地解决了前面所讨论的“法治的悖论”，解决了君主权力是否应该受法律约束的难题。在“君之两体论”中，国王的自然之躯就是亚里士多德所说的“依法为政的君主”，其行为和权力的运用都必须服从法律；而国王的政治之体则是“全权君主”，他不仅不受法律的约束，而且是一切法律的源泉。在政治现实中，“君之两体论”为保留国王、同时以法律约束国王权力的政治体制开辟了道路。君主立宪制，这正是英国在一系列政治斗争和革命事件之后做出的最终政治选择。

法治的悖论不仅存在于君主制国家中，也存在于民主制国家中。哈特在《法律的概念》一书中讨论了在现代民主制国家中如何处理法治的悖论。法治的悖论的症结在于主权者的权力是否受到法律的约束。如本书第五章所述，在一个民主制国家中，人民是主权者。从制度设计上来说，议会这一代议机关拥有国家主权，而代议机关的权力是选举人赋予的。因此，从根本上来说，选举人才是真正的主权者。法治理论的难题在这里就演变成选举人的权力是否受到约束的问题。然而，选举人作为普通公民，其行为一定会受到各种各样的约束，怎么可能充当一个不受约束的主权者呢？哈特解决这一难题的思路是将选举人的人格进行“二分”。哈特指出，“我们可以将社会成员的人格区分为作为个人的‘私人资格’（private capacity），与作为选举人或立法者的‘公务资格’（official capacity）”②。换句话说，选举人有着双重的身份：一方面，作为个人的私人身份，他们的行为和权力是受到约束的；另一方面，作为立法者的公务身份，其权力是不受约束的，其意志是法律的来源。然而，在哈特看来，这一解决方案并不完美。因为，选举人在选举代表或代表团体时，并非“作为个人”在行动，而是以“公务资格”在行动。“他们是由特定规则授予资格，并且他们遵从如何做成有效选举或法律的规则。”③ 也就是说，选举人在参与选举活动时是以“公务资格”在行动，而这时他们也要受到各种各样的限制。所以，怎么能说选举人的“公务身份”是不受法律约束的呢？

---

① 基督的两体指的是基督的真实体（Corpus Verum）和神秘体（Corpus Mysticum），这种说法始自使徒保罗。

②③ 哈特. 法律的概念：第3版［M］. 许家馨，李冠宜，译. 北京：法律出版社，2018：132.

坎托罗维奇的“君之两体论”和哈特讨论的“选举人之两种身份论”为我们解决法治的悖论提供了一种思路：解决这一悖论的可能路径就是对主权者进行二分，无论主权者是君主（君主制）还是人民（民主制）。我们可将其称为“主权者之两体论”，即存在着两个主权者，一个抽象的主权者和一个现实的主权者。前者是理论上一切国家法律的来源，后者则是政治现实中的主权权力的载体。在君主制中，主权权力的现实载体是君主；在民主制中，主权权力的现实载体是议会。抽象意义上的主权者是强制性秩序的来源，是法律的来源，其自身不受任何外在力量的约束。然而，在政治现实中，没有任何个人或者团体不受法律的约束。因为，主权者的政治之体与自然之体是分离的。没有任何自然之体——国王、上议院、下议院，或者具体的每一个选举人——能够等同于主权者的政治之体。在民主制中，主权者被塑造成抽象意义上的“人民”。主权者的意志是法律，但并不能由此而得出结论说：某个人或某个团体的意志就是法律。因为，任何个人都是有朽的、不完美的自然之体，有着各种各样的私欲，都必须受到法律的制约。法律凌驾于所有人之上；同时，法律是抽象的主权者之意志，抽象意义上的主权者（人民）凌驾于所有人之上，而这正是法治与民主的合一。

法治的悖论不仅存在于西方的政治理论和革命历程中，中国政治思想史中的一些讨论也展现出法治思想的这种矛盾性。实际上，即使跳出西方文化的社会背景，“主权者是否应该受到法律约束”这一政治理论难题依然存在。我们在中国古代政治思想中能找到对这一问题的两种回答：既有支持以法律约束权力的论述——“王子犯法与庶民同罪”（《史记·商君列传》），也有不以刑罚约束权力的论述——“礼不下庶人，刑不上大夫”（《礼记·曲礼上》）。

诸子百家中的法家历来主张法律的普遍性，强调法律对于手握重权者的约束。例如韩非子所言：“法不阿贵，绳不挠曲。法之所加，智者弗能辞，勇者弗敢争。刑过不避大臣，赏善不遗匹夫。”（《韩非子·有度》）商鞅和韩非子的思想充分体现了法治观念所要求的“普遍服从”，与亚里士多德对法治国家的推崇如出一辙。

《礼记》中的观点“礼不下庶人，刑不上大夫”却与“普遍服从”的要求相背离。《礼记》中的这一论述历来是研究者们争论的焦点。笔者认为，应该对这段话进行一种历史语境主义的理解，而不是以现代观念对其完全否定。在西周时期，“礼”和“刑”共同构成了一套完整的规范体系，这套规范体系有上、下两个方面：礼和刑。对于“身份较高”的社会成员以“礼”规范之，而对于“身份较低”的社会成员则以“刑”规范其行为。因此，《礼记》中的这段话并不是在说身份高贵者可以置身于这套规范体系之外，而是说身份高贵者应以“礼”来进行规范。当然，“礼”之规范的强制性要远远低于“刑”。因此，随着“礼治”体系的崩溃，以强制性国家权力为基础的法律最终取而代之。

对于《礼记》中的论述，如果我们站在同情的立场追问：“为什么不应对身居高位者用刑?”其理由大概是：对身居高位的大夫甚至君王用刑会极大地损伤国家的政治权威，使整套规范体系失效；而其最终结果就将是礼崩乐坏，甚至是国家的崩溃。然而，毋庸置疑的是，如果不将违背法律的身居高位者绳之以法，那么国家的政治权威会更加迅速地威严扫地。从上述分析中我们能更加深切地体会到法治思想的内在矛盾。这种矛盾不仅存在于理论层面，也不可避免地体现在政治现实之中。

2018 年 3 月 11 日，第十三届全国人民代表大会第一次会议表决通过了《中华人民共和国宪法修正案》，将《中华人民共和国宪法》序言第七自然段中的“健全社会主义法制”修改为“健全社会主义法治”。“法制”强调国家有完备的法律体系，而“法治”则强调国家的最高权威是法律。这一修订彰显了中国建设法治国家的决心。如何进一步完善法律体系，更好地规范权力的行使，这是建成法治国家的关键。习近平总书记强调指出，全面推进依法治国是关系我们党执政兴国、关系人民幸福安康、关系党和国家长治久安的重大战略问题，是完善和发展中国特色社会主义制度、推进国家治理体系和治理能力现代化的重要方面①。法治是国家治理体系和治理能力现代化的重要依托。只有全面依法治国才能有效保障国家治理体系的系统性、规范性、协调性，才能最大限度凝聚社会共识。在统筹推进伟大斗争、伟大工程、伟大事业、伟大梦想的实践中，在全面建设社会主义现代化国家新征程上，我们要更加重视法治、厉行法治，更好发挥法治固根本、稳预期、利长远的重要作用，坚持依法应对重大挑战、抵御重大风险、克服重大阻力、解决重大矛盾②。

第三节 法治与民主

如前所述，法治精神强调的是以法律对主权权力进行限制。如果主权权力的拥有者是“人民”，那么法治是否也要求对“人民权力”进行限制呢？如果法治要求对人民的权力进行限制，那么法治和民主之间是否存在紧张关系呢？卢梭的“人民主权”学说将这一问题带入了人们的视线。从某种意义上来说，正是因为卢梭的政治学说没能很好地解决这一问题，才导致了其理论的悖论性结构。本节将以卢梭的“人民主权”学说为例，分析法治思想与民主理论之间的内在张力。

在西方政治思想史上，卢梭将“人民”的地位提到了前所未有的高度，这或许确实导致了其后法国大革命的波澜壮阔。卢梭被革命者们奉为精神领袖，其遗体被请进了“先贤祠”；而那些痛恨残暴革命的人，却对卢梭深恶痛绝。这一切，对于卢梭来说，大概并不冤枉。

“公意”（general will）是卢梭政治哲学中最神秘的一个概念。在这一概念的两端是两个在现实政治中几乎每时每刻都处于矛盾中的概念：“公共利益”和“私

① 中共中央文献研究室. 习近平关于全面依法治国论述摘编［M］. 北京：中央文献出版社，2015：7.
② 习近平. 论坚持全面依法治国［M］. 北京：中央文献出版社，2020：34.

意”（private will）。一方面，“公意”始终指向公共利益，这一意志要做的事就是随时随地、最大限度地增进政治共同体整体的利益。另一方面，“公意”的来源是“私意”，当然“公意”并不是所有共同体成员的“私意”的简单集合（这样的集合被卢梭称为“众意”），而是所有人的“私意”通过某种“化合反应”而形成的国家这一生命体的唯一的意志。

卢梭借助社会契约论将“私意”和“公意”联结起来。卢梭认为，在自然状态下，每个人的行为受自己意志（“私意”）的支配，所以人是自由的。同时，每个人的“私意”旨在增进自己的利益。在缔结社会契约的过程中，不同的“私意”聚合在一起，人们通过订立社会公约而让渡出一部分自然权利。此时，聚合在一起的“私意”构成了“公意”，这一意志旨在推进公共利益。伴随“公意”产生的，则是国家本身。在“公意”产生的同时，所有的“小我”聚合成了一个“大我”，个人聚合成政治共同体。卢梭认为，在国家形成之后，人们仍然是自由的。不过，此时人们自由的含义不再是其行为受“小我”意志（“私意”）的支配，而是每个人的行为受“大我”意志（“公意”）的支配。卢梭甚至认为，为了让人们自由，可以强迫人们服从“公意”。这就是卢梭最臭名昭著的“强迫自由”悖论。

在卢梭的国家学说中，“公意”与国家的“主权”是同一的，卢梭论述道：“这种意志一经宣示，就构成一种主权行为，并且构成法律”，而主权者只能是人民①。这就是著名的“人民主权”学说。这一学说包括下述四个要点：第一，主权实质上由“公意”构成，而“公意”是永远正确的。所以，主权权力是绝对的、神圣的、不可侵犯的。第二，主权只能由人民掌握，不可转移。第三，主权不可被分割，立法、行政、税收、司法、战争、内政、外交等都只是主权权威所派生的东西，是从属于主权的。第四，主权不能被代表。卢梭据此反对代议制。

卢梭的“人民主权”学说将“公意”，也就是“人民的意志”推向至高无上的地位，并认为这一意志是永远不会错的。那么，在卢梭的政治学说中，“人民的意志”是否应受到限制呢？与这一意志同在的主权又是否应该受到限制呢？如果“人民的意志”不受限制、不受约束的话，是否会给政治共同体带来危险呢？而卢梭的“人民主权”学说是否又会和英国《大宪章》中所强调的、对国家“主权”应进行制度限制的法治精神相违背呢？

卢梭在《社会契约论》中专门用一节讨论了“论主权权力的界限”。然而，在这一节中我们却找到了卢梭对这一问题的两种相反的回答。第一，卢梭在讨论“主权者”时论述道：“并没有而且也不可能有任何一种根本法律是可以约束人民共同体的，哪怕是社会契约本身”②。第二，在讨论主权权力的界限时，卢梭论述道：“主权权力虽然是完全绝对的、完全神圣的、完全不可侵犯的，却不会超出，也不

---

① 卢梭．论人类不平等的起源和基础［M］．李常山，译．东林，校．北京：商务印书馆，1962：33.

② 同①22-23.

能超出公共约定的界限；并且人人都可以任意处置这种约定所留给自己的财富和自由。”① 综合以上两段似乎相互矛盾的论述，我们大概可以这样来理解卢梭的意思：主权权力的应用不应该超出公共约定（也就是人们在进入政治共同体时所订立的契约）的范围，但与“公意”同在的主权是永远不会错的，其应用也绝不会超出公共约定的范围；因此，并不需要对主权进行制度限制。

卢梭的这套推理在理论上是说得通的，但是，放到政治现实中却会困难重重。其中最大的困难就是，人们如何确定“人民的意志”是什么？“公意”是什么？虽然卢梭并不一定会赞同大多数人的意见（就是“公意”）一定是正确的，但是在政治现实的操作层面，卢梭却只能借助民主投票来确定“公意”是什么。

卢梭也确实将民主制度与“公意”学说结合起来，认为当人们在民主制度中投票的时候，并不是在简单地表达自己对某事的意见，而是在对什么是“公意”进行投票。而大多数人的意见最终将向人们显现“公意”是什么。因此，当少数派的意见最终没有被采纳时，他们并没有丧失自由，而只能说他们对“公意”进行了错误的估计。结合其“强迫自由”理论，卢梭认为，当少数人服从多数人通过的法令时，他们仍然是自由的，因为只要法令是符合“公意”的，那么当少数派在服从这一法令时，实际上就是在服从自己的意志，而不是多数派的意志。

通过将民主和“公意”相结合，卢梭实际上赋予多数人的意见绝对的正确性。因为，“公意”是永远正确的，而“公意”在政治现实中只能通过民主投票体现出来。所以，多数人的意见就是永远正确的，而由多数人所主导的主权的运行机制也绝不会犯错，不会超出社会公约的界限，因此，也不需要进行限制。

为了反驳卢梭的“人民主权”学说，我们只需要举出 2 000 多年前古希腊哲学家苏格拉底经民主投票处以死刑的例子。这位述而不作的哲学家在西方人眼中的地位，犹如被奉为圣人的孔子在东方文化中的地位一样崇高。然而，这位西方人眼中的圣人却被西方文明最为推崇的民主制度判处了死刑。在这个意义上，苏格拉底的悲剧是双重的悲剧，是最优秀的人与最优良的政治制度之间相互碰撞直至毁灭的悲剧。这样的悲剧在“人民权力”不受限制的政治体制中屡见不鲜。法国大革命十分残酷，断头台前人满为患，在革命的短短几年中，有超过 6 万人死在断头台上，其中包括对立双方各自的领袖——路易十四和罗伯斯庇尔。德国法西斯头子希特勒也是民主选举上台。这些政治悲剧不得不让人反思，多少罪恶假借“人民”之名义而行?!

对权力最有效的限制，就是宪法。宪法的核心是“限权”，即将主权的行使限制在一定的范围内；即使主权权力的拥有者是人民，这一权力也必须受到限制。对主权权力进行限制的依据是个人权利：将主权的行使限制在不侵犯个人权利的范围内。尤其是在民主制度中，将多数人的权力限制在不侵犯少数人权利的范围内。打个比方，在没有宪法的民主制度中，如果大多数人看一个人不顺眼，就可以通过投

① 卢梭．论人类不平等的起源和基础［M］．李常山，译．东林，校．北京：商务印书馆，1962：41．

票将其处死、监禁或者流放，就像苏格拉底所遭受的厄运；但是，在有宪法限制的民主制度中，民主投票的意见必须以保护个人权利的宪法为界限，所以就不能仅仅因为大多数人同意就随意侵犯某个人的基本权利。如果苏格拉底生活在有宪法保障的民主制度中，就不会仅仅因为“败坏青年”和“不敬神”而被处死，因为这显然不符合宪法通常的规定。

“法治”和“民主”是现代政治制度的两大根基。法治的根基在于对于个人自由的维护，而民主的根基则在于政治共同体中所有成员的地位平等。自由与平等各执一端，法治和民主相互制约。由此，法治与民主并非所有时候都是协调一致的，两种要求时常会产生矛盾。在政治制度中，对法治与民主之间矛盾的最终裁决诉诸“违宪审查”这一制度设计。通过“违宪审查”，最高法院的大法官可以否定民主投票的最终结果，以宪法为依据，将多数人的意志约束在不侵犯个人权利，尤其是少数派权利的范围之内。

第四节　分权制衡

“分权制衡”是一种古老的政治智慧。将分权制衡应用到制度设计当中能够很好地限制权力的应用，实现法治的目标。在主张分权制衡的学者看来，所谓政治，就是社会中各种力量之间的平衡。这里所说的各种力量，其产生可能出于不同的原因。有可能是经济的原因，例如亚里士多德论述的穷人和富人之间的力量对比；也可能是宗教的原因，例如英国清教运动时期不同教派之间的斗争；也可能是种族的原因，例如非裔美国人争取与欧裔美国人同等权利的运动……而政治的目的则在于通过相互对立的人们之间的辩论、谈判、说服与妥协，最终以制度设计和立法的方式来消解矛盾或者搁置争端，形成不同力量之间的平衡与共存。

在这种关于政治的理解之下，权力分立不仅是必需的，而且是一种必然的政治现象。政治不在于东风压倒西风，也不在于西风压倒东风，而是在于不同力量之间的相互制衡，以维持一种动态的和平。权力分立正是为了长久地维持不同政治力量之间的均势而进行的制度设计，也是为了更好地限制权力而进行的制度设计。从这一点来说，分权制衡是实现法治的重要手段之一。

1. 古代分权形式

古代的分权思想体现在古希腊的混合政体理论中。亚里士多德虽然继承了其老师柏拉图的思想，认为最好的政体是贤明君主制或者贵族制，但他仍然认为任何单一的政体在现实中都是不稳定的，很容易发展成其对立面：当君主腐化堕落时，君主制退化成僭主制；贵族取而代之形成贵族制；贵族腐化堕落，政体退化成寡头制；平民揭竿而起，形成民主制；人民败坏，政体退化成暴民制；暴民之中，英雄再起，形成新的君主制……如此循环，往复不止。

亚里士多德认为，一个政体的稳定在于组成政体的不同人群之间的力量平衡和相互制约。在城邦中，穷人的数量多，但财富少，他们代表城邦中“量”这一要素；富人的数量少，但财富巨大，他们代表城邦中“质”这一要素。在亚里士多德看来，一个城邦除非兼顾“质”和“量”两个要素，否则就不能长治久安：“把官职和事权时常授给那与之相反的部分——这里所说的两个部分就是品质和数量，亦即富室和贫民的区别，——俾使两个部分各得其平，或对贫富有所协调，或设法加强中产（中间）阶级（middle class）。这样的政策可以遏制由那个特别兴盛的不平衡部分发动变革的危机”①。由此，亚里士多德认为，最稳定的政体是寡头政体和平民政体的混合，既考虑到平民的自由身份，又照顾到财富、能力、品德等因素。在这样的混合政体中，富人和穷人的权力相互制衡，以达到政治秩序的稳定。

亚里士多德的混合政体思想通过波里比阿和西塞罗的进一步阐述而传入古罗马，并具体体现在古罗马共和国的政治安排之中。波里比阿是被带到罗马的希腊人质。他在罗马生活了40多年，而在这40多年中，他一直在思考一个问题：罗马是以什么力量打败希腊并保持强大的？

波里比阿认为，罗马人成功的秘诀在于罗马政治制度的优越性。罗马能跳出政体循环的原因在于他们将君主制、贵族制和民主制的因素相混合，使它们处于平衡的状态，从而避免了自发的衰败倾向。波里比阿在其巨著《罗马帝国的崛起》中论述道：“如果人们只注意执政官的权力，那罗马国家就完全是君主制政体，如果人们只注意元老院的权力，它又完全是贵族制政体，而如果只注意民众的权利，它显然又是民主政体。”“集君主制、贵族制和民主制的优点于一身，又不使其中任何一个原则过分地膨胀，从而蜕变为自己的对立面。每一种力量都被其他两个所抵消，任何一个都不能压倒和超过其他力量。因此，这个政体能够保持长时间的均衡状态。”② 由此可见，罗马共和国的政治安排准确地体现了君主、贵族、平民三者权力分立相互制衡的思想，被认为是古代分权形式和制度设计的典范。

发端于亚里士多德，经由波里比阿和西塞罗发扬光大的混合政体理论向我们传达了一种高超的政治智慧，而这种政治智慧不仅在古代世界得以继承和应用，也在洛克以来的现代政治思想中得到进一步的发展，甚至在当代政治制度的设计中仍然发挥着重要作用。

2. 现代分权理论

洛克在《政府论（下篇）》中根据职能不同，把国家权力划分为三个部分：立法权、执行权和对外权。第一，立法权“指有权指导如何运用国家的权力来保护这个社会及其成员的权力”③。第二，执行权，即“负责执行被制定和继续有效的法律”④ 的权力。第三，对外权，即决定“战争与和平、联合与联盟以及同国外一切

---

① 亚里士多德. 形而上学［M］. 吴寿彭，译. 北京：商务印书馆，1965：274.

② 参见波里比阿《历史》英文版第11章第12节。

③④ 洛克. 政府论：下篇［M］. 叶启芳，瞿菊农，译. 北京：商务印书馆，1964：91.

人士和社会进行一切事务的权力”①。在这三种权力中，立法权和执行权是订立了社会契约并且建立了政府的社会内部的权力，而对外权则是处理契约以外的国家和社会事务的权力。

洛克认为，立法权处于至高无上的地位：“立法权，不论属于一个人或较多的人，不论经常或定期存在，是每一个国家中的最高权力。”② 同时，执行权和对外权都是来源于立法权的，没有法律的授权，执行权和对外权就缺乏合法性，就不具备法律效力。

洛克强调立法权与其他两种权力的分立，洛克论述道：“如果同一批人同时有制定和执行法律的权力，这就会给人们的弱点以极大的诱惑，使他们动辄要攫取权力借以使他们免于服从自己所制定的法律，并且在制定和执行法律的时候，使法律适合于他们的私人利益，因而他们就与社会的其余成员有不同的利益了，违反了社会和政府的目的。”③

尽管洛克认为对外权和执行权的性质存在区别，但他并不主张将执行权和对外权截然分开。洛克认为，就其执行来说，让这两种权力同时掌握在同一些人的手里比较妥当。因为，“如果执行权和对外权掌握在可以各自行动的人手里，这就会使公众的力量处于不同的支配之下，迟早会导致纷乱和灾祸”④。实际上，从对外权的实际运行来看，它与执行权并没有明显的区别，只是执行权所依据的是已经制定的法律，而对外权则必须处理通常无法预料的问题。洛克的分权理论并不完善，其中没有涉及司法权的问题。在洛克的分权理论中，立法权占据绝对支配的地位。如果立法机关制定了与公共利益相违背的法律，民众除了进行公开的反抗，没有其他途径来解决这个问题。

现代分权理论在法国思想家孟德斯鸠的论述中得到进一步完善。孟德斯鸠（1689—1755）是西方国家学说和法学理论的奠基人，其三权分立的学说对现代法学理论产生了重要的影响。他的分权思想主要集中在《论法的精神》一书中。孟德斯鸠认为，所有拥有权力的人，都倾向于滥用权力，而且不用到极致绝不罢休。为了防止权力滥用，实现政治自由，必须以权力制止权力。他将国家权力分为立法权、行政权和司法权三种。第一，立法权是国家制定临时或永久的法律、修改或废除已有法律的权力。第二，行政权是国家媾和或宣战，派出使节，维持治安，防止外敌入侵的权力，类似于洛克所说的对外权。第三，司法权是国家惩治罪行，裁决私人争执的权力。

孟德斯鸠认为，这三种权力应该由不同的权力机关掌握，权力分立、相互制衡。孟德斯鸠论述道：“如果司法权不同立法权和行政权分立，自由也就不存在了。

---

① 洛克. 政府论：下篇［M］. 叶启芳，瞿菊农，译. 北京：商务印书馆，1964：92.

② 同①84.

③ 同①91.

④ 同①93.

如果司法权同立法权合而为一，则将对公民的生命和自由施行专断的权力，因为法官就是立法者。如果司法权同行政权合而为一，法官就将握有压迫者的力量。如果同一个人或是由重要人物、贵族或平民组成的同一个机关行使这三种权力，即制定法律权、执行公共决议权和裁判私人犯罪或争讼权，则一切便都完了。”①

对于三种权力之间的相互制衡与合作，孟德斯鸠认为，首先，立法权应由全体人民所共有，但人们参与立法的形式应限于遴选代表，而不是直接参与。因此，立法权应该委托给贵族集团和由选举产生的、代表人民的集团。

其次，行政权应该执掌在君主手中，因为政府的这个部门几乎随时需要立即行动，所以由一个人管理优于由若干人管理。行政机构通过否决权（使他人做出的决议归于无效的权力）参与立法。行政机构如果不拥有制止立法机构越轨图谋的权力，立法机构就会变成一个专制机构。立法机构的两部分以否决权彼此制约，又同受行政机构的约束，而行政机构则受立法机构的约束。立法机构有权审查它所制定的法律的执行情况。但是，立法机构还不应有权针对人身进行审讯。执行人的人身是神圣的，执行人如果被控告或被审判，自由就将不复存在。

最后，司法权不应与立法权的任何部分相结合。司法权对于立法权和行政机关的行为享有违宪监督权。如果行政权是一种主动的权力的话，那么司法权就是一种“被动”的权力。因为行政权力必须根据已制定的法律来处理日常中出现的各种事务，它是主动的，但是司法权却不能凭借自己的愿望主动地执行各种法律，“告诉才受理”是司法机关工作的一项基本原则。

孟德斯鸠的三权分立思想对西方现代政治制度产生了极大的影响。权力分立的制度设计已经成为政治制度中“限权”的核心技术手段。许多西方国家的政治制度都是在“三权分立”的理论基础上形成的。当然，在一些国家的政治制度中，既包括古代的分权形式，也包括现代的分权形式。古代与现代的分权结构虽然不同——前者以权力主体不同来划分权力，后者以职能不同来划分权力，但两种分权理论的原理都是一样的：以权力制约权力，通过权力的相互制衡，达到政治秩序的动态稳定。

第五节　政治价值与政治制度

民主与法治不仅是重要的政治价值，也是两种主要的政治制度。民主的基础是平等，正是基于所有人平等的政治地位，一人一票的民主制度才得到论证。法治的核心在于限权，而限权的目的则是保护每个人的自由。可以说，民主植根于平等，而法治则植根于自由。在具体的政治现实中，民主与法治有可能产生矛盾，例如：多数人的意见可能会剥夺少数人的自由。这种矛盾从根本上来说是自由与平等之间

① 孟德斯鸠. 论法的精神：上［M］. 张雁深，译. 北京：商务印书馆，1995：156.

的矛盾。自由、平等、民主、法治、分权……，如何将这些基于不同逻辑的政治原则设计到一套融贯的政治制度当中，使各种政治价值能够兼容，让人们的不同道德直觉得到统一连贯的表达？在本节中，笔者将结合《联邦党人文集》中的论述，对美国的政治制度及其弊端进行分析。《联邦党人文集》是美国建国之初开国元勋对于如何设计政治制度的深入讨论，对于理解美国政治制度具有重要意义。美国的政治制度体现了政治理念之间的内在张力，揭示了西方政治制度的内在困境。

1. 民主与法治之间的张力

自由和平等是现代社会的核心政治理念。这两个核心政治理念在具体的政治制度中体现为人人平等地拥有各项基本权利：既包括不受他人干涉的各项个人权利，也包括参与国家公共事务的政治权利。为了保护这两种平等权利，在国家政治制度中有两项基本设计：一是法治。法治将宪法作为国家的最高权威。宪法是对于个人在私人领域中各项不受他人和政府干涉的基本权利的最终保护。二是代议制民主。代议制民主一方面赋予了每个政治共同体成员选举代表和参选代表的平等权利，另一方面遵循民主制度的多数决定原则，切实体现了每个人意见的同等重要性，体现了人人平等的基本政治原则。在美国的政治制度中，选民通过选举形成立法机关：参议院和众议院掌握国家权力中最核心的部分——立法权，以实现公民对国家主权的平等分享。

然而，法治与代议制民主这两项基本政治制度却有可能产生矛盾：对个人自由的维护有可能与多数人的意见相违背。例如，参议院和众议院作为立法机关，可能定立出违背宪法的法律。这时，参议院和众议院所代表的多数人意见就与宪法对个人自由的保护相矛盾。这一矛盾，在美国政治制度中是通过违宪审查制度得到解决的。在美国的司法体制中，联邦最高法院拥有违宪审查权。法院是人民与立法机关的中间机构，美国联邦最高法院对宪法拥有最终解释权。所以，当立法机关与法院的意见出现分歧时，法院拥有宣布违反宪法明文规定的立法为无效的权力。《联邦党人文集》为违宪审查制度提供了下列论证：宪法体现的是人民的意志，而立法机关体现的是人民的代表的意志。如果违宪的法律也能生效的话，无异于说，人民之代表的地位反高于人民本身，仆役反高于主人。这样的话，被人民授予权力的人就可以违背人民的意志，这与代议制民主的基本逻辑是相违背的。

在美国的政治体制中，联邦最高法院的九位大法官拥有对宪法的最终解释权。为了保证法官们仅凭良心和专业知识做出判断，而不受其他因素的干扰，美国宪法对最高法院大法官的任职、薪俸等做出了特殊的规定。第一，联邦最高法院的九位大法官是终身制，亦即法官一经任命，只要行为正当即可一直任职至生命的最后时刻（除非法官自己想要退休）。第二，在法官的薪俸方面，美国宪法规定，法官的薪俸随时间的变迁需要加以调整，但一经任命其薪俸即不得再削减。对于法官之任职和薪俸的规定相当于“人身保护令”。这两项规定最大限度地排除了法官受到权力或利益之威胁或诱惑的可能，保证法官仅凭自己的学识和良心做出判断。当然，立法机关对于司法部门也有一定的制约权力。美国宪法规定，当法官的行为不检时，由众议院提出弹劾，参议院加以审判；如判定有罪，可予以撤职，不得再行续用。总之，违宪审查以及司法独立这两项制度凸显了宪法的至高地位和法治精神，在民主与法治的冲突中站在法治一边；或者说，在平等与自由可能发生矛盾的情况下，站在了自由一边。

2. 错综复杂的分权结构

以宪法为基础的法治是支撑政治体制的根基，其制度手段就是通过权力的分立和制衡，达到限制国家权力、维护个人权利的目的。美国政治体制体现了三种分权结构：联邦和州的分权，精英与大众的分权，以及立法、行政、司法的三权分立。下面，笔者将具体讨论这三个方面的内容。

第一，美国的政治体制通过联邦制实现了中央与地方的分权。在独立之初，美国人民内部对于要组建一个什么样的国家，是一个由 13 个州联合起来的松散的联盟还是一个拥有统一的中央政府和军队的联邦，产生了极大的分歧。一些人认为，北美殖民地的 13 个州必须联合起来，形成统一的联邦政府，有统一的军队、统一的对外政策，这一派人被称为“联邦党人”（federalist）；而另一些人则认为，13 个州之间只要形成一个松散的联盟就可以，没有必要形成一个统一的共和国，这一派被称为“反联邦党人”（anti-federalist）。经过激烈的辩论，联邦党人以微弱的优势胜出，1787 年宪法在各州投票通过，美国成为一个联邦制国家。

联邦党人主张北美各州统一成一个复合共和国，他们驳斥了反联邦党人所说的在一个大国中无法保护人们的自由的说法。他们从孟德斯鸠的《论法的精神》中摘出词句来证明，一个联邦如何能同时保有小国和大国两方面的优势：“这种政府形式（联邦共和国）是一种协约。依据这种协约，几个小邦联合起来打算建立一个更大的国家，并且同意做这个国家的成员。所以联邦共和国就是几个社会联合而产生的新社会。这个社会还因其他新成员的加入而扩大，直到他们的力量能够为这个联合体提供保证的程度为止。这种共和政体能够抵抗外来力量，可以自己维持下去而内部不至于腐化。这种社会形式能够防止一切麻烦。”①

简单来说，一个联邦共和国就是许多小共和国组成一个大共和国。每个小共和国都保留自己的政府，有自己的宪法、立法机关和司法机关。在联邦层面也有联邦政府、宪法、立法机关和司法机关。与州政府不同的是，在联邦层面有国家统一的军队、货币系统、邮政系统等等。在联邦制共和国中，每个州就是一个小共和国，有高度的自治权。在哪些权力属于联邦政府、哪些权力属于州政府的问题上，联邦党人认为授予联邦政府下述职权是合适的：防御外来威胁的权力、同外国交往的权力、维持各州之间融洽的权力、安排全国性公共事业的权力、制止各州有害行动的

① 汉密尔顿，杰伊，麦迪逊. 联邦党人文集［M］. 程逢如，在汉，舒逊，译. 北京：商务印书馆，2009：42.

权力等等。总之，只有那些对于全国性事务来说是必要的权力才被授予联邦政府，其余的权力都属于州政府。联邦制是美国政治体制中的第一层分权，也可以说是中央和地方的分权。

第二，依循精英和大众分权的古代分权原则，美国实行两院制，立法机关分为参议院和众议院。其中，参议院是社会精英的集合，而众议院则是大众的集合。

在联邦党人看来，两院制议会对于平衡精英和平民之间的权力关系，使民意更趋理性化，具有重要的意义："单一机构容易为野心所左右或为贿赂所腐蚀。一切一院制而人数众多的议会，都容易为突发的强烈感情所左右，或者受帮派头子所操纵。一院制的另一个毛病往往是对于立法的目的和原则缺乏适当的了解；这也是参议院可以纠正的。"① 为了使权力的分立更为有效，联邦宪法对于参议院和众议院的选举资格、选举方式、任期以及各自拥有的权力都有不同的规定。在联邦党人看来，两个立法机关的特点和结构越是不同，它们就越难勾结起来，权力的相互制衡就越有效。

美国宪法规定，参议员的参选资格和任期是：年满 30 岁，入籍已满 9 年，任期 6 年。众议员的参选资格和任期是：年满 25 岁，入籍已满 7 年，任期 2 年。可见，参议员的参选资格比众议员的参选资格更严格，任期也更长。各州在联邦参议院和众议院的人数依规定也不尽相同。各州在联邦参议院中的代表数实行平等代表权，每一州在联邦参议院中均有两位议员作为代表，与各州人口无关。各州在联邦众议院中的代表数实行比例代表权，每一州在联邦众议院中的人数与各州人口数量相关，约 50 万人产生 1 名代表。所以，州人口数越多，该州在众议院中的代表数也就越多。联邦党人对众议院和参议院代表数的安排进行了解释："如果在一个完整的民族组成的国家中，各地区应在政权中保持按比例的代表权，如果独立的主权国家之间为了某一单一的目的而组成的联盟之中，各方在共同的委员会中都应有平等的代表权，而不管各国的大小。那么在具有民族的和联盟的双重性质的复合共和国之中，政权应该建筑在按比例和平等的代表权这两个原则的基础上。"② 在联邦党人看来，参议院采用平均代表制，而众议院采用比例代表制，这一安排是符合联邦制的国家结构的。参议院和众议院的分权是美国政治体制的第二层分权，体现的是大众和精英的分权。

第三，美国政治体制中立法、司法和行政各部门的分权体现了现代分权理论中的权力分立原则。参议院和众议院是立法机关，拥有立法权。其中，众议院拥有审议财政预算、起草和提出各种法案、在没有总统候选人取得选举人团多数支持的情况下推选总统等权力。参议院拥有审议和批准总统的人事任命、准予外国签订的条约、制定涉外法规、在没有副总统候选人取得选举人团多数支持的情况下推选副总

① 汉密尔顿，杰伊，麦迪逊. 联邦党人文集［M］. 程逢如，在汉，舒逊，译. 北京：商务印书馆，2009：42.

② 同①314.

统等权力。同时，众议院与参议院还共同拥有弹劾总统及联邦官员的权力。总的来说，美国的众议院一般偏重于美国财政和内政的立法，而参议院的职权则侧重于政府人事和外交事务。

美国总统是行政部门的权力核心，拥有很大的权力。在行政方面，总统有权选任所有行政部、院、署、局等机关首长，以及其他数百名联邦政府高级官员；有权发出对联邦机关有法律约束力的政令。总统还是美国武装部队的总司令，可召集各州的国民警卫队为联邦服务。总统对立法部门也有一定的制约权力，可以否决国会通过的任何法案，除非两院中各有 2/3 多数票推翻他的否决。总统可以向国会提出各种咨文，建议他认为必要的立法。此外，总统还享有委托立法权。在司法方面，总统有权任命联邦最高司法官员，还可以赦免任何被判处破坏联邦法律的人。在外交事务方面，总统是负责处理对外关系的主要官员。在参议院认可的情况下，总统有权任命驻外大使、公使和领事，有权与外国缔结条约。

与立法机关和行政部门相比，司法部门的权力是最弱的。如联邦党人所言："行政部门不仅具有荣誉、地位的分配权，而且执掌社会的武力。立法机关不仅掌握财权，且制定公民权利义务的准则。司法部门既无军权，又无财权，不能支配社会的力量与财富，不能采取任何主动的行动，既无强制，又无意志，而只有判断。而且为实施其判断还需借助于行政部门的力量。"① 但是，上述讨论中提到的违宪审查权以及宪法中对于最高法院大法官的薪俸和终身制等相关规定，都有助于司法部门的独立判断以及对于立法权和行政权的制约。

美国的政治制度凸显了立法、行政和司法三个部门的权力分立和相互制约。对于不同部门来说，权力的来源和应用规则各不相同，没有任何一方拥有不受制约的绝对权力。例如：美国总统有对国会两院法案的否决权，但经立法机关复议，2/3 多数通过即可成为法律；总统任命行政官员、缔结条约要征求参议院的意见和同意；国会有对以总统为首的行政官员的质询、弹劾的权力；司法部门有对政府官员进行审判，以及对国会制定的法律进行违宪审查的权力；总统和国会联合起来行使对法官的任命权；国会参与部分司法权，有司法性的宣告叛国罪和对总统进行审判的权力；等等。

通过以上分析我们看到，美国的政治制度试图将自由、平等、民主、法治、分权等政治价值融入一个融贯统一的体系之中，但却暴露出制度内部的冲突和困境。最突出的问题有两个：一是民主与法治之间的张力；二是错综复杂的分权结构。在美国政治制度中，民主与法治之间的冲突是通过违宪审查制度来解决的。然而，这样的制度仅仅在表面上解决了这一问题。这一制度赋予联邦法院九位大法官对宪法的最终解释权。但是，这九位大法官的意见通常是不一致的，也代表了各自的政治立场。对于如何确定宪法的最终含义，九位大法官不得不通过投票的方式来做出最

① 汉密尔顿，杰伊，麦迪逊. 联邦党人文集［M］. 程逢如，在汉，舒逊，译. 北京：商务印书馆，2009：391.

终判决。这就又一次将民主的因素引入法治之中，使得这九位大法官中的多数拥有了压倒少数的力量。这显然违背了法治的精神，很难对“多数人的暴政”形成制度约束。我们看到这样的制度怪圈：为了坚持法治精神，人们必须赋予宪法至高无上的地位，赋予联邦法院的九位大法官对宪法的最终解释权。然而，对宪法的最终解释不得不通过民主程序做出，这就再一次引入了“多数人的暴政”的危险。美国政治制度的第二个突出弊端是错综复杂的分权结构。这种包含三重分权（如果再加上两党分权的话就是四重分权）的复杂结构虽然在很大程度上限制了权力、杜绝了腐化堕落，但却时常造成各部门相互掣肘、推诿责任，最终没有人真正为人民的幸福负责。在许多力量争吵不休、相互牵制的政治体制中，任何统一、快速的应对行动都很难被组织起来。通过分析美国政治制度及其弊端，我们应该认识到政治共同体的存续和繁荣不在于人人追求自己的利益、以野心对抗野心，而在于公民美德，在于人们乐于在个人自由得到保障的前提下推动公共利益。

阅读与思考

一、阅读

1. 汉密尔顿，杰伊，麦迪逊. 联邦党人文集［M］. 程逢如，在汉，舒逊，译. 北京：商务印书馆，2009.

2. 麦基文. 宪政古今［M］. 翟小波，译. 贵阳：贵州人民出版社，2004.

3. 孟德斯鸠. 论法的精神：上［M］. 张雁深，译. 北京：商务印书馆，1995.

4. 哈特. 法律的概念：第 3 版［M］. 许家馨，李冠宜，译. 北京：法律出版社，2018.

二、思考

1. 古代宪法与现代宪法有什么区别?

2. 如何理解法治的悖论?

3. 在现代国家制度中有哪些古代分权的形式?

第四编

自由市场与分配公正

自由市场是人类社会配置资源的最有效的程序。这一程序以私有财产制度为基础，以自愿交换为原则。然而，自由市场中的许多自愿交换与人们的道德直觉相违背，例如毒品交易、权钱交易、绝望交易[1]等等。同时，自由市场的竞争结果有可能拉大贫富差距，破坏各阶层人民之间的平等关系。因此，一方面，应严守权利界限，禁止所有侵犯人们权利的黑市交易；另一方面，应依据人们达成共识的分配公正原则对自由市场的竞争结果进行调节，以维护人与人之间的公平正义。本编内容包括第七章“私有权和自由市场”及第八章“分配公正[2]研究的知识谱系”，深入讨论自由市场与分配公正之间的关系。

① 绝望交易指的是处于赤贫状态的人们为了维持生计不得不以很低的价格出卖自己的劳动力，甚至出卖自己的身体或自由。

② “公正”一词对应的英文是“justice”。在中国学界“justice”也被翻译为“正义”。在本书中，笔者依据相关译本和语言环境选择使用“公正”或“正义”。例如，罗尔斯的著作被翻译为《正义论》，在讨论罗尔斯学说相关内容时，笔者使用“正义”一词。

第七章

私有权和自由市场

对政治哲学的探索让我们看到，从政治价值中产生出政治原则，由政治原则而构建政治制度，而政治制度最终规范人们的公共生活。政治制度不仅规范人们在政治领域的行动，而且也规范人们在经济领域的各种活动。由此，经济领域的相关规则和理论也进入了政治哲学研究的视野之中。在这一章，我们将站在政治哲学的立场探索对现代社会尤为重要的经济领域，讨论作为人们自由交换之基础的私有权理论，以及从“看不见的手”的理论中推导出来的最小国家学说，并在此基础上分析自由市场应受到的两种限制。

第一节　私有权从何而来？

谁第一个把一块土地圈起来并想到说“这是我的”，而且让一些头脑十分简单的人居然相信了他的话，谁就是文明社会的真正奠基者。假如有人拔掉木桩或者填平沟壑，并向他的同类大声疾呼：“不要听信这个骗子的话，如果你们忘记土地的果实是大家所有的，土地是不属于任何人的，那你们就要遭殃了！”这个人该会使人类免去多少罪行、战争和杀害，免去多少苦难和恐惧啊！

——卢梭《论人类不平等的起源和基础》

卢梭这段著名的关于私有权起源的论述很好地展现了私有财产制度的两面性：一方面，如卢梭所言，人类社会的故事是从分清“你的”和“我的”开始的，私有财产制度是文明社会的基石；另一方面，私有权制度的发生和发展肯定了富人与穷人之间的不平等，给人类带来无穷无尽的争斗和苦难。权利这一概念将自由和平等两种政治价值统一起来，保障所有人获得“平等的自由”。然而，在各式各样的权利中，私有权却像是一个卧底，它不断地腐蚀着人与人之间的平等关系。人们虽然平等地拥有支配自己财物的自由，但是，每个人所占有的财物的多寡却决定了他们之间在经济和社会方面广泛的不平等。私有财产制度究竟给人们带来了什么？为什么有人将其奉为神赐，又有人将其视为魔鬼？下面，我们先从洛克对私有权的推导和论证中来探寻人类最初是怎么获取私有财产的。

西方政治思想史，对私有权的论证根源于自然权利论。英国政治思想家洛克在自然法和自然权利的基础上提出了私有权的“劳动获取理论”。该理论得到亚当·斯密、大卫·李嘉图（David Ricardo，1772—1823）等重要经济学家的认同，成为对私有权的经典论证。

洛克是将私有财产制度奉若神赐的思想家。与霍布斯①和休谟②不同，洛克认为私有权是人们在自然状态下就拥有的三项基本权利（自由、生命和财产）之一，不是人们在进入社会状态之后才拥有的。因此，私有权并不是基于人们的同意（社会契约）而产生的权利。洛克还进一步认为，私有权是三项基本自然权利的核心。因为，自由权可理解为行为者支配自己所拥有的东西的权利，而生命权可理解为行为者对自我本身的权利。所以说，自由和生命两种权利都可以划归为私有权。因此，私有权是自然权利的核心。

在洛克的笔下，私有权有着神圣的来源。在《政府论（下篇）》中洛克对私有权进行了论证，其论证分为两个步骤：第一，论证土地、土地所滋养的植物和动物以及大自然中对人们有益的其他物品属于人类共有；第二，推导人们以何种方式将人类所共有的物品挪为私用，并论证人们对被挪为私用的物品拥有权利（私有权）。

在论证第一个论点时，洛克给出了“自然的理性”和“上帝的启示”两个理由：“不论我们就自然理性来说，人类一出生即享有生存权利，因而可以享用肉食和饮料以及自然所供应的以维持他们生存的其他物品；或者就上帝的启示来说……上帝‘把地给了世人’，给人类共有”③。也就是说，从自然理性和上帝的启示中，我们都可以得出如下结论：土地以及土地所产出的东西属于人类共有。

接着，洛克开始推导和论证人们对这些共有物的私人占有。洛克举出这样的例子：如果一个人在树下捡拾橡子，并带回家煮了吃掉，我们不能否认这些橡子应由他消受。那么，在这一过程中，从哪一刻开始这些橡子变成他的了呢？是在他捡拾的时候，在他把它们带回家的时候，在他煮的时候，还是在他消化的时候？洛克的答案是：在他捡拾它们的时候这些橡子就属于他了。因为，“劳动使它们（这些橡

---

① 霍布斯认为，在自然状态下，人们没有私有权。见霍布斯《利维坦》第 96 页的这段话：“这种状况（自然状态）还是下面情况产生的结果，那便是没有财产，没有统治权，没有‘你的’‘我的’之分；每一个人能得到手的东西，在他能保住的时期内便是他的。”

② HUME D. A treatise of human nature [M]. Oxford: Clarendon Press, 1978: 490.

③ 洛克. 政府论：下篇 [M]. 叶启芳，瞿菊农，译. 北京：商务印书馆，1964：17.

子）同共同的东西有所区别……使它们成为他的私有的权利”①。

洛克充分认识到了劳动在人们的最初获取中的重要性，并由此发展出私有财产的“劳动获取理论”。对于劳动为何在人们对外在物品的获取中扮演着关键角色，洛克给出了两个论证：“劳动价值掺入说”和“劳动价值论”。“劳动价值掺入说”的核心观点是：一个人通过劳动将某物从自然的手里取出来，并在其中掺入了属于自己的东西，由此确立了此人对此物的专属权利。洛克的这一论证是建立在自我所有权（self-ownership）概念的基础之上的。洛克认为，“每个人对自己的人身（person）享有一种所有权，除他以外任何人都没有这种权利”②。也就是说，虽然土地及其产出为所有人共有，但是构成我之为“我”的东西是属于我自己的。我的思想、我的欲望、我的身体以及身体的一切活动都是属于我的。基于对自我所有的理解，洛克进一步推论：“我的身体所从事的劳动和双手所进行的工作也是正当地属于我的”。也就是说我的劳动是属于我的。最后，洛克得出结论：那些我通过自己的劳动而改变其自然所处的状态的东西也是属于我的，因为我在其中掺入了属于自己的东西。由此，我们得到洛克“劳动价值掺入说”的三个论证步骤：（1）确立“自我所有权”；（2）从“自我所有权”推出“我的劳动属于我”；（3）从“我的劳动属于我”推出“我的劳动成果属于我”。

美国当代哲学家诺奇克在《无政府、国家和乌托邦》一书中质疑了洛克的“劳动价值掺入说”。诺奇克论述道：“把我拥有的东西与我并不拥有的东西混合在一起，为什么不是我失去了我所拥有的东西，而是我得到了我并不拥有的东西？如果我拥有一罐番茄汁并把它倒入大海，以致它的分子（使其带有放射性，从而我可以进行检测）均匀地混合于整个大海之中，那么我是拥有了这片大海，还是愚蠢地浪费了我的番茄汁?”③ 诺奇克的这一质疑可谓击中了“劳动价值掺入说”的要害，使洛克的“劳动价值掺入说”变得很可疑。下面，我们转向洛克提供的第二种论证——“劳动价值论”。

“劳动价值论”的核心观点是：人们的劳动使得其劳动对象被改善，“使一切东西具有不同的价值”④，由此确立了人们对其劳动成果的专属权利。洛克认为，自然和土地只提供本身几乎没有价值的资料。一片未经耕种、放牧或栽培的土地只能被称作荒地，几乎没有价值。洛克以我们日常食用的面包为例：生成面包的过程中需耗费各种人力，犁地、收割、打麦、烤面包……甚至还包括训练耕牛，采掘矿石、冶铁，砍伐并准备木材制造犁……“如果我们正确地把供我们使用的东西加以估计并计算有关它们的各项费用——哪些纯然是得自自然的，哪些是从劳动得来

---

① 洛克．政府论：下篇［M］．叶启芳，瞿菊农，译．北京：商务印书馆，1964：18.

② 同①．洛克虽然阐发了“自我所有权”的思想，但并没有提出“自我所有权”这一概念，这一概念是在当代政治哲学的讨论中被归纳出来的。

③ 诺奇克．无政府、国家和乌托邦［M］．姚大志，译．北京：中国社会科学出版社，2008：209.

④ 同①26.

的——我们就会发现，在绝大多数的东西中，百分之九十九全然要归之于劳动。”[①]

诺奇克对“劳动价值论”也进行了质疑。诺奇克认为，在某些情况下，劳动不仅不会增加劳动对象的价值，反而会减少劳动对象的价值（例如，我在一张纸上密密麻麻地写上没有意义的文字，不仅不美观，而且还浪费了一张纸）。除此之外，诺奇克还提出异议：“为什么一个人的资格应该扩展到整个物品上面，而不是仅限于他的劳动所创造的**附加价值**上面？”[②] 例如，我捡了一块木头，做成一把椅子。此时，我的劳动创造的并不是整把椅子。因为，木头本身并不是我的劳动成果，而是自然资源。那么，我为什么能拥有整把椅子？

诺奇克虽然对洛克“劳动获取理论”的两种论证进行了批评，但他并没有对私有权的论证进行改进，而是在洛克“劳动获取理论”的基础上建构了自己的持有正义（justice of holdings）理论，并以此而支持完全放任的自由市场[③]。相反，希勒尔·斯坦纳（Hillel Steiner）等左派自由至上主义者敏锐地察觉到洛克对自然资源之所有权问题的忽视，论证所有人对自然资源拥有平等的权利，并在此基础上发展出一种支持房产税和遗产税的社会公正学说。总之，洛克所阐述的“劳动获取理论”的两种阐释——“劳动价值掺入说”和“劳动价值论”——都存在理论上的困难。因此，一些西方学者主张，我们只能将洛克对私有权的“劳动获取理论”论证当成一种隐喻[④]。这种隐喻强调的是：对于人们最初获取之正当性证明，劳动在其中占有重要地位。

第二节　私有权的限制

洛克认为，一个东西之所以属于我，是因为它是我的劳动成果，我的劳动为其增加了价值。但是，洛克在肯定人们占有劳动所得之正当性的同时并不认为人们可以通过劳动而毫无限制地增加财产，洛克提出了私有财产的限制条款：“如果它们（食物或土地）在他手里未经适当利用即告毁坏；在他未能消费以前果子腐烂或者鹿肉败坏，他就违反了自然的共同法则，就会受到惩罚，他侵犯了他的邻人的应享部分，因为当这些东西超过他的必要用途和可能提供给他的生活需要的限度时，他就不再享有权利。……凡是经过耕种、收获、储存起来的东西，在败坏之前予以利用，那是他特有的权利。凡是圈入、加以饲养和利用的牲畜和产品也都是他的。但是，如果在他圈用范围内的草在地上腐烂，或者他所种植的果实因未被摘采和储

① 洛克．政府论：下篇［M］．叶启芳，瞿菊农，译．北京：商务印书馆，1964：26.

② 诺奇克．无政府、国家和乌托邦［M］．姚大志，译．北京：中国社会科学出版社，2008：209．黑体字依照原文所加。

③ 本章第四节将详细讨论诺奇克的“持有正义”理论。

④ MILLER D. Market，state，and community：theoretical foundations of market socialism［M］．Oxford：Clarendon Press，1989：54-55.

存而败坏，这块土地，尽管经他圈用，还是被看作荒废的，可以为任何其他人所占有。”①

洛克对私有权之限制的论述可以总结为两条限制条款。第一条限制是：一个人通过劳动获取时，要将同样好和足够多的土地及其产出留给他人耕种和享用。也就是说，一个人只要留有足够的土地及产品给其他人，就可以尽量多地通过自己的劳动去占有，即使其占有超过了自己的需要。支持这一限制条款的理由是，上帝将土地及其产品赐给人们所共有，因此，每个人在通过劳动获取的过程中，不能只顾自己而不顾他人。第二条限制是：通过劳动，一个人只可以占有其有能力耕种的土地和可供利用的产品。也就是说，一个人能耕种多少土地就只能占有多少土地，能享用多少产品就只能占有多少产品，其占有不能超出自己可以利用的范围。支持这一限制条款的理由是：上帝造的东西不是供人们糟蹋或败坏的，因此，人们在利用资源的时候不能浪费。

洛克认为，在货币产生之前，人们会自愿地遵守劳动获取的第二条限制，人们并不会想要占有自己所无法利用的土地及其产品。他设想这样的情况：“试问，如果一个人在美洲大陆的中部拥有一万英亩或十万英亩上好的土地，他耕种得很好，也有很多牛羊，但他无法和世界的其他部分进行贸易，通过出卖产品换取货币，他将对这块土地做什么评价呢？圈用这种土地不会合算；我们会看到他只保留一块能够供应他自己和他家属生活用品的土地，而把多余的部分重新放弃给自然的旷野”②。然而，在货币产生之后人们便开始想要无限制地扩大自己的财富，因为货币并不会腐烂；与此同时，劳动获取的第二条限制条款就失效了。此时，人们可以将自己享用不了的劳动产品换成货币储存起来，而不会让多余的食物腐烂掉。于是，洛克得出结论：“这些结实耐久的东西（指货币），他喜欢积聚多少都可以。超过他的正当财产的范围与否，不在于他占有多少，而在于是否有什么东西在他手里一无用处地毁坏掉”③。由此，在洛克看来，货币产生之后对私人占有的限制就只剩下第一条限制：“一个人通过劳动获取时，要将同样好和足够多的土地及其产出留给其他人共享”。

在当代政治哲学的讨论中，诺奇克是洛克所开创的古典自由主义④传统最有力的辩护者。他以洛克的权利理论为基础，为私有权和自由放任的市场经济辩护。诺奇克对洛克所论证的私有权极为看重。然而，正如诺奇克所说，“任何关于获取的适当正义理论都会包含一个限制条款”⑤。洛克的私有权理论也包含相应的限制条

① 洛克. 政府论：下篇［M］. 叶启芳，瞿菊农，译. 北京：商务印书馆，1964：24-25.

② 同①31.

③ 同①30.

④ “古典自由主义者”（classical liberalist）指的是坚持洛克传统的自由主义者，他们坚持“自我所有权”理论，将私有权看作绝对不可侵犯的，并因此而支持自由放任的市场经济和最小国家理论。为这一理论做出贡献的思想家有：约翰·洛克、亚当·斯密、大卫·李嘉图、弗里德里希·哈耶克、罗伯特·诺奇克等等。

⑤ 诺奇克. 无政府、国家和乌托邦［M］. 姚大志，译. 北京：中国社会科学出版社，2008：213.

款。诺奇克分析并发展了洛克给出的私有权之限制条款，并将其阐释为“弱”版本的限制条款。下面笔者将讨论诺奇克阐释的私有权的洛克式限制条款，并进行质疑和批评。

诺奇克在《无政府、国家和乌托邦》一书中进一步发展了洛克对私有权的第一条限制条款——“将同样好和足够多的土地及其产出留给他人共享”。首先，诺奇克认为洛克给出的私有权限制条款过强了。为了说明这一点，诺奇克引入了一个回溯的证明：A、X、Y、Z四个人生活在同一片土地上，A为了耕种占有了这片土地的1/3，X和Y也相继各自占有了土地的1/3。这时，Y的占有显然违反了洛克的限制条款，因为他没有给Z留下同样好和足够多的土地；而Y之所以会这样做，完全是因为X在他之前占用了土地的1/3，而X之所以会这样做又是因为A首先占用了土地的1/3。由此回溯，A对土地的获取也违反了洛克的限制条款。这一例证向人们表明，如果严格遵循洛克的限制条款，任何违反限制条款的私人占有都涉及之前所有人的占有，并使之前所有人的占有变得不合法。

为了解决这一难题，诺奇克区分了洛克式限制条款的“弱”和“强”两种表达。诺奇克认为，洛克劳动获取的限制条款——“将同样好和足够多的东西及其产出留给他人共享”的实质是说“一个人的占有不会使另外一个人的处境变坏”。一个人的占有使另外一个人的处境变坏有两种方式：第一，使他失去通过任何一种特殊的占有来改善自己处境的机会；第二，使他不再能够自由地使用他以前（若无占有）能够使用的东西。简言之，某人对某物的占有使他人不能再占有此物或类似物，或者某人对某物的占有使他人不能再使用某物或类似物。诺奇克认为，私有权限制条款的“强”的表达要求一个人的占有排除第一和第二两种方式；而私有权限制条款的“弱”的表达只要求一个人的占有排除第二种方式。也就是说，洛克式限制条款的“弱”的表达只要求某人的占有不影响其他人使用他们之前可以自由使用的东西。诺奇克认为，如果我们采用私有权限制条款的“弱”的表达而非“强”的表达的话，就不会出现从Y的不合法占有回溯至A的不合法占有的问题。因为，即便Z到来时已经没有土地可以占有，但是，A、X和Y的占有并没有排除Z使用土地的可能性。A、X和Y可能将土地租给Z使用，这样洛克式限制条款的“弱”版本就得到了满足。由此，我们将诺奇克的限制条款表述为：判断某一占有是否正当的标准是——其占有是否允许他人使用他以前能够使用的东西，而不致使其境况变坏。

诺奇克限制条款的“弱”的表达不仅解决了无限回溯的问题，还为正当占有开了另一方便之门——“赔偿”。诺奇克认为，某些占有或许违反了“强”的限制条款（例如占有了仅剩的土地），但“只要他对其他人给予赔偿以使他们的处境不致变坏，他仍然可以占有”[①]。举例说明，A和B两人生活在同一片土地之上，各自耕种以谋生活。有一天，A私自占有了整片土地，但是他并没有禁止B使用他所占

① 诺奇克．无政府、国家和乌托邦［M］．姚大志，译．北京：中国社会科学出版社，2008：213.

有的土地，并且作为“赔偿”，A 还付给 B 一部分工资，此工资甚至高于 A 与 B 共同拥有土地时 B 所得到的土地产出。根据诺奇克所阐释的洛克式限制条款，此时 B 的处境并没有因为 A 的占有而变坏。因为，一方面 B 仍然可以使用以前所使用的土地，也就是说，A 的占有满足“弱”的洛克式限制条款；另一方面，A 还为自己的占有进行了“赔偿”。因此，在这样的情况下 A 的占有是合法的。

诺奇克所阐述的私有权的洛克式限制条款在当代政治哲学的讨论中被称为准洛克式限制条款，威尔·金里卡、G. A. 科恩（也译为柯亨）、克尔诺汉（Kernohan）等人都对诺奇克的观点进行了深入的批评。他们批评准洛克式限制条款的关键之点在于：准洛克式限制条款中“不使他人处境变坏”的含义过于偏狭，导致一些违背正义的占有变得合法。在诺奇克的阐述中，所谓某人的占有“不使他人处境变坏”，是将受此占有影响的人的处境在占有之前和占有之后进行比较，而且这种比较仅限于此人的福利有没有因他人的占有而受到损害。批评者认为，诺奇克单从经济利益的角度，并且仅与原始的公地状态相比较，这是片面而狭隘的。诺奇克对私有权的限制忽略了私人占有（尤其是对于土地和固定资产的私人占有）对当事人生活方式和自主权利的影响，以及在占有事件中相关当事人权力地位的变化（在很多情况下，占有往往是剥削的第一步）。由此看来，诺奇克对于私有权的限制过于宽松，没能为私有权这匹野马勒上公平正义的缰绳。缺乏适当限制的私有权在自由市场经济的发生和发展过程中会带来一系列的社会问题，有可能导致社会成员之间巨大的贫富差距、资本占有者对弱势群体的剥削，甚至是“圈地运动”式的巧取豪夺。

正如金里卡所述：“诺奇克所允许的那些最初占用的行为方式很快导致这样一种状况：所有的有用之物都被占用。那些有占有能力的人拥有大量财富，而没有占有能力的人则处于完全的赤贫状态。这些差异将向后代传递，一些人的后代将被迫过早工作，而另一些人的后代则拥有生活的各种特权”①。但是，只要没有人的状况比所有人共同拥有土地的原始时代差，那这些极端不平等的状况就是被允许的。我们甚至还能得出更加荒谬的结论：即使资本家的占有方式使得一些人衣不蔽体、食不果腹，这样的占有方式也有可能是合法的，因为如果所有人共有土地和财产的话，大家就会争先恐后地掠夺共有的资源，而人类可能早就灭亡了。这些悖谬的论断告诉我们，诺奇克所阐释的洛克式限制条款所允许的占有方式，已经完全违背了人们对公平正义的基本直觉。

历史可以为鉴，西方可以为戒。当一些人所拥有的财富足够多的时候，私有权有可能从一种平等权利变成压迫性的权力。因此，为了让更多处于不同境况中的社会成员共享经济发展的成果，我们需要通过制度建构对私有权和自由市场进行有效的限制。私有权理论对于现代社会的影响极为重大，这一理论不仅是现代经济理论的根基，而且也在方方面面规定着人们的公共生活，甚至引申出相应的国家学说。在洛克阐述的“私有权”理论的基础上，西方右派学者推导出支持放任市场和最小

① 金里卡．当代政治哲学：上［M］．刘莘，译．上海：上海三联书店，2011：217．

国家的政治哲学。哈耶克和诺奇克是这派学者的重要代表。在当代政治哲学的讨论中，诺奇克被公认为放任自由经济的杰出阐释者。他发展出了一种“看不见的手”的国家理论，重新建构了古典自由主义者所倡导的最小国家理论。在下面的讨论中，我们将首先了解诺奇克的最小国家学说，并在此基础上讨论自由市场应受的两种限制。

第三节 最小国家

诺奇克所发展的学说被称作“自由至上主义”（libertarianism），是以“自由”概念（liberty）为根基而构建的政治理论大厦。诺奇克所理解的“自由”，其核心内容就是所有权，包括个人对自己的所有权（自我所有权）和个人对自己劳动成果的所有权（财产所有权）。诺奇克将“是否侵犯他人的自由”作为判断一切个人行为、集体行为以及国家和政府的任何制度、法规和政策的道德底线。在诺奇克看来，任何有侵犯个人自由之嫌疑的政策（例如对自由市场的竞争结果进行调节）或制度（例如超出最小国家的更多功能的国家——福利国家）都包含着严重的道德错误，都是不具有合法性的。作为自由主义的极右派别，诺奇克几乎所有的政治主张——自由放任的市场经济、反对再分配、功能最小的国家、反对福利政策……都基于其对权利和自由的坚持。下面，我们来讨论一下诺奇克所阐述的最小国家理论。

不满于社会契约论中自然状态、“假想的同意”、“全体一致”等形而上学预设，诺奇克提出了一种“看不见的手”的国家学说。诺奇克深受奥地利经济学家哈耶克的影响，认为国家是一种自发的秩序，而不是人为的秩序。这种秩序是在人们不断的、利己的选择过程中自然演化出来的。这就像货币的形成，人们并没有在某一时刻坐下来商议，该以什么作为通用的交换媒介；也没有对任何决议明确地表示过同意或者不同意。货币的产生是在人们不断地“自愿交换”过程中，某种特定的物品因某些特性（不易腐坏、易于称量和分割等）在某一特定的区域内被当成了通用的交换媒介。

货币产生的过程启发了人们对国家的产生过程的思考。基于对自发秩序的理解，诺奇克在自由市场理论的基础上阐述了一种“看不见的手”的国家理论，为古典自由主义的“最小国家”学说做了严密的论证。诺奇克认为，第一，在自然状态下，为了获得安全，人们会自愿购买“保护”这种商品。由此，社会中会出现许多提供保护的“公司”——保护性社团。第二，在许多保护性社团的相互竞争中，在特定区域内最后会只剩下一家保护性社团，诺奇克将其称为支配的保护性社团。至于为什么不会出现多家保护性社团相互竞争的局面，这是因为“保护”这种商品具有特殊性：如果不是最强的保护就很难提供有效的保护。试想，如果某人购买的保护不是最强的，那么当他与购买更强保护的人发生矛盾时，他的安全就无法保障了。所以，人们一定会不惜代价去购买最强的保护，而不会为了省钱而买便宜的、较弱的保护。因为，与钱相比，生命永远是第一位的。基于这一推理，诺奇克认为，在提供保护产品的市场中会自然而然地形成支配的保护性社团，也就是只剩下最大最强的保护性社团。第三，支配的保护性社团将禁止私自使用暴力，也就是禁止那些没有购买保护、想要自己保护自己的人使用暴力。在禁止私自使用暴力之后，支配的保护性社团就可以垄断某个区域内的暴力，转变成垄断的保护性社团，也就是诺奇克所说的超低限度的国家（ultra-minimal state）。第四，垄断的保护性社团向被禁止使用暴力的独立个人提供“赔偿”，而这种“赔偿”的具体形式就是免费为这些独立个人提供“保护”。至此，经过“禁止”和“赔偿”两个步骤之后，支配的保护性社团最终演变成向所有政治共同体成员提供保护的合法的垄断暴力，而这就是一个最低限度的国家（minimal state），也是诺奇克心目中的理想国家。

在诺奇克的推导中，从自然状态到国家的形成经历了四个步骤：自然状态→保护性社团→支配的保护性社团→禁止私自使用暴力（超低限度的国家）→赔偿被禁止私自使用暴力的成员（最小国家）。在这四个步骤中，第三步——禁止私自使用暴力[①]和第四步——赔偿被禁止私自使用暴力的成员，受到了各方学者的质疑。这些质疑的核心问题有两个：第一，禁止私自使用暴力有可能侵犯人们的个人权利。第二，为什么要对那些被禁止使用暴力的独立个人进行赔偿？而这种赔偿的经费又从哪里来？在“赔偿”这一过程中是否包含再分配形式、包含对人们权利的侵犯呢？

首先，对于第一个问题，诺奇克解释说，对独立者强行正义的禁止是通过“事实上的垄断”来实现的：每个人都可能要求一种审查别人主张正义之程序的权力，在这个问题上，“支配的保护性社团却凭借它的权力确实占有一种独特的地位。当它认为合适的时候，它并且只有它，可以对其他人的正义程序进行强行禁止。……它承认每个人都有权利正确地应用原则，但作为这些原则的最有权力的应用者，它强行自己的意志，而它真心认为这种意志是正确的”[②]。换句话说，在“禁止私自使用暴力”这一步中，支配的保护性社团并没有声称自己拥有任何独特的权利，而仅仅是由于其事实上的支配地位而得以审查并禁止独立个人强行正义。因此，“禁止私自使用暴力”并没有侵犯独立个人的权利和自由。

其次，对于与“赔偿”相关的问题，诺奇克首先给出了进行“赔偿”的理由。诺奇克阐述了一种与权利相关的“赔偿原则”：“那些对风险行为强加禁止的人们对因其风险行为被禁止而遭受损失的人应给予赔偿。”[③] 也就是说，在“禁止私自使用暴力”的过程中，那些想要私自使用暴力的独立个人的利益受到了伤害，这构成

① 诺奇克认为“禁止私自使用暴力”是形成国家的必要步骤，这也佐证了马克斯·韦伯的说法，国家的本质是对于暴力的合法垄断。因此，从诺奇克的政治理论出发，美国人民没有权利私自使用暴力、强行正义。可见，诺奇克的政治哲学也站在禁枪的立场上。

② 诺奇克．无政府、国家和乌托邦［M］．姚大志，译．北京：中国社会科学出版社，2008：129.

③ 同②104.

了向他们提供“赔偿”的理由。而对于进行“赔偿”的资金从何而来，诺奇克认为，这些资金可以从一些愿意多付保护费以避免风险的参保者那里得来。这些人为了避免独立个人强行正义的风险，心甘情愿地多付一些保护费，而这部分钱就将用来补偿这些不愿付保护费的独立个人，为其提供保护。

为了理解诺奇克的上述观点，我们可以拿美国的枪支问题打个比方：国家允许人们私自拥有武器，一些人认为这样风险太大，情愿多出一些保护费，让保护性社团（国家）禁止那些想以枪支保护自己的人携带枪支，同时为他们提供保护。而为这些人提供保护的费用，是那些担心风险的人自愿为他们付出的。诺奇克认为，如此理解的“赔偿”过程并不是一种再分配，因为虽然保护性社团将一部分人的保护费用于为其他成员提供保护，但是这些多交保护费的人们是自愿的，而其多交保护费的目的是规避独立个人强行正义的风险。由此，诺奇克得出结论，在最小国家形成的第四个步骤（以提供免费保护的方式赔偿被禁止私自使用暴力的成员）中不存在再分配，也没有侵犯权利的事件发生。

从上述分析中我们看到，在诺奇克的国家学说中，国家的形成是通过人们的自愿交换和购买行为实现的。国家并不是基于任何人或所有人的共同设计，不需要像社会契约论者那样假想一个理性订约的过程。人们为了生存而购买保护，出售保护的人则为了扩大自己的利益而最终将其公司做成了一个合法垄断暴力并为其领域内所有成员提供保护的国家。同时，国家这个“公司”在道德上具有合法性。这一合法性的来源在于：其形成的过程中没有侵犯任何人的自由和权利。国家以其垄断的暴力为领域内所有成员提供保护，其功能也仅限于此。任何超出最小国家、拥有更多功能的国家都会侵犯人们的权利，妨碍人们在自由市场上的相互交换，都是不合法的国家。

诺奇克还讨论了最小国家与理想国家之间的关联。在西方政治思想史上，从柏拉图开始就一直有一种构建理想国家的思想传统。这被称为乌托邦传统。柏拉图的《理想国》、莫尔的《乌托邦》、哈林顿的《大洋国》等著作都是这一传统中的杰出作品。诺奇克认为，乌托邦是超出最小国家的崇高政治追求，理想国家理论是意义深远的政治学说。对于理想国家的建构来说，其关键在于，每个人对理想国家的想象都不一样。可以说，每个人的心中都有一个理想国家的模样。而且，由于政治立场、价值观念以及利益倾向等具体情况不同，人们所构想的理想国家形态各异。有可能是儒家传统的国家，也有可能是完全依赖放任市场的国家，还有可能是直接民主的国家……诺奇克认为，在价值多元的现实下，任何人都不应该以自己关于理想国家的构想否定其他人的构想。国家应该允许人们充分地想象和实践自己心目中的乌托邦。

那么，什么样的国家才可能满足人们对于理想国家的所有想象呢？诺奇克的答案是：最小国家。因为，最小国家是只提供保护的国家，它不要求任何超出“保护”的政治功能。最小国家只对人们的行为做出“不侵犯他人权利”的底线限制，而不对人们的价值观念和道德理想做任何更多的要求。因此，只有最小国家才可能满足人们关于理想国家的所有想象，允许人们进行建构理想国家的各种尝试。诺奇克将最小国家看作人们实现不同的乌托邦梦想的“框架”。在诺奇克看来，人们会努力构建并维护这个框架，因为在这个框架内，人们得以尽情地试验各种理想的政治共同体。正是在这个意义上，诺奇克认为最小国家才称得上是“乌托邦”，或者“元乌托邦”（meta-utopia）。诺奇克论述道：“我想表达的观点是，乌托邦是元乌托邦：可以进行各种乌托邦实验的环境；人们可以自由做自己事情的环境；如果更多的特殊乌托邦梦想要稳定地加以实现，那么必须首先在很大程度上加以实现的环境。”① 所以说，在诺奇克的国家学说中，最小功能的国家就是最理想的国家，就是乌托邦。这也正是诺奇克的著作《无政府、国家和乌托邦》书名的由来。

第四节　自由市场及其限制

诺奇克在政治层面论证了最小国家，在经济层面则支持放任自由经济。支持放任自由经济的学者通常认为，人们“自愿交换”的累积结果具有天然的正当性，应该无条件地接受。国家无权对市场交换的结果做任何修正，也不应对人们的自愿行为进行限制。与支持放任自由经济的学者相反，支持分配公正的学者认为，应该依据分配公正的理想对自由市场的竞争结果进行调节，缩小贫富差距，促进各阶层人们之间的平等。在具体政策上，分配公正的理论建构要求对自由市场的运行结果以税收等再分配手段进行修正。这一主张受到了支持放任自由经济的学者们的极力反对。这些学者认为，分配公正的相关学说赋予了国家和政府过多的权力，可能造成权力的滥用，威胁个人自由。正义的实现基于人们不受干涉的自由选择，在不侵犯权利的约束下，人们“自愿交换”的累积结果具有天然的合法性。诺奇克和哈耶克是持这种观点的两个代表人物。诺奇克认为，自由市场是对资源进行配置的纯粹程序正义，人们没有理由根据分配公正观念对市场竞争的结果进行调整。哈耶克认为，自由市场这一程序之所以具有正当性，是因为它是在人们自由选择的基础上自发形成的秩序，是“优胜劣汰”的自然结果。本节将在具体分析这两位学者的基本观点的基础上，讨论自由市场应该受到的两种限制。

1. 自由市场是纯粹程序正义?

诺奇克非常反感分配正义的相关理论。他最重要的政治哲学著作《无政府、国家和乌托邦》出版于 1974 年（罗尔斯《正义论》出版之后的第三年），就是为了系统地批评罗尔斯的正义学说而作。诺奇克甚至反对“分配正义”这一术语，他认为这一术语隐含着一个支配性的分配机构，而这个分配机构的存在必然会侵犯人们的权利和自由。诺奇克论述道：“‘分配正义’这个词不是中性词。听到‘分配’这个词，大部分人想到的是，某种事物或机制使用某种原则或标准来分发一些东西。一

---

① 诺奇克．无政府、国家和乌托邦［M］．姚大志，译．北京：中国社会科学出版社，2008：374.

旦进入这种分配份额的过程，某些错误可能就溜进来了。”① 由此，诺奇克反对在市场之外进行任何形式的再分配。在诺奇克看来，社会中不同的人对不同的资源拥有“资格”，这种资格就是“私有权”。而人们通过自愿的交换，以自己所拥有的东西满足别人的需要，并换来自己所需要的东西，通过市场调节和价格机制达到对资源的最佳配置；而市场之外的任何再分配政策（如税收、强制保险、补贴）都将是对个人自由和权利的侵犯。

在诺奇克看来，基于“自愿交换”的自由市场是一种纯粹程序正义，自由市场这一程序本身就保证了其竞争结果的正义。如本书第五章第三节所述，所谓纯粹程序正义，指的是不存在判断结果是否正当的独立标准，只存在一种正确的或公平的程序。这种程序若被切实地执行，其结果也必然是正确的或公平的（不论其结果是什么）。自由市场是一个人们用来配置资源、满足各自需求的领域。如果我们将自由市场秩序当作一种纯粹程序正义，那么，在保证人们最初获取之正当性（对某物之所有权的正当性）的前提下，累计多次“自愿交换”的结果也必然是正当的。这就是诺奇克“持有正义”理论的核心思想。

在《无政府、国家和乌托邦》一书中，诺奇克将其正义理论称为“持有正义”理论，并总结出三个原则：（1）获取的正义原则；（2）转让的正义原则；（3）对违反前两个原则的矫正原则。诺奇克认为，从真的前提可以推出真的结果；因此，如果某人对某物的获取和转让都是正义的，那么他对其持有就是有资格的，他的持有就是正义的；如果每个人的持有都是正义的，那么持有的总体（亦即社会分配）就是正义的。

首先，对于获取的正义，诺奇克借鉴了洛克的“劳动获取理论”。在洛克看来，人们因为拥有自己的身体而拥有身体的工作和劳动，并因此而拥有其劳动成果。如前所述，诺奇克对洛克“劳动获取理论”的两种解释——“劳动价值掺入说”和“劳动价值论”都有质疑，但他并没有建构新的所有权学说。诺奇克声称，自己考察洛克的“劳动获取理论”是为了增加自己的“持有正义”理论的复杂性②。然而，这种自我反省式的考察实际上已经动摇了“持有正义”理论的第一个原则获取的正义，动摇了“持有正义”理论的根基。

“持有正义”理论的第二条核心原则是转让的正义，这其中包括自由市场上的所有“自愿交换”以及市场外的礼物馈赠、遗赠等自愿行为。在转让的正义中，自愿（voluntary）是一个关键概念，因为，只有自愿的行为才被视为是正当的，其结果才可以被无条件地接受。可以说，自愿是任何转让行为之正当性的基础。然而，在日常语言中，自愿是一个描述人们心理感受的概念，与行为者的主观感受相关，

---

① 诺奇克．无政府、国家和乌托邦［M］．姚大志，译．北京：中国社会科学出版社，2008：179.

② 参见诺奇克的论述：“在我们转向详尽考察其他正义理论之前，我们必须对资格理论的结构增加一点复杂性，而增加复杂性的最好办法是思考洛克阐释的获取正义原则的尝试。”（诺奇克．无政府、国家和乌托邦［M］．姚大志，译．北京：中国社会科学出版社，2008：208）

很难充当规范体系的基础。因此，如果我们想要在自愿的基础上确定某一程序的正当性，就必须在政治学层面重新定义自愿，使其能够基于某一客观基础而发挥规范作用。诺奇克正是这样做的，他将自愿阐释为："是否使一个人的行为成为不自愿的，取决于这些其他人是否有权利这样做。"① 在这一阐释中，自愿通过权利而被定义：只要其他人的行为没有侵犯行为者的权利，那么该行为者的行为都被看作自愿的。如此一来，自愿这一概念不再与行为者的主观感受相关，从一个描述人们心理感受的概念，成了一个具有规范作用的客观意义上的政治学概念。

然而，如果我们深入追究，并不难发现诺奇克如此定义的问题所在：诺奇克对自愿的定义依赖于权利概念。而在讨论权利概念时，诺奇克引用了洛克的说法："一条线（或一个台阶）划定了围绕个人的道德空间之范围。洛克认为，这条线是由个人的自然权利决定的，自然权利限制了他人的行为"②。但是，诺奇克认为，权利"这条线"并不是绝对不可逾越的，在自愿同意的条件下，人们可以允许别人做出侵犯权利的事。诺奇克甚至认为，如果当事人同意，别人甚至可以杀死他。于是，我们看到自愿又在对权利的定义中发挥了关键性的作用。如此一来，诺奇克对自愿的定义必然陷入了循环之中：所谓"自愿"是他人不侵犯行为者的权利，而所谓"权利"又总是与行为者是否自愿有着密切的关系。如此一来，诺奇克并没有为转让行为的正当性找到一个可靠的规范基础。

"持有正义"理论的第三条核心原则是矫正的正义，其含义很简单，就是对违反前两条原则的情况进行矫正。诺奇克认为，由于人们并不一定会遵守前两条正义原则，所以需要对人们的持有进行符合前两条原则的矫正。然而，正义的矫正原则却涉及非常复杂的现实和历史问题，在实际操作中困难重重。诺奇克清楚地意识到了这些，并提出了一连串的疑问："如果过去的不正义以各种方式形成了今天的持有，其中一些是可以识别出来的，另一些则是无法识别出来的，那么现在（如果要做的话）应该做些什么来矫正这种不正义？对于这些假如没有遭受不正义其处境就不会如此糟糕的人，或者对于这些假如立即得到了赔偿其处境就不会如此糟糕的人，这些不正义的履行者对他们有什么义务？如果受益者和受害者在不正义的行为中都不是直接的当事人，比如说，而是他们的后裔，那么事情会有什么变化？对于其持有本身就基于一种没有得到矫正的不正义的人，可以对他们施以不正义吗？要向后追溯多远才能够还历史的不正义以清白？为了矫正对他们所做的不正义，其中包括人们通过其政府所造成的众多不正义，不正义的受害者做什么事情是可允许的？"对于这些问题，诺奇克并没有给出明确的答案，而是坦白地承认："我不知道如何彻底地或在理论上明智地对待这些问题。"③

可以说，矫正原则是诺奇克"持有正义"理论中最薄弱的环节。诺奇克只是从

---

① 诺奇克．无政府、国家和乌托邦［M］．姚大志，译．北京：中国社会科学出版社，2008：314.

② 同①68.

③ 同①182-183.

理论上意识到这一原则对于整个分配正义理论来说是必不可少的，但是，与这一原则相关的所有具体问题都很难妥善解决。而这些诺奇克没有在理论上搞明白的问题，最终都将暴露在具体政策的实施当中。例如，对于“圈地运动”中被强占的土地，是否应如数归还？在某些国家，种族隔离制度使一些人受到的不公平待遇是否应在其子女的身上进行某种补偿？冤假错案的受害者应得到什么样的补偿？这些都是矫正原则可能面对的现实难题。

2. 正义是自发的秩序？

在西方政治思想史上，哈耶克继承了密尔的自由主义思想，非常强调“个人自由”的价值。他不仅赞同密尔的观点，将个人自由看作整个人类社会进步的必要条件，而且还在此基础上发展出了一种关于“自发秩序”的思想。在哈耶克看来，不仅个人的发展和人与人之间的竞争是在个人自由的基础上实现的，而且，人类社会生产方式的改进和制度的进步，也是在自由竞争的方式下实现的。人类社会组织结构的改进以及制度和秩序的形成，是一个自发的（spontaneous）过程，不是通过任何人的“理性设计”实现的。

哈耶克主张将达尔文的进化学说应用到人类社会的演化之中，他论述道：“优胜劣汰所依凭的竞争，必须从最为宽泛的意义上去理解。它不仅涉及有组织的群体与无组织的群体间的竞争，而且还涉及个人间的竞争。……群际关系是否成功，同样也是在以不同方式组织起来的群体间的竞争中证明其有效性的。与之相关的界分并不在于对个人行动与群体行动的区分，而在于对下述两种境况的界分：在一种情况下，以不同的观点或惯例为基础的种种可供替代的方法可以为人们所尝试；而另一种情况中，某个机构拥有排他性权利或权力，阻止他人进行这类尝试。”①

我们可以这样来理解哈耶克的观点。假设在某一特定区域内同时存在着采用不同组织形式的群体，这些不同群体之间有着各种各样的合作和竞争。通过“优胜劣汰”的进化过程，采用某一组织规则的群体最终在竞争中胜出，而这一群体的组织方式以及他们的价值观念将扩展到全社会。如哈耶克所言：“在任何特定社会中，特定群体的兴衰，都取决于他们所追求的目的亦即他们所遵循的行为准则。而且获得成功的群体的目的，将趋于成为社会全体成员的目的。”② 哈耶克所构想的群体之间的“优胜劣汰”不仅适用于某一政治共同体内部的不同群体之间，也适用于全球范围内的不同群体之间。在哈耶克看来，那种最有效、最有生命力的组织形式最终将成为规定整个社会的制度规则。在全球范围内，采用不同政治制度的国家之间也存在着“优胜劣汰”的竞争，而最有竞争力的国家必然是采用最先进的政治制度的国家，而其他国家则会纷纷效仿这一国的政治制度。

基于对“自发秩序”的理解，哈耶克深入地批评了通过理性设计来构建正义的

① 哈耶克. 自由秩序原理［M］. 邓正来，译. 北京：生活·读书·新知三联书店，1997：38.

② 同①37-38.

社会制度的企图。哈耶克认为，唯理主义者（rationalist）[1] 的观点——“一种正义的社会制度可以通过理性的计划而建构”——必将遏制人们的自由，把各种新尝试的企图扼杀在襁褓之中。因为，这种理性的设计只能通过某种排他性的（exclusive）权力而得以实现，而这种排他性权力的存在必将侵犯人们的基本自由，阻碍人们个性的发展。同时，这种排他性的权力及其机构的存在，还将阻碍采用不同组织形式的不同群体之间的自由竞争，并最终阻碍整个人类社会的进步和发展。哈耶克总结道：“一种文明之所以停滞不前，并不是因为进一步发展的各种可能性已被完全试尽，而是因为人们根据其现有的知识成功地控制了其所有的行动及其当下的境势，以致完全扼杀了新知识出现的机会。”[2]

哈耶克的推理看似合理：个人自由促进新知识的产生，引发“优胜劣汰”的自由竞争；自由竞争奖励在竞争中胜出的优秀个人，同时指引人们发展的方向；利益方面，自由竞争还使得采用先进组织形式的群体得以保存和壮大，完成人们对不同政治制度的比较和选择。然而，这里面却有一些难以解决的疑问：怎么保证那些在竞争中胜出的个人是有“道德的”？怎么保证在竞争中胜出的社会制度是正义的？而在这个问题上，哈耶克只能给出一个“成王败寇”的回答。因为如果我们简单地将达尔文“优胜劣汰”的进化学说应用于人类社会，我们就很难排除人与人之间弱肉强食的竞争关系；而在社会制度层面，我们也无法确知竞争胜出的社会制度在何种意义上是正当的。我们通过一个自由竞争的程序仅仅能判断一种行为、一种生产方式、一种群体组织方式或者一种社会制度能否胜出；而无法判断这种行为、生产方式、群体组织方式以及社会制度是否正当。后者要求我们做出独立于自由竞争之程序的、实质性的价值判断，而罗尔斯提出的正义原则，正是试图为我们提供这样的价值标准。

哈耶克的自发秩序理论将自由竞争之程序作为判断正当、善、正义等价值的唯一标准，实际上是将正当、善、正义等价值统统定义为“优胜劣汰”之结果。这样的论证逻辑悬置了价值判断的基础，必将导致一些荒谬的价值判断。例如，对于资本主义生产方式的胜出，哈耶克就有可能得出这样的结论：“圈地运动”以及资本主义发展初期的各种“强占”行为都是正当的，因为采取这些行为的人们最终在竞争中胜出，而机器化大生产也最终取代了牧民们在牧场上自由放牧的生产方式。

哈耶克的自发秩序理论的另一个薄弱之处在于：以个人之间的竞争模式，推论群体间的竞争模式。在英国学者戴维·米勒（David Miller）看来，个人竞争模式与群体间的竞争模式并不能简单等同。米勒以“黑手党”为例说明这个问题：“一个群体可能以寄生的方式繁荣兴盛，而这将使整个社会遭殃——‘黑手党’是一个明显的例子。这样的群体是寄生虫：他们的成功依靠的是采用其他组织规则的群体

---

① 此处可参考邓正来对“rationalist”翻译的论述。参见：哈耶克．自由秩序原理［M］．邓正来，译．北京：生活·读书·新知三联书店，1997：40译者注．

② 哈耶克．自由秩序原理［M］．邓正来，译．北京：生活·读书·新知三联书店，1997：39．

的存在。这样的群体没有理由通过吸引人们加入而扩张自己。实际上，个人加入这样的群体将会增进他们自己的利益，即使每一次成功的成员增加都会带来社会损失。”[①] 也就是说，“黑手党”的胜出依赖于采用其他组织形式的群体的存在。因此，一方面，“黑手党”的胜出绝不会导致哈耶克所构想的其组织形式会最终成为整个社会的组织形式，那样将会使“黑手党”失去寄生的环境；另一方面，我们不能说“黑手党”这一群体的胜出证明了其组织形式是正义的，因为其胜出是以整个社会的损失为代价的。换句话说，在“优胜劣汰”的自由竞争中胜出，并不能为“黑手党”的组织形式提供“正当性证明”。

总之，哈耶克的自发秩序理论将“优胜劣汰”的自由竞争当作筛选好的行为、好的生产方式、好的群体组织方式、好的制度的唯一正当程序，作为价值判断的正当性基础。其论证逻辑的症结在于：以自由竞争的程序定义道德的正当，同时赋予自由竞争的程序道德正当性。这种论证逻辑无可救药地陷入循环。事实上，排斥社会正义的观念，必将使得人类的道德选择和道德追求泯灭在混沌的自然选择过程之中。

3. 自由市场的两种限制

诺奇克的“持有正义”理论和哈耶克的自发秩序理论暗含着这样的逻辑：以私有财产制度为基础的自由市场是唯一正当的程序，人们应该毫无保留地接受自由市场所带来的分配结果。然而，与自由市场相伴而生的种种丑恶现象却时时在提醒人们，市场必须受到某种限制和规范：资本炒作，钱权交易，涉及毒品、性、暴力的黑市交易，赤贫者的绝望交易，人口买卖……这些源自“自愿交换”的罪恶很难说有任何正当性。自由市场应受到的限制可以归结为两个方面：一是从自由市场这一程序自身来说，有一些“自愿交换”与人们的道德直觉相违背，这样的交易应该被禁止，例如毒品交易。二是自由市场这一程序的结果有可能导致巨大的贫富差距，破坏人与人之间的平等，应借助税收、社会保障等制度手段对自由市场的竞争结果进行调节。简言之，对于自由市场的限制有两种：一种是“底线约束”，这种约束体现为对于人们权利的维护；那些可能侵犯人们权利的交易是被严令禁止的。另一种是“公平约束”，这种约束是依据人们达成共识的社会正义观念对自由竞争之结果进行调节。

首先，关于哪些“自愿交换”与人们的道德直觉相违背，美国学者迈克尔·沃尔泽在《正义诸领域》一书中阐述了 13 种应该被禁止的交易：人口买卖，钱权交易，涉及刑事司法的交易，涉及言论、新闻、宗教、集会之自由的交易，婚姻和生育权交易，离开政治共同体之权利交易，免于公共服务之义务的交易，涉及政治职位的交易，涉及基本福利和基础教育的交易，绝望交易，涉及奖励和荣誉的交易，涉及神的恩宠的交易，涉及爱和友谊的交易。

---

① MILLER D. Market, state, and community: theoretical foundations of market socialism [M]. Oxford: Clarendon Press, 1989: 66.

通过列举这13种应该被禁止的交易，沃尔泽对自由市场的运行进行了限制。从根本上来说，自由市场的运行是以人们的权利为界限的。上述被禁止的交易都有侵犯人们基本权利的嫌疑。例如：人口买卖涉及人们的生命权，钱权交易涉及交易双方对于第三方的义务以及公民的政治权利，付费的言论自由涉及言论自由权，付费的福利和基础教育涉及公民的福利权利，绝望交易涉及生命权和自由权，等等。自由市场作为资源配置的重要领域，其运行过程应受的限制就是：侵犯人们基本权利的“自愿交换”都必须被禁止。

当然，诺奇克也非常赞同以“权利”约束自由市场的运作。他将这称为“边界约束”（side constraints），并认为这“反映了康德主义的根本原则：个人是目的，而不仅仅是手段”①。然而，诺奇克对“权利”的过于宽泛的理解——通过“自愿的同意”或者“赔偿”人们可以跨越“权利”的界限——却为自由市场中许多与人们的道德直觉相悖的现象打开了大门，这其中包括卖身为奴、绝望交易、卖淫、毒品交易等等。可见，支持放任自由市场的理论家会以“个人自由”之名，大大放宽贸易自由的界限，甚至伤及社会整体的福利。诺奇克以权利划定自由市场的界限，但同时允许通过“自愿行为”或者“经济利益的补偿”跨越权利的界限，这恰恰是诺奇克权利学说的矛盾之处。

其次，人们不仅应该对自由市场运行的过程进行限制，还应依据分配公正的原则对自由市场运行的结果进行限制。如前所述，自由市场并不能充当资源配置的纯粹程序正义。人们不应该无条件地接受自由市场的分配结果，而应该根据人们达成共识的公正观念对“自愿交换”的累积结果进行修正。

自由市场中的激烈竞争往往带来巨大的贫富差距，而且，既有的不平等状况容易导致更深程度的不平等。所谓“富者愈富，穷者愈穷”的马太效应，其原因在于，手中拥有较多资源的社会成员处于进一步获取更多社会资源的有利地位。例如，富裕家庭的孩子拥有更好的初期教育和生活条件，这将有助于他们在成年之后获得更大的社会成功。然而，这种源自出身的不平等与个人努力无关，是道德上任意的。所以，一个正义的社会还必须对市场竞争的结果进行调节。其具体的调节手段通常是税收和社会保障等制度手段：通过再分配将人与人之间的不平等控制在一定范围内，不至于产生恶劣的社会影响，缓解社会的分层和对立。

当然，依据不同的分配公正理论，人们可能设计出不同的再分配政策。例如，由马克思首先提出，并得到哈里·弗兰克（Harry Frank）等当代学者支持的“按需分配”理论，要求通过社会再分配平等地满足所有社会成员的“基本需要”；罗尔斯的分配正义理论要求社会分配以社会中“弱势群体”的利益最大化为指标；阿玛蒂亚·森的“能力平等”理论要求通过再分配使每个社会成员获得同等的“能力”；德里克·帕菲特（Derek Parfit，1942—2017）的优先主义分配理论要求社会分配优先满足社会中某一贫困线以下社会成员的基本需要；德沃金的“敏于志向，

① 诺奇克．无政府、国家和乌托邦［M］．姚大志，译．北京：中国社会科学出版社，2008：35．

钝于禀赋”的资源平等理论要求通过再分配补足某些社会成员在先天和后天方面的弱势地位，使得每个社会成员仅凭自己的努力而竞争资源；左派自由至上主义者的分配学说要求对那些过多占有自然资源的社会成员收税；……如此种种，不一而足。20 世纪 70 年代以来的当代政治哲学发展，正是在罗尔斯重申社会正义观念的基础上，对于各种分配方案的探索。关切复杂的社会现实，探索更公平的分配方案，当代学者可谓各显神通、百家争鸣，学术成果蔚为壮观。

综上所述，自由市场是人类社会进行资源配置的重要程序，但它并不是唯一合法的程序。诺奇克的“持有正义”理论暴露出的核心问题是：将自由市场作为资源配置的纯粹程序正义在理论上存在困难，在现实中可能导致巨大的贫富差距。自由竞争的结果并不具有天然的正当性，必须依据分配公正观念对自由市场进行限制和调节，从“放任市场”转向“有限市场”。具体来说，自由市场需要受到“底线约束”和“公平约束”两方面的限制：“底线约束”要求禁止所有可能侵犯人们权利的“自愿交换”；“公平约束”要求以人们达成共识的公正观念为基础，通过社会再分配手段对市场竞争的结果进行调节。分配公正的观念指引着人们在市场竞争的基础上，通过社会分配建立覆盖全民的社会保障体系、缩小贫富差距，促进社会朝着共同富裕的方向发展。

改革开放 40 多年来，市场经济给中国带来了空前的经济增长和巨大的社会财富。一方面，我们要充分发挥市场经济在资源配置方面的积极作用，另一方面也要警惕市场经济可能带来的垄断、贫富分化、不公平等弊端。在党的十八届三中全会上，习近平总书记指出：“理论和实践都证明，市场配置资源是最有效率的形式。市场决定资源配置是市场经济的一般规律，市场经济本质上就是市场决定资源配置的经济。健全社会主义市场经济体制必须遵循这条规律，着力解决市场体系不完善、政府干预过多和监管不到位问题。”① 党的十九届三中全会审议通过了《中共中央关于深化党和国家机构改革的决定》，特别强调需要“加强和优化政府反垄断、反不正当竞争职能，打破行政性垄断，防止市场垄断，清理废除妨碍统一市场和公平竞争的各种规定和做法”。2019 年 4 月 26 日，在第二届“一带一路”国际合作高峰论坛开幕式上，习近平总书记进一步强调，“公平竞争能够提高效率、带来繁荣”，中国将在“更广领域扩大外资市场准入”，“将以公平竞争、开放合作推动国内供给侧结构性改革，有效淘汰落后和过剩产能，提高供给体系质量和效率”②。2019 年 10 月 31 日，党的十九届四中全会通过了《中共中央关于坚持和完善中国特色社会主义制度　推进国家治理体系和治理能力现代化若干重大问题的决定》，在“优化中国之治”的战略高度上强调，“加快完善社会主义市场经济体制。建立高标准市场体系，完善公平竞争制度，……强化竞争政策基础地位，落实公平竞争审查

---

① 习近平. 关于《中共中央关于全面深化改革若干重大问题的决定》的说明 [N]. 人民日报，2013-11-16 (1).

② 习近平. 齐心开创共建“一带一路”美好未来：在第二届“一带一路”国际合作高峰论坛开幕式上的主旨演讲 [M]. 北京：人民出版社，2019：8.

制度，加强和改进反垄断和反不正当竞争执法”。由此可见，如何保持自由市场的活力，同时对不公平、侵犯人们权利的“自愿交换”进行监管，这是发展和完善社会主义市场经济的关键。

阅读与思考

一、阅读

1. 卢梭. 论人类不平等的起源和基础 [M]. 李常山，译. 东林，校. 北京：商务印书馆，1962.

2. 洛克. 政府论：下篇 [M]. 叶启芳，瞿菊农，译. 北京：商务印书馆，1964.

3. 诺奇克. 无政府、国家和乌托邦 [M]. 姚大志，译. 北京：中国社会科学出版社，2008.

4. 哈耶克. 自由秩序原理 [M]. 邓正来，译. 北京：生活·读书·新知三联书店，1997.

二、思考

1. 私有权如何得到论证？

2. 私有权是否应该受到限制？

3. 从自然状态中是否能推导出与契约论不同的国家学说？

4. 自由市场应该受到什么样的限制？

第八章

分配公正研究的知识谱系

分配公正是当代政治哲学研究的重中之重。1971 年，美国哲学家约翰·罗尔斯的政治哲学巨著《正义论》出版，此书在学术界产生了巨大反响，学者们纷纷围绕罗尔斯提出的与分配公正相关的各种问题进行讨论。这些问题包括正义的环境、正义的主题、正义的原则、正义原则的推导等。由此，分配公正研究正式成为政治哲学研究的一个重要组成部分。在罗尔斯之后，许多著名学者都对分配公正研究做出了重要著述，研究者们在罗尔斯的基础上贡献了大量的研究文献。这些分配公正学说不仅在理论界产生了巨大的影响，还在某种程度上塑造了政治现实。今天，以弱势群体利益为指标重新审视社会制度的安排，已成为世界各国政治生活不容忽视的政治立场。

所谓“社会分配”指的是以适当的原则对人们通过分工合作而生产出来的社会益品（social goods）① 和为了共同生活而必须承担的义务进行分配。社会分配所涉及的社会益品不仅包括大量的物质财富，还包括文化产品等精神财富，以及升学、就业、晋升等各种优质的机会。人类社会是一个普遍合作的联合体，不同人群之间通过分工合作创造了巨大的社会财富。他们之间既有一致的利益，也有矛盾和冲突，需要找到恰当的分配原则，并建构符合原则的制度和政策对不同的社会益品进行分配。“分配公正研究”的第一步就是找到这种恰当的分配原则——公正原则。这是一种在人类合作体系中划分基本的权利和义务、利益和负担的原则。分配公正研究的第二步就是要探索在公正原则的基础上如何建构出公正的分配制度，而第三

① 对于 good、goods 和 goodness，中国学界有多种翻译，包括善、益品、产品、好处、利益等。对于“social goods”，本书统一使用“社会益品”这一翻译，指人们通过分工合作而创造出的所有社会财富。关于 good、goods、goodness 等词之翻译的讨论可参见刘莘的文章《关于“good”的翻译的哲学解释》。参见：金里卡. 当代政治哲学［M］. 刘莘，译. 上海：上海译文出版社，2011：444-451.

步则是在基本的公正制度的基础上制定出具体的分配方案并予以实行。在这三个步骤的研究和实践中，程序正义在三个方面发挥着重要作用：一是人们对公正原则的理论推导必须符合程序正义，从确定无疑的理论原点依据逻辑推理得出结论。二是分配原则所确立的分配过程必须符合程序正义。三是分配制度和分配政策的制定过程必须具有合法性，要符合既定的立法程序，在全体人民的监督和支持下进行。

分配公正研究起源于政治哲学领域，但对政治学、经济学、公共管理等许多学科的研究产生了重要影响。今天的分配公正研究已经成为一个多学科、多维度、多面向，综合性极强的研究领域。第一，分配公正研究包括社会分配的原则、制度、政策，以及程序正义等诸多内容，是多学科交叉的研究。具体说来，分配公正原则的推导是政治哲学的研究内容，分配制度的建构是政治学的研究内容，而具体分配方案的制定和评价则与财政、税收、社会保障等经济领域的研究关系密切。第二，分配公正研究的成果对国家的基本制度做出了规定，这些制度包括所有权制度、市场经济制度、税收制度、薪酬制度、社会保障制度、人才选拔制度等。第三，分配公正研究涉及社会生活各领域的公共资源分配，与人们的日常生活息息相关。这些公共资源包括教育资源、医疗资源、文化资源、社保资源等。本章内容将厘清分配公正研究的知识谱系，梳理分配公正研究从原则到制度、从制度到政策的学术脉络。

第一节　分配公正的原则

在当代分配公正研究中，学者们提出了许多不同的分配公正原则。下面，笔者将介绍和讨论其中重要的十种原则，分别是平均原则、效率原则、差别原则、资格原则、资源平等原则、能力平等原则、福利平等原则、应得原则、按需分配原则，以及“多元分配正义”原则。这十种原则与分配公正的制度建构息息相关，对社会益品的分配产生了重要影响。

第一，平均原则。它指的是一种严格的平均主义（strict egalitarianism）分配原则。这一原则主张将一切社会益品和负担进行平均分配。支持这一观点的道德原则是“人人平等”。在严格的平均主义者看来，只有当所有人拥有同样的收入、财产和服务，并对社会付出了同样的辛苦时，才真正实现了“人人平等”的道德要求。平均原则通常会受到两方面的批评：一是“拉平反驳”；二是绝对平均的分配无法延续。“拉平反驳”是德里克·帕菲特对平均原则的批评[①]。帕菲特认为，平均原则为了平等而平等，将平等本身作为分配的目的。这种分配方案会遭遇“拉平反驳”，亦即，当无法提高获利较少者的期望时，平均原则会主张拉低获利较多者的期望。为实现平均分配而拉低较高者的获利，这势必造成资源的浪费和效率的降

① 葛四友. 运气均等主义. 南京：江苏人民出版社，2006：197-213.

低。效率低下，是平均原则受到的最大的批评。同时，当我们将时间维度引入平均原则中时就会发现：即使绝对平均的分配是可以实现的，也无法保证这种分配模式能够持续存在。因为，人们总有相互交换的倾向，而人们的自愿交换以及在此基础上形成的各种自由市场必然会造成贫富分化。为了避免上述两个问题，一些平等主义者，例如布鲁斯·阿克曼（Bruce A. Ackerman）和安妮·阿斯多特（Anne Alstott）[①] 主张，人们应该在某一初始时刻（initial point）拥有同样多的社会益品和负担，而之后则任由其自由发展。这样的理论被称作"起点平等原则"（starting-gate principle）。但是，这一版本的平等主义分配，在社会实践中却会导致非常深刻的不平等。因此，更多的严格平等主义者倾向于主张保障人们收入的平等化[②]。但收入平等化的分配策略也会因每个人"理财能力"的不同，而最终无法实现平均原则的分配目标。

第二，效率原则。功利主义是在西方流传甚广的一种政治道德学说。在社会分配的问题上，功利主义的主旨是要实现一种能够使社会财富总量最大化的分配，或者是效率最大化（达到帕累托最优）的分配。可以说，功利主义的分配方案遵循效率至上的分配原则。然而，功利主义给出的分配方案却受到了当代学者的诸多批评。例如，罗尔斯、德沃金等著名学者都对功利主义提出了批评，这些批评包括：对社会整体利益的增进有可能侵犯人们的权利；要求每个人都增进社会整体利益，这是过高的道德要求；为了增进社会整体利益有可能将"不正当偏好"计算在内；等等。

第三，差别原则。为了兼顾平等和效率这两个重要价值，罗尔斯提出了基于差别原则的分配公正理论。其理论初衷是：如果某种分配与严格的平均分配相比，将有利于所有人，那么这种分配显然是优于严格的平均分配的，是一种更可取的分配方案。所以，即使是基于"人人平等"的道德原则，我们也应抛弃严格平等主义的分配方案，而选择一种社会和经济的不平等安排适合于社会中每个人之利益的分配方案。罗尔斯构建了"差别原则"来阐述这一分配构想。差别原则的作用在于平衡效率和平等两种价值，为人们之间不平等的程度做出限定。在罗尔斯看来，人类社会是一个合作冒险体系。在社会合作中一些人获利较多，一些人获利较少。那些获利最少的人被罗尔斯称为"最小受惠者"。对于人们的社会合作来说，某一限度内的社会和经济不平等可能是有益的，可以增进所有社会阶层，尤其是社会中的弱势阶层的最终获得。但是，当这种不平等超出一定的限度时，人们之间的关系就改变了，不再是互惠互利，而是剥削和欺压。因此，差别原则的作用就是给出社会和经济不平等的限度，以最小受惠者期望的最大值为限。当不平等使得最小受惠者的期望开始下降的时候，这样的不平等就是不公正的，就应该受到限制。当然，差别原

---

① ACKERMAN B A，ALSTOTT A. The stakeholder society [M]. New Haven：Yale University Press，1999.

② NIELSEN K. Radical egalitarian justice：justice as equality [J]. Social theory and practice，1979 (5)：209-226.

则并不能单独确定一种社会分配结构，还需要对权利、机会、义务和负担进行进一步的规定。由此，罗尔斯还构建了“平等的自由”原则和“公平机会的平等原则”。罗尔斯认为，在进行制度安排时，我们必须首先保证所有人的权利平等，接着保证机会平等，最后再满足差别原则，使社会和经济的不平等安排有利于社会中的最小受惠者。

第四，资格原则。在当代政治哲学研究中，自由至上主义者提出了“持有正义”理论，亦即，分配公正的资格原则。资格原则是赋予“所有权”优先地位的分配学说。这一派别的代表人物是诺奇克，他在继承古典自由主义最小国家理论的基础上提出了“持有正义”理论。这一理论的基础是“自我所有权”理论，即认为人们对于自己的劳动成果拥有绝对的、不容侵犯的权利。人们在自由市场中凭借通过劳动而获得的财产进行交换，这是一种纯粹程序正义，不应该受到任何干涉。由此，诺奇克反对通过再分配对社会中处于不利地位的人们进行援助，认为这样的分配政策都会侵犯人们的“自我所有权”。

另一派自由至上主义者，虽然也坚持不受侵犯的私有权，但是却提出了许多左倾的政治主张，被称为左派自由至上主义者（诺奇克被称为右派自由至上主义者）。左派自由至上主义者的主要代表有希勒尔·斯坦纳、菲利普·范·帕里斯、彼得·瓦伦丁（Peter Vallentyne）、迈克尔·大冢（Michael Otsuka），以及伊恩·卡特（Ian Carter）。他们认为，劳动虽然属于每个人自己所有，但是土地和自然资源并非人们的劳动成果，所有人应共同享有世界上的土地和自然资源。所以，当某些人私自占有某一块土地以及土地上所富含的自然资源时，就应该上缴“土地税”或“资源税”，以补偿其他人因其占有而遭受的损失。由此，基于“所有权”理论的资格原则呈现出“左”“右”两种不同的路径，右派自由至上主义者反对任何税收，而左派自由至上主义者则支持财产税和遗产税。

第五，资源平等原则。德沃金在批评和继承罗尔斯正义理论的基础上提出了资源平等理论。在政治理论光谱中，德沃金与罗尔斯同属自由主义的中左派。但是，德沃金对罗尔斯的分配公正理论也有很深刻的批评。他认为罗尔斯在考虑社会分配问题时，没有体现出个人的选择和努力对于分配结果所发挥的作用。德沃金提出了“敏于志向，钝于禀赋”的分配目标，想要建立一种将人们所拥有的资源平等化，而仅依据每个人的选择和努力进行分配的公正理论。德沃金将人的自然禀赋看作“人格资源”，而人们所处的社会境况则属于“非人格资源”。德沃金认为，一个人降生在这个世界上，他的自然禀赋和社会境况都是既定的，这些因素与他自身的努力和选择无关。因此，社会分配制度应该排除这些不平等的因素，而仅仅体现人们自己的选择和努力。对于那些在自然禀赋或社会境况方面处于劣势的社会成员，例如天生愚钝者或出身贫寒者，应通过税收等再分配机制予以补偿。

第六，能力平等原则。当代分配学说中的能力路径是阿玛蒂亚·森、玛莎·努斯鲍姆和伊丽莎白·安德森共同推进的分配学说。他们认为，在考虑资源的分配问题时，不应从资源、福利、基本善等这些物质变量入手，而应关注人们的“可行能力”，关注人们是否能平等地实现健康、识字、参与公共事务等各项基本功能。而资源的分配和再分配也应以是否为人们“可行能力”的培养提供了必要的物质和环境条件为依据。在分配目标上，森试图实现人们在“可行能力”上的平等，而努斯鲍姆和安德森则将人们实现某一最低限度的“可行能力”之物质保障作为社会分配的目标。

第七，福利平等原则。它是功利主义思想在当代平等主义思潮下的一种转变。这一分配原则要求分配给每个社会成员同等的“福利”。所谓“福利”，指的是理性偏好的满足。福利平等原则受到德沃金的深刻批评，他认为，福利平等原则可能助长人们的奢侈偏好。因为，为了达到同样的偏好满足，社会必须分配给那些贪图享乐的社会成员更多的公共资源，这是不公平的。为了回应德沃金的批评，理查德·阿尼森将福利平等原则修正为“福利机会平等原则”，将个人责任的因素纳入社会分配的考虑之中①。

第八，应得原则。它要求根据某种应得之基础来分配各种社会产品和资源。在当代讨论中，西方学者提出了三种具有代表性的应得基础：第一，戴维·米勒主张将“贡献”作为应得的基础，根据人们对于社会生产所贡献的价值来进行分配。第二，沃伊切赫·萨杜尔斯基（Wojciech Sadurski）和希瑟·米尔恩（Heather Milne）提出将努力作为应得的基础，根据人们在社会合作中所付出的努力来分配。第三，詹姆斯·迪克（James Dick）和朱利安·拉蒙特（Julian Lamont）主张社会分配应补偿人们在社会合作中的花费，将花费作为应得的基础。值得注意的是，“按劳分配”也是应得原则的一种，是主张将“劳动”作为应得之基础的应得原则，要求依据人们的“劳动量”进行分配。应得原则受到的最大的批评来自罗尔斯和德沃金。他们认为，应得原则使人们所获得的利益受到许多自己无法控制的社会和自然因素的影响，在社会分配中混入了不公平的因素。罗尔斯和德沃金主张，人们与生俱来的自然和社会禀赋都是不应得的。这被称为“反应得”（less desert）理论。

第九，按需分配原则。“按需分配”是马克思在《哥达纲领批判》中所构想的人类进入共产主义社会之后全面应用的分配原则。在人类社会的现阶段，人们应用“按需分配”原则对必需品进行分配，例如基本的医疗服务、干净的饮用水和食物、基础教育等。哈里·弗兰克在“按需分配”原则的基础上发展出“充足主义”（sufficientarianism）的分配理论，主张通过社会再分配机制，尽量多地满足人们的基本需要。然而，当社会资源不足以满足所有人的基本需要时，就出现了“优先”满足谁的需要的问题。正是在这样的背景下，帕菲特提出了分配公正的优先原则：将资源优先分配给那些最穷困、对基本需要之满足最为迫切的社会成员②。除了帕菲特之外，支持优先主义的当代学者还有迈克尔·大家、伍勒德克·拉比诺维

① ARNESON R. Liberalism, distributive subjectivism, and equal opportunity for welfare [J]. Philosophy and public affairs, 1990 (19): 158-194.

② PARFIT D. Equality or priority? [M]. Kansas: The University of Kansas, 1995.

奇（Wlodek Rabinowicz）等。

第十，“多元分配正义”原则。上述各种分配公正理论虽然提出了不同的分配方案，但都只强调社会分配中的单一原则，被称为一元分配正义。与一元分配正义相对的是多元分配正义。这种理论主张对于不同的社会益品应该运用不同的分配原则进行分配。多元分配正义理论最有影响的阐发者是迈克尔·沃尔泽。他认为，公正原则本身在形式上就是多元的，人们应该基于不同的理由，依据不同的程序，通过不同的机构来分配不同的社会益品。沃尔泽将自己的正义理想称为“复合平等”，这种平等追求的不是单一领域分配的平均，而是在各领域各种分配原则的独立作用之下得到的各种分配结果的集合。同样支持“多元分配正义”理论的还有英国的戴维·米勒。米勒认为，分配原则之所以应该是多元的而不是一元的，还因为在不同的分配场域中人类关系的模式不同。米勒将人类关系模式分为三种——“团结的社群成员”“工具性的联合体”“平等的公民”，并且认为，这三种关系模式决定了对必需品依据“按需分配”原则分配，对优质的机会依据“应得原则”进行分配，对公民权利依据“平等原则”进行分配。

第二节　分配公正的制度

上述十种分配公正原则对于社会分配制度的建构产生了深刻的影响。在国家制度层面，除了法治、民主等基本政治制度外，有许多根本性的制度是与社会分配紧密相关的，这些制度包括所有权制度、税收制度、社会保障制度、薪酬制度、人才选拔制度等。这些社会制度的建构和运行深刻地塑造了人们的公共生活，成为每一个社会成员取用公共资源必须遵守的规则。正是在这个意义上，罗尔斯强调，正义是社会制度的首要美德。在罗尔斯看来，人们取用和分享公共资源的规则必须是公正的，是有利于各方的，而不是仅仅偏重哪一个群体。下面，笔者将探讨不同的公正原则与制度建构之间的关系。

1. 所有权制度

一个国家的所有权制度是分配制度的根本。因为，分清“你的”“我的”，厘清财产和收入的权利归属，是进行社会分配的第一步。上述讨论的第四种分配公正学说——资格理论——对所有权制度进行了深入的分析和颇有成效的建构。资格理论的出发点是“自我所有权”，亦即每个人对自己的“人身”（body）的所有权。从每个人对自己的所有权出发，资格理论家们推导出人们对自己劳动的所有权，再进而推导出人们对自己的劳动产品的所有权。资格理论为所有权制度的确立奠定了基础。左派、右派争论的焦点在于如何确定人们对于自然资源的所有权。右派自由至上主义者对自然资源的所有权没有进行明确的论证，只是假定人们对自己的劳动拥有所有权，并由此推出人们对自己的劳动产品拥有所有权。在这一推导中，洛克和诺奇克等右派自由至上主义者忽视了人们对自然资源是否拥有所有权这一问题。例如，洛克在《政府论（下篇）》中论述道，在劳动产品的生产过程中，“自然和土地只提供本身几乎没有价值的资料”①。显然，劳动产品中不仅包含人的劳动，还不可避免地包含自然资源，而自然资源的归属问题将决定人们是否有权获得劳动产品的全部价值。左派自由至上主义者正是敏锐地察觉到右派自由至上主义者对自然资源之所有权问题的含糊其词，而对右派的分配学说提出了批评。在斯坦纳等左派自由至上主义者看来，所有人对自然资源拥有平等的权利，应该取用平等的份额。然而，在现实世界中一些人取用了过多的自然资源（例如一些人拥有大量的房产、土地、矿产等等），这是不公平的，这样的状况应该通过分配制度的调整予以纠正。调整所有权结构的最有效的制度手段就是税收。假设，政府征收很高的累进制房产税，那么，许多人就会减持自己手里的房产，这就将减轻人们对自然资源之占有的不平等状况。由此看来，左派自由至上主义者通过对所有权问题的讨论，为房产税、土地税、资源税等税收制度提供了论证。

值得注意的是，分配公正的资格理论不仅规定了有形物的所有权，还关注无形物的所有权问题，其中最重要的就是人们对智力成果的所有权——知识产权。站在资格理论的立场，智力劳动成果中包含的是人们的智力劳动，几乎没有自然资源，因此，智力成果应该完全归劳动者所有。这样的推理为知识产权制度奠定了理论基础。值得注意的是，智力劳动成果与其他类型的产品之间有一个很大的区别，这就是：人们对智力劳动成果的取用不具有排他性。尤其是在网络技术飞速发展的今天，对于同一个智力劳动成果人们可以毫无妨碍地同时取用。在某些情况下，相较于知识产权保护，解除智力劳动成果的所有权能够更大程度地推进公共福利。例如，一种救命的新药被发明出来，公开这一新药的研制方法将大大推进人类整体的福利。另外，智识产品的生产虽然通常不用取用土地、矿产等自然资源，但是必须借助已有的人类知识，而这些知识是属于全人类共有的“智识公有物”，对于智识公有物的取用和再创造是否应遵循相应的规则？这些复杂的问题给知识产权制度带来诸多争议。而这也是社会分配制度要解决的问题：如何在激励创新的同时最大限度地推进公共福利。

2. **税收制度**

在建构了明确的所有权制度的基础上，公正的社会分配还要求通过税收制度来推进公共福利，调节贫富差距。第一，在税收的问题上，资格理论中的左派学者给出了非常具体的论证。他们从对自然资源之所有权的讨论出发，主张对那些过多取用自然资源的社会成员收取累进制的资源税，占用得越多，收的税也越高。这些税收通常以财产税和遗产税的形式出现。一些学者甚至主张，对超出一定限度的遗产收取没收性的遗产税，即100%的遗产税②。对于如何使用通过税收

---

① 洛克. 政府论：下篇［M］. 叶启芳，瞿菊农，译. 北京：商务印书馆，1964：28.

② 见笔者与斯坦纳教授的访谈：斯坦纳，李石. 源自个人选择的正义［J］. 国外理论动态，2018（12）：1-14.

所筹集的资金，一些左派自由至上主义者主张，以税收筹集的款项为全体公民发放一种无差别的“基本收入”，以体现公民们对自然资源的平等权利，这被称为“基本收入制度”①。

第二，德沃金提出的资源平等理论也明确地论证了累进制的财产税和个人所得税。在德沃金看来，人们在自然禀赋和社会境况方面的不平等都是不应得的，应该通过社会制度的调整补足那些自然禀赋或社会境况较差的社会成员。具体的调节措施就是税收：为了补足一些社会成员在社会境况方面的劣势，应该收取累进制的财产税；为了补足一些社会成员在自然禀赋方面的弱势，应该收取累进制的个人所得税。这些税收都应该是累进制的，这是因为对于每一个社会成员来说，在自然禀赋和社会境况方面的优势越大，“不应得”的优势越多，缴纳的税款就应该越高。

第三，如前所述，在如何平衡效率和平等的问题上，罗尔斯提出的差别原则给出了精确的回答。反对重税的理论家通常认为，税收会打击人们劳动和投资的积极性，会降低整个社会合作的效率，使社会生产的财富总量降低。差别原则的核心要义是：社会的再分配程度，应该以最小受惠者利益的最大化为限。也就是说，如果再分配程度太高，会削弱优势群体劳动和投资的积极性，使得社会合作所产生的社会财富总量降低，并最终危及弱势群体的利益。相反，如果再分配程度太低，或者根本没有再分配，那么最小受惠者由于议价能力太低，在社会合作中的所得会很少。因此，到底应该如何设计以税收为基础的再分配制度？什么限度的再分配最恰当？这就是罗尔斯提出的差别原则要回答的问题：以最小受惠者的期望为指标，税收制度的设计应该使得最小受惠者的期望最大化。在这一问题上，功利主义的思路是不同的，功利主义的主旨是要把“社会益品”这张饼做到最大。因此，功利主义者通常会主张减税，最大限度地支持自愿交换，提高社会合作的效率，以生产出最大量的社会财富（用经济学的指标来说就是 GDP 或 GNP 最大化）。当然，在当代平等主义思潮的影响下，功利主义学说也转变了其分配目标，延伸出福利平等的思想。

第四，“福利平等”理论的分配目标不再是社会福利总和的最大化，而是所有社会成员达到同等的福利水平。这一分配公正理论支持税收制度发挥其再分配的功能，以补足那些福利水平较低的社会成员，缩小贫富差距，让所有社会成员处于同一福利水平上。在这一点上，森所阐发的能力平等与福利平等是类似的，区别仅在于森关注的是“可行能力”的平等，而不是福利的平等。然而，“可行能力”的平等同样需要通过税收等再分配制度筹集资金，为人们培养同等水平的“可行能力”提供物质条件。努斯鲍姆、安德森和森同属能力主义的阵营，但她们所阐发的能力主义分配学说则主张确定一个可行能力的“门槛值”，而通过税收筹集到的资金仅用于保证为这一门槛值的实现提供必要的物质条件，而不是旨在达到“可行能力”

---

① PARIJS P V. Real freedom for all：what (if anything) can justify capitalism［M］. Oxford：Clarendon Press，1995.

的平等。除此之外，分配公正理论中的按需分配原则也同样支持以税收制度筹集资金，为人们提供在社会中维持一种“体面生活”并进行自我发展所必需的物质条件。

3. **社会保障制度**

从某种意义上来说，一个国家只有在税收制度的基础上，才可能建构牢固的社会保障体系。税收是社会保障体系的重要资金来源。当然，社会保障体系的资金来源并不一定全都是税收，有可能是通过保险机制来筹集建立社会保障体系的资金。但是，除非保险是一种全民的强制性的保险，这种社会保障体系才可能为每一个公民提供生活保障。相反，如果保险不是强制性的保险，而是自愿购买的商业保险，例如医疗、养老等商业保险，那么这样的保险只可能保护那些有能力购买保险的人。对于真正经不起生活的打击、真正需要保护的穷人来说，他们是没有闲钱购买保险的。而如果一种保险是强制性的，例如，许多国家的医疗保险、“交强险”、养老保险等，那它就带有了税收的性质。因为，“强制性”，正是税收的一个根本特征。在《21世纪资本论》一书中，托马斯·皮凯蒂（Thomas Piketty）就将“政府发起的社会保障项目的缴费”称为继所得税、资本税和消费税之后的第四种税收①。

分配公正学说中的“按需分配”原则是社会保障制度的理论基础。支持按需分配原则的学者认为，对于每一个社会成员来说，有三方面的基本需要是根本性的，必须通过国家的分配制度予以满足。这三方面的需要是：生物学需要、体面生活的需要，以及自我发展的需要。生物学需要是人类为了生存下来的基本需要，包括衣、食、住、行等各方面的物质条件。体面生活的需要是人之为人，能够有尊严地生活，能够体面地参与公共生活的基本需要，包括体面的着装、体面的食物和居所、良好的公民教育等。自我发展的需要指的是每个人发展自身能力、实现自己的人生目标所需要的基本条件，包括基础教育、基本医疗、失业保险等。只有依据“按需分配”原则，才有可能通过税收等再分配制度筹集资金建构保护全民的安全网。这一安全网覆盖教育、医疗、养老、失业等人们生活的方方面面，举集体之力保障所有社会成员的生物学需要、体面生活的需要，以及自我发展的需要。一个社会通过税收等再分配制度筹集到的公共资金越多，就越能建构牢固的、水平较高的安全网；相反，如果再分配力度不够，筹集不到足够的公共资金，那么就无力建构有效的社会保障体系，也就无法通过分配制度的安排保证人们的基本生活需求得到满足。在那样的社会中，流离失所、无家可归、上不起学、看不起病的人就会越来越多。

在社会保障制度的建构中还存在着优先满足哪一类人的基本需求的问题：是将有限的公共资源平均分配给所有社会成员，是优先满足距离“门槛值”（“门槛值”指的是划定的满足基本需要之最低限度）较近的社会成员，还是优先满足那些距离“门槛值”最远的社会成员？在这个问题上，平等主义、优先主义和充足主义的观

---

① 皮凯蒂. 21世纪资本论［M］. 巴曙松，等译. 北京：中信出版社，2014：509.

点存在分歧。平等主义的观点是将有限的资源平均分配给每一个社会成员，但这样的做法有时候会造成资源的浪费。例如，如果有限的药品只够救助 8 个病人，那么将这些药品平均分配给 10 个病人则可能导致一个病人也救助不了，白白浪费了药品资源。优先主义主张优先救助距离“门槛值”最远的社会成员，这种资源分配方案考虑了人们之需要的“紧迫性”，但得到救助的人数最少。相反，充足主义主张优先救助距离“门槛值”最近的社会成员，这种资源分配方案没有考虑人们之需要的“紧迫性”，但是能使最多的人得到救助①。总之，社会保障制度的具体设计取决于在特定文化和历史背景下，通过人们的商议而达成共识的某种资源分配方案。

4. 薪酬制度

薪酬制度的设计是与社会分配息息相关的问题。在这一问题上，有两种分配公正学说做出了直接的论述。一种是主张放任自由市场的资格理论，另一种是主张“应得原则”的分配学说。在资格理论看来，一份工作得到多少钱的报酬，应该由自由市场中的供需关系决定。因为“工资”不过是劳动力商品的“价格”，而价格应该由市场来决定。然而，在主张对自由市场进行监管和调控的理论家看来，“市场价格”并非“公平价格”（just price）。由于普通劳动者的议价能力通常较低，在议价过程中处于劣势地位，所以在自由市场中拥有更多资源的人获利会更多。在这些理论家看来，如果一份全职的工作，其工资不足以维持一个人在社会中的体面生活，那么如此低的工资就是不道德的，就是剥削②，应该通过分配制度的调整予以纠正。最低工资制度是调节收入分配的最重要的制度设计之一，罗尔斯的公平合作理论、德沃金的资源平等理论以及安德森的能力主义学说都对最低工资制度做出了哲学论证。与最低工资制度类似的还有对于最长工作时间的规定。最低支持价格制度的理论基础也是类似的：相比于收购农产品的大公司，生产农产品的农民在议价过程中处于弱势地位，市场价格往往偏向于大量收购农产品的企业主，为了纠正这种不公平的议价过程，保障农民的基本生活需求，国家制定出农产品的支持价格。

应得原则也是薪酬制度设计中常用的分配公正原则。这一原则通常依据人们所做的贡献、付出的劳动或是花费的成本来确定一份工作的报酬。如前所述，“按劳分配”也是一种应得原则，其应得的基础是劳动量，依据人们的劳动量进行分配。在应用“按劳分配”原则时应当注意的是，人们在不同行业的劳动形式是不同的，而不同形式的劳动之间通常很难进行比较。例如，一个程序员的劳动和一个快递员的劳动就很难进行比较。而哪种劳动应得什么水平的工资，通常与该种劳动所需的知识储备、辛苦程度、具有相关技能的应聘者数量等因素相关。此外，在人们的收入中，除了劳动收入之外，还有一部分是投资收入。而且，对于越富有的人来说，投资收入占其总收入的比例越大。投资收入对于整个社会的分配格局的

---

① CRISP R. Equality，priority and compassion [J]. Ethics，2003 (113)：745-763.

② SAMPLE R. Exploitation：what it is and why it's wrong [M]. Boulder，CO：Rowman and Littlefield，2003.

影响绝不能被忽视，应纳入社会分配的整体规划中。然而，对于投资收入，是无法用“按劳分配”原则予以分析的，只能用前述资格理论主张的自由市场原则，以及罗尔斯阐述的公平合作理论进行分析。简单来说，拥有巨大资本的社会成员在社会合作的议价过程中处于优势地位，他们能够凭借手中的资本获得更多的财富，而这种优势地位与他们自身的努力并不相干，是不应得的。因此，应该通过税收等再分配手段削弱这种不公平的优势地位，对资本征税等都是应有的制度措施①。

5. 人才选拔制度

如前所述，社会分配不仅包括对物质性社会益品的分配，还包括对各种优质机会的分配。这些机会广泛地存在于教育、工作以及各种比赛和评比当中，决定着每个人在社会竞争中可能达到的高度。因此，一个国家的人才选拔制度、工作分配制度，以及各部门、各单位的晋升制度都是重要的社会分配制度。对各种机会的分配都应遵循的基本原则是“机会平等”。如前所述，在当代政治哲学讨论中，机会平等呈现出三种层次：前途向才能开放、公平机会的平等，以及“敏于志向，钝于禀赋”。前途向才能开放的机会平等指的是机会应该给予具有相应才能的人。这一理解与始自亚里士多德的“应得原则”是一致的。在亚里士多德看来，社会资源应该依据人们的“美德”（virtue）进行分配②。在古希腊的语境中，所谓“美德”指的是人们在某一方面的“卓越”，具有相应的才能。因此，前途向才能开放与“应得原则”具有内在的一致性，是符合人们道德直觉的分配原则。当然，“应得原则”的应用并不局限于对于机会的分配，还广泛地存在于对物质性资源的分配，尤其是上述提到的关于工资制度的设计。公平机会的平等是罗尔斯提出的机会平等原则，指的是对机会的分配应保证具有同等自然禀赋、同样志向的社会成员有同等的教育和成功前景。“敏于志向，钝于禀赋”是德沃金的资源平等理论的分配原则。在机会平等的问题上，德沃金主张自然和社会的不平等是不应得的，公平的社会竞争应该将机会给予那些做出较优选择并且加倍努力的社会成员。

我们可以这样来比较这三种机会平等：一个人在社会竞争中最终所处的位置受三个因素的影响：自然禀赋、社会境况、个人的选择和努力。那么，前途向才能开放的机会平等对这三个因素都是敏感的。也就是说，当一个具有相应才能的人获得相应的机会时，他有可能得益于自己的天赋或者是较优的社会境况，也可能是自己的选择和努力。在罗尔斯和德沃金看来，这种机会平等将不公平的因素（自然的或社会的）混入竞争当中，不足以实现实质性的机会平等。因此，罗尔斯的公平机会的平等原则主张排除社会境况的因素，使得天赋相当的人只要付出了同样的努力，就能达到同等的竞争结果，而无论他出生于什么样的家庭，也无论他生活在什么地

① 皮凯蒂在《21世纪资本论》中构想了一种“全球资本税”，试图通过向资本征税以调节人们的收入分配。参见：皮凯蒂. 21世纪资本论［M］. 巴曙松，等译. 北京：中信出版社，2014：第十五章.

② ARISTOTLE. Nicomachean ethics［M］. Cambridge：Cambridge Press，2000：87.

方（农村还是城市）。而德沃金的机会平等观念则更进一步，要求社会竞争的规则不仅要排除社会因素，还要排除自然因素，使得人们的竞争结果仅仅与个人因素相关。这三种不同的“机会平等”理论论证了不同的人才选拔制度。对于前途向才能开放的机会平等来说，要求人才选拔有统一的评判标准，这一标准只与人们的“才能”相关，而与其他因素（例如性别、出身、宗教、种族等等）无关。谁在这一标准中得分最高，谁就将获得最优质的机会。公平机会的平等原则要求在统一的评判标准的基础上，对社会境况较差的社会成员予以优待政策，例如：在升学考试中增加贫困地区的录取名额，加大贫困地区的教育投入、增强师资力量等等。德沃金所提出的“敏于志向，钝于禀赋”的机会平等观则强调对自然禀赋较差的社会成员的补助。这种补助包括为他们提供免费的特殊教育等等。

如前所述，分配公正的各种原则深刻地塑造了所有权制度、税收制度、社会保障制度、薪酬制度、人才选拔制度等各种社会分配制度。我们不难发现，在不同的分配领域，不同的分配原则发挥着根本性的作用。例如：对于生活必需品的分配，按需分配原则是制度建设的理论基础；对于各种机会的分配，“应得原则”、公平机会的平等原则等分配原则发挥着重要作用；而对于自由市场中流通的物质产品的分配，则通常是由资格原则决定的。如此看来，似乎正如沃尔泽所说，每一种分配原则都有其自身的场域，依据某一益品的价值和意义而对其进行分配。这正是沃尔泽提出“多元分配正义”理论的出发点。在沃尔泽提出“多元分配正义”理论之后，理论界一直存在着一元分配正义与“多元分配正义”之间的争论。埃米·古特曼（Amy Gutmann）①、理查德·阿尼森②等学者都对“多元分配正义”进行了质疑。值得注意的是，罗尔斯在发展自己的正义学说时，也讨论过一元与多元的问题③。罗尔斯将“按需分配”“按劳分配”等分配原则称为常识性准则，并强调常识性准则是从属性的而不是根本性的分配原则。在罗尔斯看来，他的正义两原则与常识性准则之间并不是矛盾的，只是两类原则处于不同的层次而已。罗尔斯的正义两原则是对社会基本结构的规定，是更高层次的公正原则，而沃尔泽所说的按需分配、按贡献分配、按努力分配等分配原则属于罗尔斯所说的“常识性分配正义准则”。最高公正原则是一元的，而具体领域的分配原则却可能是多元的，这两种学说并不矛盾。借鉴罗尔斯的观点，在社会分配制度的建构中，罗尔斯提出的正义两原则是对包含所有社会分配制度在内的社会基本结构的规定，而按需分配、“应得原则”、“资格原则”等其他分配原则是对所有权制度、税收制度、社会保障制度、薪酬制度、人才选拔制度等具体分配制度的规定。

---

① GUTMANN A. Justice across the spheres [C]//MILLER D, WALZER M. Pluralism, justice, and equality. Oxford: Oxford University Press, 1995: 99-119.

② ARNESON R. Against complex equality [J]. Public affairs quarterly, 1990 (4): 99-110.

③ RAWLS J. A theory of justice [M]. Cambridge, Massachusetts: The Belknap Press of Harvard University Press, 1999: 267-273.

第三节　程序正义之维

始自罗尔斯的当代分配公正研究区别于以往公正研究的一个重要特征就是对“程序正义”的强调。程序正义是一种与结果正义相对的概念。支持程序正义的学者主张，任何做出集体决策的程序（不论这一决策是事关个人的司法审判，还是对于公共益品的分配）都应该符合一定的道德原则，例如平等、尊重、公开、避嫌等，而且对于此程序是否正当的判断在某种程度上独立于对于程序的结果是否正当的判断。如果一种程序并不符合相应的道德标准，那么这样的程序就可能是不公正的程序，不能称为程序正义。举例说明，如果一个老师参与考试评分工作，同时其亲属也参加了考试，那这样的考试评分程序就有不公正的嫌疑，不具备程序正义。

在分配公正研究中，程序正义在三个层面发挥着重要作用。一是公正原则的推导过程必须符合程序正义。二是公正原则本身构成对社会益品进行分配的程序正义。三是分配制度的建构过程必须符合程序正义。

首先，当代学者对于公正原则的推导都非常强调推理过程的程序正义。这一哲学风格始于罗尔斯。罗尔斯采用社会契约论的论证框架推导正义的两原则。他在传统社会契约论者所论述的自然状态的基础上进一步抽象，构建了一个更为公平的契约状态——原初状态。与传统的自然状态相比，原初状态多了“无知之幕”这一理论设计：商议和制定分配原则的人们在“无知之幕”后面，不知道自己的性别、财富状况、所属阶层、善观念、心理偏好等诸多信息，这使得他们选择的原则无法适合自己的利益。如前所述，罗尔斯阐述了三种程序正义。在罗尔斯的构想中，原初状态是一个“纯粹程序正义”，亦即，从“原初状态”中推导出来的原则都是公正的，这一程序本身保证了公正原则之内容的正当，而无须依据独立于程序之外的原则判断推导出原则是否正义。这也正是罗尔斯将自己的公正学说称为“作为公平的正义”的根本原因，其含义是，从公平的原初状态中推导出的原则是正义的。

德沃金的资源平等原则的推导也严格地遵守了程序正义，这一程序就是“荒岛实验”。德沃金构想了一个所有人同时到达一个拥有各种资源的荒岛上的场景。由于这些资源并非其中任何人的劳动成果，所有人对所有资源拥有平等的权利，这是一个推导出分配公正原则的理想的理论起点。在“荒岛实验”中，为了让人们能够平等地分享岛上所有的自然资源，德沃金构想了“等货币量的拍卖”：先分给每个人等量的“货币”（比如100个贝壳），然后，人们用自己手里的货币参加一场拍卖。每一种物品都将以能够清空该物品的最高价格被拍卖。拍卖的最终结果将是：每个人都以等量的货币购买到了自己想要的一组物品，没有人会情愿要别人的一组物品而非自己的一组。也就是说，没有人会“妒忌”其他人的所得。德沃金将此称为“妒忌测试”（envy test），这一测试标志着社会分配是否达到资源平等的目标。然而拍卖只解决了“非人格资源”的分配问题，人们不再妒忌别人手里的东西，但有可能妒忌别人的“天赋”。为了解决“人格资源”的不平等问题，德沃金在拍卖的基础上增加了“虚拟保险”这一程序，亦即，人们在参加拍卖之前，先拿出一部分钱购买针对自然禀赋较差的保险。通过这一保险，那些自然禀赋较差的人将得到赔付，而自然禀赋较好的人则将负担赔付的费用。如此一来，人们不仅在“非人格资源”上实现了平等，也对“人格资源”较差的社会成员给予了相应的补偿。德沃金公正学说的论证框架也是契约论，从一个理论假设的公平起点（“荒岛实验”）出发，一步步推导出应然的分配公正原则，这正是程序正义的要意。当然，在现实生活中“等货币量的拍卖”和“虚拟保险”都是不存在的，这些思想实验的意义在于解释在一种假想的公平条件下人们会采用什么样的分配原则。在现实世界中，“拍卖”和“保险”转变为强制性的税收，而税收制度的设计正是以公平条件下推导出的公正原则为基础的。

分配公正学说中其他的分配原则也都是从符合人们道德直觉的某个理论起点开始进行符合逻辑的推导，总体上都遵循了程序正义的要求。例如：平均原则，从人人平等的道德原则出发推导出人们在经济和社会领域的绝对平均；福利平等和能力平等原则也是从“人人平等”出发，只是对平等分配的理解不同，推导出不同的分配原则；按需分配，从“满足人们生活的基本需求”这一理论起点出发，推导出社会对必需品的分配原则；应得原则，从“给予有较优表现的人以优质的资源”出发，推导出机会、荣誉、酬劳等社会益品的分配规则；沃尔泽的“多元分配正义”理论从“每一种分配原则有自己的场域”出发推导出“多元分配正义”原则；等等。虽然这些理论推导没有像罗尔斯那样给出理论推导的“纯粹程序正义”，但也都遵循了相应的推理逻辑。

其次，诺奇克的资格理论充分地体现了程序正义发挥作用的第二个领域。如前所述，在诺奇克的“持有正义”理论中，三条正义原则构成了一个对所有社会益品进行分配的严格的纯粹程序正义。诺奇克将人们在社会合作中最终应当持有什么视作一个纯粹程序正义的结果。诺奇克认为，通过公正的步骤从公正的状态中产生的任何东西自身都是公正的。罗尔斯的公正学说也试图将整个社会分配的过程设计成一个“纯粹程序正义”，这个程序就是“公平竞争”。在罗尔斯的构想中，如果第二条正义原则的第二部分——公平机会的平等原则，能够得到一以贯之的执行，那么人们对资源的竞争就是公平的。人们应该无条件地接受公平竞争的结果，而无须对其进行修正，无论这一结果是有关物质利益的分配还是有关各种机会的获取。因为，在这样的竞争中，所有具有同等自然禀赋、同样志向的社会成员都有同等的教育和成功前景。罗尔斯论述道：“公平机会原则的作用是要保证合作体系作为一种纯粹的程序正义。”① 然而，罗尔斯注意到，在家庭制广泛存在的情况下，公平机会的平等原则是不可能得到完全运用的。因为，家庭教育的差别必然将不应得的不

---

① RAWLS J. A theory of justice [M]. Cambridge, Massachusetts: The Belknap Press of Harvard University Press, 1999: 267-276.

平等带入人们的竞争当中。例如，城市里大学老师的孩子与乡村的留守儿童，即使他们接受同等好的学校教育、有同等好的自然禀赋，由于家庭教育的巨大悬殊，乡村的留守儿童通常会在社会竞争中处于弱势。而且，公平机会的平等原则只能排除社会的偶然因素对社会分配的影响，并不能排除自然的偶然因素（例如天赋）对社会分配的影响①。因此，罗尔斯在其正义理论中引入了对社会竞争结果进行最终调节的差别原则。这一原则要求，因自然的偶然因素而导致的竞争结果的不平等要以保证最小受惠者的最大利益为限。

最后，程序正义发挥关键作用的第三个领域是在制度建构的过程中。罗尔斯将从原则到制度的过程构想为四个阶段：在原初状态中选择公正原则、制宪会议、立法阶段、执法与守法。分配制度的构建涉及的主要是制宪会议和立法阶段。我们可能会产生这样的疑问：在推导出分配公正的原则之后，为什么不是直接进入分配制度的立法阶段？制宪会议的作用何在？事实上，制宪会议的作用就在于确定分配制度立法的“程序正义”。也就是说，必须首先在广泛参与和平等商议的情况下订立出立法的恰当程序——宪法，才能进入具体的立法阶段。制宪会议的必要性体现的正是程序正义的重要性。在罗尔斯的构想中，制宪会议和立法阶段这两个步骤处理的是社会结构的不同部分。在制宪会议阶段，人们的主要任务是制定能够保证个人的基本自由、良心和思想自由的政治程序，以确定人们作为平等公民的地位。达到了这些目的的制宪会议就实现了政治正义。因此，制宪会议主要是对公正的第一条原则“平等的自由”的应用。在立法阶段，公正的第二条原则（尤其是差别原则）发挥了作用，“它表明社会、经济政策的目的是在机会均等和维持平等自由的条件下，最大限度地提高最少获利者的长远预期”②。同时，由于第一条公正原则优先于第二条公正原则；因此，制宪会议优先于立法阶段。这种优先不仅是在时间意义上的优先，而且意味着，所有的立法过程都必须受到宪法的限制。对于社会分配来说，所有分配制度的立法都必须具备程序正义的特征，都必须在广泛参与和民主监督的程序下进行。

综上所述，分配公正研究是覆盖哲学、政治学、经济学等多学科的综合研究。从原则到制度、从制度到政策，分配公正研究的最终目的是规范所有社会益品的分配，实现分配公正。改革开放 40 多年来，中国人民在中国共产党的领导下创造了经济跨越式发展的奇迹。如何更好地共享经济发展带来的成果，通过分配制度的设计真正提高每一个社会成员的生活水平，这正是目前的制度建设面临的重大问题。2015 年 10 月，习近平总书记在十八届五中全会上提出“创新、协调、绿色、开放、

---

① 在这里我们也能察觉到罗尔斯正义学说中不连贯的地方：他一方面认为公平机会的平等原则所主导的资源竞争是公平竞争，是社会分配的纯粹程序正义；但另一方面，他也认为人们在自然禀赋方面的差异是不应得的。但是，公平机会的平等原则并不能补偿那些在自然禀赋方面较差的社会成员。这也正是德沃金对罗尔斯的批评：公平机会的平等原则只关注了人们在社会境况方面的不平等，没有对自然禀赋的不平等进行校正。

② RAWLS J. A theory of justice [M]. Cambridge, Massachusetts: The Belknap Press of Harvard University Press, 1999: 267-275.

共享”五大发展理念，并对“共享发展”进行了深入的阐释，坚持共享发展，“必须坚持发展为了人民、发展依靠人民、发展成果由人民共享，作出更有效的制度安排，使全体人民在共建共享发展中有更多获得感，增强发展动力，增进人民团结，朝着共同富裕方向稳步前进”。2017 年 10 月 18 日，习近平总书记在党的十九大报告中再次强调了促进社会公平公正的发展目标：“坚持在发展中保障和改善民生。增进民生福祉是发展的根本目的。必须多谋民生之利、多解民生之忧，在发展中补齐民生短板、促进社会公平正义，在幼有所育、学有所教、劳有所得、病有所医、老有所养、住有所居、弱有所扶上不断取得新进展，深入开展脱贫攻坚，保证全体人民在共建共享发展中有更多获得感，不断促进人的全面发展、全体人民共同富裕。”2020 年 10 月 29 日，中国共产党第十九届中央委员会第五次全体会议通过《中共中央关于制定国民经济和社会发展第十四个五年规划和二〇三五年远景目标的建议》，将全体人民共同富裕作为“十四五”规划的基本原则：“坚持以人民为中心。坚持人民主体地位，坚持共同富裕方向，始终做到发展为了人民、发展依靠人民、发展成果由人民共享，维护人民根本利益，激发全体人民积极性、主动性、创造性，促进社会公平，增进民生福祉，不断实现人民对美好生活的向往。”2021 年 8 月 17 日，习近平总书记主持召开中央财经委员会第十次会议。会议强调，共同富裕是全体人民的富裕，是人民群众物质生活和精神生活都富裕，不是少数人的富裕，也不是整齐划一的平均主义，要分阶段促进共同富裕。要鼓励勤劳创新致富，坚持在发展中保障和改善民生，为人民提高受教育程度、增强发展能力创造更加普惠公平的条件，畅通向上流动通道，给更多人创造致富机会，形成人人参与的发展环境①。

分配公正研究的知识谱系正是建构公正的分配制度的学理基础，厘清分配公正的原则，为分配制度的建构出谋划策，这是分配公正研究理应做出的智识贡献。分配公正研究的知识谱系对分配公正的原则、社会分配的制度以及分配制度建构的程序做出了深入的讨论。对于维护社会公平、实现资源共享和共同富裕进行了理论上的准备。

阅读与思考

一、阅读

1. 罗尔斯. 正义论［M］. 何怀宏，何包钢，廖申白，译. 修订版. 北京：中国社会科学出版社，2009.

2. 诺奇克. 无政府、国家和乌托邦［M］. 姚大志，译. 北京：中国社会科学出版社，2008.

① 习近平主持召开中央财经委员会第十次会议强调：在高质量发展中促进共同富裕　统筹做好重大金融风险防范化解工作［N］. 人民日报，2021-08-18（1）.

3. 德沃金. 至上的美德［M］. 冯克利，译. 南京：江苏人民出版社，2007.

二、思考

1. 罗尔斯所说的一元分配公正与沃尔泽的多元分配公正是什么关系？
2. 人才选拔制度应依据什么样的机会平等原则？
3. 薪酬制度的安排与哪些分配公正原则相关？

结语：当代政治哲学研究的新进展

当代政治哲学研究在许多方面都展现出新的动向，其中，女性主义、分析马克思主义、社群主义以及动物保护主义（特别是动物权利论）是其中成果颇丰的几个研究领域。下面，笔者将具体介绍这几个方面的政治哲学研究成果，以便读者可以对当代政治哲学进行进一步的探索。

一、女性主义

"平等"是现代政治思想的核心理念和根本性的政治追求。这一政治目标也体现在女性追求平等的过程中。20 世纪 60 年代，随着第二波女权运动的兴起，西方女性主义政治哲学蓬勃发展。自那时起，与女性有关的各种主题都成为政治哲学的重要议题，例如家庭关系中的两性平等，女性参与社会化工作的机会、报酬、晋升途径，两性在抚养子女中的义务分配，堕胎，家庭暴力，性侵，猥亵儿童，等等。同时，各种女性主义学说和观点不断涌现出来。

众多的女性主义学说大致可以归结为两种立场：第一，主张改良现有的婚姻制度、工资制度、就业制度等各种社会制度，以消除对女性的系统性歧视并实现男女平等。第二，主张彻底推翻现有制度（例如婚姻制度），以根除女性被支配的地位，从根本上实现女性的平等。前者是较为温和的女性主义，而后者则是激进的女性主义。

较温和的女性主义立场可以归结为美国学者凯瑟琳·麦金农（Catherine MacKinnon）所说的"差异论"。这一理论的根本观点是：无法从性别差异中找到根据的差别对待都是性别歧视，都应该被根除。例如，人们因性别差异而要分别使用不同的厕所（男厕所、女厕所），这种区别对待并不是性别歧视。但是，如果一个大学老师的职位只接收男性而拒绝女性，这就是明显的性别歧视。因为，大学教师的职位与性别并没有直接的关系。这种招聘时的区别对待并不能从两性的生理差异中找到任何根据。较为温和的女性主义立场主张根除所有与性别差异无关的歧视。

然而，女权运动的推动者很快就发现，“差异论”版本的男女平等是远远不够的，不足以实现男女之间的实质性的平等。其根本原因在于，现行的许多制度就是在以男性为潜在人选的前提下制定的。威尔·金里卡在《当代政治哲学》一书中举例讨论了这一问题①：消防员的招聘广告中要求应聘者的身高达到某一标准，而大多数女性的身高都达不到相应的要求。像这样的招聘制度表面上并没有限制女性应聘的机会，但实质上却将女性排除在外。究其原因，招聘消防员的广告之所以会对应聘者的身高有限制，是因为相应的消防设备要求消防员有特定的身高，而这些设备实际上是依据普通男性的身高而设计的。由此看来，男性与女性的不平等已经深刻地渗透到社会生活的每一个细节之中。其根本原因不在于制度化的性别歧视，而在于男性在社会生活中的支配地位。这种支配地位体现为绝大部分制度都由男性设计，而且仅为男性而设计。

正是考虑到男性在权力关系中对于女性的支配地位，激进的女性主义者认为，消除性别歧视的根本途径不仅仅在于消除与性别差异无关的性别歧视，更重要的是要取得“权力”，打破男性对权力的垄断，并进一步根除男性在社会关系和家庭生活中的支配地位。这种立场被称为女性主义的“支配论”。麦金农、苏珊·奥金（Susan Okin）、玛莎·努斯鲍姆等女性学者都对“差异论”和“支配论”相关问题进行了深入讨论。

女性主义政治哲学的另外一个重要议题是对公共领域和私人领域的划分。在传统的自由主义政治哲学中，“家庭”被当作私人领域，是一个不应该被公权力过多干涉的领域。然而，这种“不受干涉”的自由主义立场，却为女性在家庭关系中的不平等地位埋下了伏笔。激进的女性主义者认为，当人们将“家庭”当作私人领域时，在“隐私权”等个人自由的名义之下，女性很容易成为不受法律保护的角色。“家庭”被当作私人领域，为男性在家庭中的支配地位创造了机会。在家庭中，缺乏公权力的监督，强者为王，男性凭借其强力而支配女性，致使家庭暴力、婚内强奸等侵害女性权益的事件得不到有效的遏制。因此，女性主义者认为，将“家庭”归为私人领域是不恰当的，这实际上是纵容了家庭生活中不公正的两性关系。关于私人领域与两性关系的讨论，可进一步参考鲁思·加维森（Ruth Gavison）、琼·兰德斯（Joan Landes）、阿妮塔·艾伦（Anita Allen）等学者的相关研究。

二、分析马克思主义

以分析哲学的方法研究马克思主义哲学，是当代政治哲学研究的一个重要进

① 金里卡．当代政治哲学［M］．刘莘，译．上海：上海译文出版社，2011：394.

展。以 1978 年 G. A. 科恩的《卡尔·马克思的历史理论：一种辩护》和乔恩·埃尔斯特的《逻辑和社会》两本书的出版为标志，西方的一些学者开始尝试以分析哲学的方法解释和重构马克思主义哲学中的重要命题和概念。所谓分析哲学的方法，指的是：澄清概念，以逻辑推理的方式厘清论证，去除那些不可靠的推理和不合理的结论，尝试提供更为可靠的论证，等等。同时，分析马克思主义的讨论还应用自由、平等、公平、权利等概念对马克思的思想进行分析和阐释。这在客观上使得马克思主义的学说与自由主义的正义学说之间有了对话的可能。

从 1979 年 9 月开始，这些以分析哲学方法研究马克思主义哲学的学者每年 9 月都会聚在一起开一次分析马克思主义的学术会议。所以，这些学者也被称为“九月小组”。这批学者包括 G. A. 科恩、约翰·罗默、菲利普·范·帕里斯、亚当·普热沃尔斯基（Adam Przeworski）、埃里克·奥林·赖特（Eric Olin Wright）等。

分析马克思主义学派的讨论涉及马克思主义哲学的许多重要问题，其中最重要的主题有正义和剥削。对于马克思主义哲学中是否有正义问题，学者们存在极大的争议。一些研究者认为，在马克思的哲学中，正义并非如罗尔斯所说，是社会制度的首要价值。实际上，真正优良的政治共同体是超越正义的。尤其是在物质极大丰富的条件下，人们之间的利益会自动地协调一致，并不需要以“权利”概念为基础的正义调节人们之间的利益分配。持这一观点的学者有艾伦·伍德（Allen W. Wood）、罗伯特·塔克（Robert C. Tucker）、艾伦·布坎南（Allen Buchannan）等。然而，另一派学者却认为，马克思主义哲学中包含着以“权利”为基础的正义理论。而且，马克思还根据正义原则，谴责资本主义的生产方式。持这一观点的学者有 G. A. 科恩、诺曼·赫拉斯（Norman Geras）等。

剥削是马克思批评资本主义产生方式最重要的理由。分析马克思主义学派对剥削的本质进行了鞭辟入里的分析。G. A. 科恩认为，马克思所谓的剥削不可能仅仅是“资本家从工人的劳动中榨取的价值超过了对工人劳动力的报酬”。因为，劳动虽然创造了价值，但是，具体多少劳动创造了多少价值，是随着市场价格而变动的，很难进行量化。进而，一些学者将剥削归结为“工人被迫为资本家工作”。然而，工人是“被迫”还是“自愿”签订劳动合同，是一个主观心理判断，也很难有客观的判断标准。同时，学者们也反对将剥削定义为“对剩余劳动的强迫转移”，因为，一些“强迫转移”有可能是正当的。例如，对高收入者收取一定的个人所得税，以建立覆盖所有公民的医疗保健系统。最终，罗默认为，剥削之所以是违背人们道德直觉的，其根本原因在于一些人因其“对生产资料的不平等占有”，而使别人的境况变差。因此，罗默认为，剥削根源于人们对生产资料的不平等占有。这种生产资料的不平等分配改变了人们之间的平等关系，使得一些人可以欺压另一些人。正是在这个意义上，剥削是一种恶①。

① ROEMER J. Free to lose：an introduction to Marxist Economic Philosophy [M]. Cambridge，Mass：Harvard University Press，1988：130.

分析马克思主义学派的研究对中国学者产生了很大的影响。中国学者从 20 世纪 80 年代中期开始关注这派学者的研究成果。例如，余文烈在 1993 年出版了《分析学派的马克思主义》一书，系统介绍分析马克思主义学派的研究方法、理论、观点等。另外，段忠桥、何增科、李佃来等学者也都对分析马克思主义学派的理论进行了论述、研究。

三、社群主义

西方当代政治哲学的主流是以罗尔斯、诺奇克、德沃金等学者为代表的自由主义学说。这些学者内部虽然存在诸多分歧，但他们都共同地赋予个人自由优先性，主张在维护个人权利的前提下，考虑公平、效率等其他政治价值。然而，有一个政治哲学流派却从根本上反对这种个人主义的政治哲学路径，这一派学者认为维系政治共同体的根本价值不是个人自由，而是共同善（common good），他们将“自我”理解为“嵌入”社会关系中的个人，这些学者被称为社群主义者。当代著名的社群主义者有迈克尔·桑德尔、查尔斯·泰勒、麦金太尔（Alasdair Chalmers MacIntyre）、丹尼尔·贝尔（Daniel Bell）、迈克尔·沃尔泽等。

在罗尔斯出版了当代政治哲学的巨著《正义论》之后，“正义”成为政治哲学的核心理念。然而，社群主义者却反对自由主义者讨论正义的方式，反对将正义作为一种抽象的、批判社会制度的价值标准。在社群主义者看来，所谓“正义”，不过是在某一社会历史阶段、某一文化背景下的某一政治共同体的成员达成共识的某种价值标准。换句话说，“正义”的基础是特定人群的“共识”。因此，将“正义”从某个特定的社群中抽象出来讨论是不恰当的。持这一观点的社群主义者有桑德尔、沃尔泽、贝尔等。

社群主义与自由主义的另一个巨大分歧在于对自由的理解。自由是自由主义的核心概念。对于古典自由主义来说，自由之所以具有价值，是因为自由与环境的多样性是个人自我发展所必需的。个人只有在不断的“选择”与“反思”之中才能建立自己的价值观念，才能按照自己的意志，主导自己的人生。因此，对于自由主义者来说，自由本身就具有价值，是人们实现“自主性”的必要条件。然而，社群主义者却认为，自主的人生并不一定都是有意义的人生。有一些所谓的自由是“琐碎的”，例如吸烟的自由；而有一些自由则是“有害的”，例如毒品交易的自由。因此，政治共同体应该基于共同善，引导人们去做那些有价值、有意义的事情，而不是任由人们无目的地发展自由。

源于对“个人自由”的不同理解，社群主义者对自由主义者所倡导的“中立国家”也多有批评。自由主义者认为，为了给个人发展营造宽松自由的环境，国家和政府不应该借助政治权力倡导某种特定的价值观念，而应该在所有价值观念之间保持中立。任何举国家之力灌输某种意识形态的行为都是不正当的，而且国家也不能对各种价值观念进行高低不等的排序。然而，在社群主义者看来，“中立国家”的构想是荒谬的，人们的“共同生活”就是对不同生活方式以及价值观念进行排序的基础。国家应该倡导那些符合共同善的生活方式。对最根本的价值问题保持沉默的“中立国家”，既不可欲也不可实现。查尔斯·泰勒、桑德尔以及麦金太尔都对上述问题进行了深入的讨论。

四、动物权利论

20 世纪以来，地球环境不断恶化，许多物种濒临灭绝。严峻的生态危机引发了人们对于与动物相关的政治伦理问题的反思。正是在这样的背景下，“动物权利论”应运而生。彼得·辛格（Peter Singer）、汤姆·里甘（Tom Regan）、玛丽·安妮·沃伦（Mary Anne Warren）、加里·弗兰乔内（Gary L. Francione）等学者都对动物权利相关问题进行了深入的讨论。

“动物权利”的概念最早出现在英国学者亨利·索尔特（Henry Salt）1892 年撰写的《动物的权利：与社会进步的关系》一书中。索尔特认为，权利概念应从人扩展到动物，甚至应制定相关制度，并通过教育和立法防止人们对动物进行伤害。索尔特还对动物应该拥有哪些具体权利进行了规定。在他看来，动物应该拥有自然生命权、有限的自由权、免遭不必要的痛苦的权利、免受奴役的权利、被善待的权利等等。

在当代政治哲学的讨论中，对动物应该拥有“权利”的论证有两种路径：一种是基于康德的道德学说，一种是边沁所代表的功利主义学说。汤姆·里甘对动物权利的论证基于康德所阐述的人的平等价值。里甘认为，动物也是生命主体，其生命也具有天赋价值。因此，动物也要求被平等地对待和尊重。彼得·辛格是当代支持动物权利论的重要思想家，他撰写了《动物解放》一书，并且认为应该将平等原则推广至动物。辛格的理论支点在于功利主义思想。辛格同意边沁的观点，认为动物与人类似，拥有感受快乐和痛苦的能力，而这种能力正是功利主义者推导出“权利”的理论基础。

当然，也有许多学者反对动物权利论，认为“权利”概念只适用于人类。这些学者给出的理由有：第一，动物没有道德情感，无法体验内疚、悔恨、羞愧等与道德行为相关的情感。因此，动物的世界是非道德的世界，不能为“权利”奠定基础。第二，“权利”是与义务相对应的，如果说动物也拥有“权利”的话，那么动物就应该负有相应的义务。然而，这对于动物来说是不可能的。第三，权利与利益不同，人类应关心动物的利益，应关心动物的痛苦和快乐，但这并不能成为动物拥有“权利”的理由。甚至，对动物的尊重，也不能推导出动物拥有权利的结论。反对动物权利论的学者有卡尔·科恩（Carl Cohen）、罗杰·斯克鲁顿（Roger Scruton）、杜安·威拉德（Duane Willard）等。

上述即是当代政治哲学研究的一些重要进展。当然，除此之外，当代政治哲学研究还涉及更广的领域和更多的议题，例如国际关系领域的全球正义、同性恋权利、身份认同等。

总之，政治哲学研究并不是一项关在书斋里自娱自乐的语言游戏，而是一门关注人类社会的各种政治议题，以抽象推理和思想实验的方法解剖各种社会病症，以期推进政治改良的学问。做政治哲学研究，一方面极尽思维之能事，在抽象的空间中画出精美而复杂的图案；另一方面却必须脚跟着地，立足于政治现实的土壤。世界上不存在纯粹理论的研究，即使有这样的研究，也只能是没有价值的臆想。只有立足于现实，不断地反思现实、追问现实，才可能创作出真正精致而深刻的理论作品。

参考文献

一、英文原著

1. ACKERMAN B A. Social justice in the liberal state [M]. New Haven: Yale University Press, 1980.

2. ANDERSON E S. What is the point of equality [J]. Ethics, 1999, 109 (2).

3. BERLIN I. Two concepts of liberty [M]. Oxford: Clarendon Press, 1958.

4. BIRD C. An introduction to political philosophy [M]. Cambridge: Cambridge University Press, 2007.

5. DORKIN R. Sovereign virtue: theory and practice of equality [M]. Cambridge, MA: Harvard University Press, 2002.

6. DORKIN R. Taking rights seriously [M]. Cambridge, MA: Harvard University Press, 1977.

7. FRANK H. Necessity and desire [M] //BROCK G. Necessary goods: our responsibility to meet others' needs. Oxford: Rowman and Littlefield, 1998.

8. FREEMAN S. Justice and the social contract: essays on rawlsian political philosophy [M]. Oxford: Oxford University Press, 2007.

9. GOODWIN R E, PETTIT P. A companion to contemporary political philosophy [M]. 2nd. Blackwell Publishing Ltd., 2007.

10. HAYEK F A. The constitution of liberty [M]. Chicago: University of Chicago Press, 1978.

11. HUME D. A treatise of human nature [1739] [M]. Oxford: Clarendon Press, 1978.

12. KYMLICKA W. Contemporary political philosophy [M]. Oxford: Oxford University Press, 2001.

13. MILLER D. Market, state, and community [M]. Oxford: Clarendon Press, 1989.

14. MILLER D. Principles of social justice [M]. Cambridge, MA: Harvard University Press, 2001.

15. MILLER D. Political philosophy: a very short introduction [M]. Oxford: Oxford University Press, 2003.

16. NAGEL T. Equality and partiality [M]. Oxford: Oxford University Press, 1991.

17. NOZICK R. Anarchy, state, and utopia [M]. New York: Basic Books Inc., 1974.

18. PARFIT D. Equality of priority? [M]. Kansas: The University of Kansas, 1995.

19. PARIJS P V: Real freedom for all [M]. Oxford: Oxford University Press, 1995.

20. RAWLS J. A theory of justice [M]. Cambridge, MA: The Belknap Press of Harvard University Press, 1971.

21. RAWLS J. Collected papers [M]. Cambridge, MA: Harvard University Press, 1999.

22. RAWLS J. Political liberalism [M]. New York: Columbia University Press, 1995.

23. RAYMOND P. Modern political thought [M]. Blackwell Publishers, 1991.

24. SEN A. Inequality reexamined [M]. Oxford: Clarendon Press, 1992.

25. SEN A. The idea of justice [M]. Cambridge, MA: The Belknap Press of Harvard University Press, 2009.

26. SEN A, WILLIAMS B. Utilitarianism and Beyond [M]. Cambridge: Cambridge University Press, 1982.

27. STRAUSS L. The city and men [M]. Chicago: University of Chicago Press, 1978.

28. STRAUSS L. What is political philosophy?: and other studies [M]. Chicago: The University of Chicago Press, 1988.

29. TAYLOR C. What's wrong with negative liberty [M] //MILLER D. Liberty. Oxford: Oxford University Press, 1991.

30. VALLENTYNE P. Brute luck, option luck, and equality of initial opportunities [J]. Ethics, 2002, 112 (3).

31. VALLENTYNE P, STEINER H. Left libertarianism and its critics: the

contemporary debate [M]. New York: Palgrave Publishers Ltd., 2000.

32. WALZER M. Spheres of justice [M]. New York: Basic Books, 1984.

33. WILLIAMS B, SMART J J C. Utilitarianism: for and against [M]. Cambridge: Cambridge University Press, 1973.

34. WOLFF J. An introduction to political philosophy [M]. Oxford: Oxford University Press, 2016.

二、中文译著

1. 爱比克泰德. 爱比克泰德论说集 [M]. 王文华, 译. 北京: 商务印书馆, 2009.

2. 边沁. 道德与立法原理导论 [M]. 时殷弘, 译. 北京: 商务印书馆, 2009.

3. 波里比阿. 罗马帝国的崛起 [M]. 翁嘉声, 译. 北京: 社会科学文献出版社, 2013.

4. 波普尔. 猜想与反驳 [M]. 傅季重, 纪树立, 周昌忠, 译. 上海: 上海译文出版社, 2015.

5. 柏拉图. 理想国 [M]. 郭斌和, 张竹明, 译. 北京: 商务印书馆, 2009.

6. 伯林. 自由及其背叛 [M]. 赵国新, 译. 南京: 译林出版社, 2005.

7. 伯林. 自由论 [M]. 胡传胜, 译. 南京: 译林出版社, 2003.

8. 达尔. 民主及其批评者 [M]. 曹海军, 佟德志, 译. 长春: 吉林人民出版社, 2006.

9. 德沃金. 至上的美德 [M]. 冯克利, 译. 南京: 江苏人民出版社, 2007.

10. 贡斯当. 古代人的自由与现代人的自由 [M]. 阎克文, 刘满贵, 译. 上海: 上海人民出版社, 2005.

11. 哈特. 法律的概念: 第 3 版 [M]. 许家馨, 李冠宜, 译. 北京: 法律出版社, 2018.

12. 哈耶克. 自由秩序原理 [M]. 邓正来, 译. 北京: 生活·读书·新知三联书店, 1997.

13. 汉密尔顿, 杰伊, 麦迪逊. 联邦党人文集 [M]. 程逢如, 在汉, 舒逊, 译. 北京: 商务印书馆, 2007.

14. 霍布斯. 利维坦 [M]. 黎思复, 黎廷弼, 译. 杨昌裕, 校. 北京: 商务印书馆, 1985.

15. 金里卡. 当代政治哲学 [M]. 刘莘, 译. 上海: 上海译文出版社, 2011.

16. 康德. 道德形而上学原理 [M]. 苗力田, 译. 上海: 上海人民出版社, 2012.

17. 卢梭. 论人类不平等的起源和基础 [M]. 李常山, 译. 东林, 校. 北京: 商务印书馆, 1962.

18. 卢梭. 社会契约论 [M]. 何兆武, 译. 北京: 商务印书馆, 2005.

19. 罗尔斯. 正义论 [M]. 何怀宏, 何包钢, 廖申白, 译. 修订版. 北京: 中国社会科学出版社，2009.
20. 洛克. 政府论：下篇［M］. 叶启芳，瞿菊农，译. 北京：商务印书馆，1964.
21. 马基雅维里. 君主论［M］. 潘汉典，译. 北京：商务印书馆，1985.
22. 马克思. 资本论［M］. 北京：人民出版社，2018.
23. 麦基文. 宪政古今［M］. 翟小波，译. 贵阳：贵州人民出版社，2004.
24. 孟德斯鸠. 论法的精神：上［M］. 张雁深，译. 北京：商务印书馆，1995.
25. 米勒. 社会正义原则［M］. 应奇，译. 南京：江苏人民出版社，2008.
26. 米歇尔斯. 寡头统治铁律［M］. 任军锋，等译. 天津：天津人民出版社，2003.
27. 密尔. 论自由［M］. 许宝骙，译. 北京：商务印书馆，2007.
28. 密尔. 代议制政府［M］. 汪瑄，译. 北京：商务印书馆，2007.
29. 莫尔根. 理解功利主义［M］. 谭志福，译. 济南：山东人民出版社，2011.
30. 莫斯卡. 统治阶级［M］. 贾鹤鹏，译. 南京：译林出版社，2002.
31. 穆勒. 功利主义［M］. 叶建新，译. 北京：中国社会科学出版社，2009.
32. 努斯鲍姆. 女性与人类发展：能力进路的研究［M］. 左稀，译. 北京：中国人民大学出版社，2020.
33. 诺奇克. 无政府、国家和乌托邦［M］. 姚大志，译. 北京：中国社会科学出版社，2008.
34. 皮凯蒂. 21 世纪资本论［M］. 巴曙松，等译. 北京：中信出版社，2014.
35. 萨托利. 民主新论［M］. 冯克利，阎克文，译. 上海：上海人民出版社，2009.
36. 森. 论经济不平等 不平等之再考察［M］. 王利文，于占杰，译. 北京：社会科学文献出版社，2006.
37. 森. 以自由看待发展［M］. 任赜，于真，译. 北京：中国人民大学出版社，2013.
38. 森. 正义的理念［M］. 王磊，李航，译. 北京：中国人民大学出版社，2012.
39. 斯密. 国富论［M］. 郭大力，王亚南，译. 北京：商务印书馆，2015.
40. 韦伯. 学术与政治［M］. 钱永祥，等译. 桂林：广西师范大学出版社，2019.
41. 沃尔泽. 正义诸领域：为多元主义与平等一辩［M］. 褚松燕，译. 南京：译林出版社，2009.
42. 西季威克. 伦理学方法［M］. 廖申白，译. 北京：中国社会科学出版社，1993.

43. 休谟. 道德原则研究 [M]. 曾晓平，译. 北京：商务印书馆，2001.

44. 休谟. 人性论 [M]. 关文运，译. 北京：商务印书馆，1980.

45. 修昔底德. 伯罗奔尼撒战争史 [M]. 谢德风，译. 北京：商务印书馆，2009.

46. 亚里士多德. 尼各马可伦理学 [M]. 廖申白，译注. 北京：商务印书馆，2009.

47. 亚里士多德. 形而上学 [M]. 吴寿彭，译. 北京：商务印书馆，1997.

48. 亚里士多德. 政治学 [M]. 吴寿彭，译. 北京：商务印书馆，1965.

三、中文著作

1. 慈继伟. 正义的两面 [M]. 北京：生活·读书·新知三联书店，2001.

2. 高景柱. 在平等与责任之间：罗纳德·德沃金平等理论批判 [M]. 北京：人民出版社，2011.

3. 高宣扬. 当代政治哲学 [M]. 北京：人民出版社，2010.

4. 葛四友. 运气均等主义 [M]. 南京：江苏人民出版社，2006.

5. 葛四友. 正义与运气 [M]. 北京：中国社会科学出版社，2007.

6. 葛四友. 分配正义新论：人道与公平 [M]. 北京：中国人民大学出版社，2019.

7. 柯亨，吕增奎. 马克思与诺齐克之间：G. A. 柯亨文选 [M]. 南京：江苏人民出版社，2007.

8. 李惠斌，李义天. 马克思与正义理论 [M]. 北京：中国人民大学出版社，2010.

9. 李石. 积极自由的悖论 [M]. 北京：商务印书馆，2011.

10. 李石. 平等理论的谱系 [M]. 北京：中国社会科学出版社，2018.

11. 任剑涛. 政治哲学讲演录 [M]. 桂林：广西师范大学出版社，2008.

12. 谭安奎. 政治哲学：问题与争论 [M]. 北京：中央编译出版社，2014.

13. 谭安奎. 自然权利的遗产：福利权问题与现代政治秩序 [M]. 北京：商务印书馆，2018.

14. 姚大志. 当代西方政治哲学 [M]. 北京：北京大学出版社，2011.

15. 周穗明. 当代西方政治哲学 [M]. 南京：江苏人民出版社，2016.

图书在版编目（CIP）数据

政治哲学导论 / 李石著. --北京：中国人民大学出版社，2022.5

新编 21 世纪政治学系列教材

ISBN 978-7-300-30471-7

Ⅰ.①政… Ⅱ.①李… Ⅲ.①政治哲学-高等学校-教材 Ⅳ.①D0-02

中国版本图书馆 CIP 数据核字（2022）第 048497 号

新编 21 世纪政治学系列教材

政治哲学导论

李石　著

Zhengzhi Zhexue Daolun

出版发行	中国人民大学出版社		
社　　址	北京中关村大街 31 号	**邮政编码**	100080
电　　话	010－62511242（总编室）		010－62511770（质管部）
	010－82501766（邮购部）		010－62514148（门市部）
	010－62515195（发行公司）		010－62515275（盗版举报）
网　　址	http://www.crup.com.cn		
经　　销	新华书店		
印　　刷	北京溢漾印刷有限公司		
规　　格	185 mm×260 mm　16 开本	**版　　次**	2022 年 5 月第 1 版
印　　张	13 插页 1	**印　　次**	2022 年 5 月第 1 次印刷
字　　数	261 000	**定　　价**	38.00 元

教学支持说明

（教学课件）

中国人民大学出版社政治与公共管理出版分社秉承“出教材学术精品，育人文社科英才”的出版宗旨，多年来，出版了大批高质量的公共管理、教育学、政治学、政治理论公共课教材和学术著作。

我们为本教材制作了相应的 PPT 教学课件，任何一位采用本书作为授课教材的教师均可免费获得该课件。为了确保该课件仅为授课教师获得，烦请您填写如下材料，并将相关信息通过 E-mail 发送给我们，我们将在收到相关信息后通过 E-mail 给您发送该课件。欢迎您加入我们的 QQ 群（全国政管教师交流二群，群号为 648117133），或登录我社官方网站（www. crup. com. cn），注册并认证成为教师会员，以获得更好的服务。

我们的联系方式：

地址：（100872）北京市中关村大街甲 59 号文化大厦 1202 室

中国人民大学出版社政治与公共管理出版分社

电话：（010）82502724　62514775（传真）

E-mail：ggglcbfs@vip. 163. com

QQ 群：648117133

兹证明__________大学/学院__________院/系__________专业__________学年第________学期开设的____________课程，采用中国人民大学出版社出版的________________________（书名、作者）作为本课程教材。授课教师为__________，授课班级共______个、学生______人。授课教师需要与本书配套的教学课件。

联 系 人：____________________

通信地址：____________________

邮　　编：____________________

电　　话：____________________

E-mail：____________________

系/院主任：__________（签字）

（系/院办公室章）

______年____月____日